Beltz Taschenbuch 92

W0059198

Über dieses Buch:

20 Jahre nach Erscheinen des Buches »Erziehung zum Sein« schreibt Rebeca Wild über die weitere Entwicklung einer in der Welt wohl einzigartigen Schule, die sie 1977 zusammen mit ihrem Mann Mauricio in Ecuador gegründet hat. Es geht besonders darum, wie eine für die Kinder und ihre Reifungs- und Entwicklungsschritte »vorbereitete Umgebung« etwas anderes anbieten kann als die herkömmliche Schule, wobei erstmals auch eine neue Schülergeneration von Jugendlichen und jungen Erwachsenen in dieses Konzept einbezogen wird.

Schule muss die Lebensprozesse des einzelnen Kindes respektieren, und die inneren Vorgänge beim Kind oder Jugendlichen sollten immer Vorrang vor äußeren Eingriffen in deren Lebenswelt genießen. Denn Kinder und Jugendliche müssen nicht belehrt werden, sondern brauchen nur eine Umgebung, die ihren Wachstumsprozessen entspricht, sodass sie von innen geleitet und im Austausch mit ihrer nächsten Umgebung sich zu dem entwickeln, was ihrer wahren menschlichen Natur entspricht.

Inzwischen ist die Arbeit am »Pesta« in vielen Bereichen weitergekommen und damit die Tiefe und Tragweite des Entscheides, alle Schulaktivitäten auf das auszurichten, was die Autorin mit »Lebensqualität« umschreibt. Nicht der Versuch, den Kindern lediglich »Wissen« einzutrichtern, sondern der Respekt vor der Individualität eines jeden Kindes und vor seinem inneren Entwicklungsplan liegt dem Ansatz zugrunde, der natürlich die Methoden Maria Montessoris einbezieht, sich aber auch auf so unterschiedliche Autoren wie Piaget, Dithfurt, Illich, Freinet, Neill oder Maturana bezieht. So findet im Pesta eine Art von »Autopoiesis« statt, d.h., die Kinder »machen sich buchstäblich selbst«, und dies mit großem Erfolg, wie die Biographien der ersten inzwischen erwachsenen Kindergarten- und Schülergeneration zeigen.

Die Autorin:

Rebeca Wild, 1939 geboren, studierte Philologie, Montessori- und Musikpädagogik. Seit 1961 lebt sie in Ecuador, wo sie mit ihrem Mann ein neuartiges Kindergarten-, Schul- und Fortbildungszentrum gründete, dem mittlerweile auch eine besondere Form alternativen Wirtschaftens zugeordnet wurde.

Bei Beltz erschienen auch ihre Bücher »Mit Kindern leben lernen – Sein zum Erziehen« und »Freiheit und Grenzen – Liebe und Respekt«.

Rebeca Wild

LEBENSQUALITÄT FÜR KINDER UND ANDERE MENSCHEN

Erziehung und der Respekt
für das innere Wachstum von Kindern
und Jugendlichen

Besuchen Sie uns im Internet:
www.beltz.de

Beltz Taschenbuch 92

4. Auflage 2010

© 2001 Beltz Verlag, Weinheim und Basel
Umschlaggestaltung: Federico Luci, Odenthal
Umschlagabbildung: © Leonardo Wild, Quito
Innenabbildungen © Leonardo Wild, Quito
Lektorat: Claus Koch, Bernd Lukoschik
Satz: Satz- und Reprotechnik GmbH, Hemsbach
Druck und Bindung: Beltz Druckpartner, Hemsbach
Printed in Germany

ISBN 978-3-407-22092-9

Inhalt

1. Kapitel

Zwischen Berlin und Quito
Eine persönliche Suche nach
Lebensqualität

Lebensqualität kann uns niemand schenken. Sie herbeizusehnen kann nur ein Anfang sein. Wir selbst aber können sie uns Stück für Stück schaffen.

Davon handelt diese Geschichte. So wie alles im Leben sind die Anfänge derart klein, dass sie für das bloße Auge fast unsichtbar sind. Es dauert seine Zeit, bis sie erkennbare Formen annehmen. Aber das Lebendige wächst nicht nur unter günstigen Bedingungen, sondern bricht sich nicht selten selbst unter widrigen Umständen Bahn.

In meiner Erinnerung wurde ich dessen zum ersten Mal an einem Frühlingstag des Jahres 1941 inne. Ich war zwei Jahre alt und nahm mich selbst plötzlich zum ersten Mal bewusst wahr, so als tauche unerwartet ein Mensch vor mir auf, den ich vorher nicht bemerkt hatte. Noch nach 58 Jahren spüre ich meinen damaligen Zustand: Ich stehe am Straßenrand in einem Berliner Viertel, voller Staunen über meine eigene Gegenwart in dieser eigenartigen Umgebung, kritisch die vielen Backsteinhäuser betrachtend, den Bürgersteig, die unregelmäßig gepflasterte Straße, die ich nicht zu überqueren wage. Ich versuche mich zu orientieren, wo ich eigentlich bin, fühle mich fremd und nicht zugehörig, doch dann entdecke ich einige Gräser zwischen den Steinen. Ich bücke mich zu ihnen hinunter, ertaste ihre Form, ihre Zartheit, ihre Frische und bin plötzlich ganz eins mit mir und mit dieser kleinen Welt, die ich aus der Hässlichkeit einer Großstadt gewählt und mir zu Eigen gemacht habe.

Was die weiteren Lebensjahre angeht, so erinnere ich mich an ähnlich deutliche, wenn auch nur kurze Szenen, immer verknüpft mit dem starken Gefühl einer überraschenden Wahrnehmung meiner selbst inmitten einer Welt, die im ersten Augenblick vertraut und dann unversehens voller Rätsel erschien. Menschen, die mir zwar bekannt waren, deren Worte und Gesten ich aber nur mühevoll entziffern konnte; Züge, von denen ich nicht wusste, wohin sie mich fuhren; und auf meine vielen Fragen Antworten, die mich noch mehr verwirrten. Radiomeldungen, bei denen die Gesichter meiner Eltern sich voller Angst verzogen. Das Wort »Krieg«, das alle zu erschrecken schien, das mir aber niemand zu meiner Zufriedenheit erklären konnte. Eine festliche Suche mit meinen Geschwistern nach Granatsplittern, die in einer entfernten Straße zu ergattern seien. Jeden Sonntag die unangenehme Prozedur, mit der Familie im besten Kleid zur Kirche zu pilgern und dort still sitzen zu müssen, und, da mir dies nicht möglich war, die strengen Verweise und schließlich – mitten in einer nicht enden wollenden Predigt – eine Tracht Prügel vor der Kirchentür.

In all diesen unverständlichen Gegebenheiten meines jungen Lebens gab es doch immer wieder das friedliche Finden zu eigenem Tun mit Dingen, die für andere keine Bedeutung zu haben schienen: ein paar bunt gefärbte Blätter, deren Struktur mich mit Glück erfüllte; das Entdecken einer Schwertlilie, die vor mir ihre Knospe öffnete; der unbeschreibliche Duft des Goldregens an einem heißen Augusttag und das Summen der Bienen, die zwischen den Blüten hin und her flogen; die Empfindung heißen Sandes zwischen meinen forschenden Fingern, die raue Oberfläche einer Berliner Straßenlaterne, um die ich immer und immer wieder kreiste, während meine Hände sich die Empfindung des kalten, rauen Metalls einprägten. Die dunklen Klänge eines Fagotts aus dem Nebenzimmer, die helle Musik in mir wachriefen und das oft widersprüchliche Außen und Innen für eine kleine Weile in mir versöhnten. Als ich 50 Jahre später zum ersten Mal wieder diese Berliner Straße aufsuchte, in der sich mir diese Geheimnisse, die Teil meines Wesens wurden, geoffenbart hatten, empfand ich große Mühe, die letzten Spuren dieser Wunder inmitten der hässlichen braunen Häuserreihen ausfindig zu machen.

Mitten in der Großstadt war es mir zu jener Zeit doch manchmal möglich, meiner Sehnsucht nach Schönheit und friedlichem Forschen nachzugehen, oft nur, wenn die Erwachsenen rund um mich zu beschäftigt waren, um meine kleinen Ausschweifungen und Abenteuer zu unterbinden. Schon früh merkte ich, dass es weiser war, zu warten, bis »die Luft rein war«. So machte ich mich schon mit vier Jahren ans Klavier heran, wenn die Mutter einkaufen ging und ich mich weigerte mitzugehen. Es dauerte wohl ein Jahr, bis jemand merkte, dass ich ganz allein herausgefunden hatte, wie man auf den weißen und schwarzen Tasten Musik selber erfinden und nicht nur Melodien, sondern auch die angenehmsten Harmonien aus ihnen herauslocken konnte. Als der Krieg vorbei war, wurde ich allerdings zu Frau Krause, einer Klavierlehrerin, geschickt. Sie lebte in einer muffigen Altbauwohnung und war selbst in dunkle Kleidung gehüllt, die zu ihrem grauen Haar und ihrem verkniffenen Gesicht zu passen schien. Mit den Schlägen ihres Lineals auf meine zu kurzen Finger trieb sie mir in wenigen Wochen die Liebe zur Harmonie aus, und es war dann für mich wie ein Wunder, als ich sie nach Jahren unverhofft wieder in mir entdeckte.

Als die Bombenangriffe auf Berlin uns Nacht für Nacht aus den Betten und in die Luftschutzkeller trieben, verdrängte das Verlangen nach bloßem Überleben meine Sehnsucht nach den schönen Dingen des Lebens. Ich lernte, vor dem Zu-Bett-Gehen meine Kleider so neben dem Bett zu falten, dass ich mitten in der Nacht, ohne Licht zu machen, in sie hineinfahren konnte.

Später legten wir uns angezogen ins Bett und stiegen bei Alarm, ohne Zeit zu verlieren, schlaftrunken die Treppen zum Keller hinunter. In dieser Zeit war das Höchste an Lebensqualität, wenn ich zusammen mit meiner Schwester – meine beiden Brüder und der Vater waren irgendwo im Einsatz – im Arm der Mutter das Krachen der Bomben in relativer Sicherheit erlebte, während andere Insassen des Bunkers vor Angst schrien.

Einen besonderen Platz in der Kette von Erinnerungen, die oft unverhofft aus der Vergangenheit aufsteigen, nehmen die Weihnachtsfeste der Kriegs- und Nachkriegsjahre ein. So das des Jahres 1945. Noch waren alle Wunden der erlebten Schrecken offen, wir wussten noch nichts davon, dass der Vater am Leben, wenn auch in Kriegsgefangenschaft war. Eben hatten wir die Nachricht bekommen, dass mein ältester Bruder als knapp Siebzehnjähriger noch zwei Tage vor Kriegsende in Berlin-Wannsee gefallen war. Die Nahrungsmittel waren so knapp, dass wir keinen Abend gesättigt ins Bett gingen, und wegen der Knappheit an Heizmaterial waren alle Aktivitäten auf ein einziges Schlafzimmer konzentriert. Und doch brachte es meine Mutter noch fertig, uns einen unvergesslichen Heiligabend zu zaubern. Sie hatte aus den schmalen Tagesrationen grammweise die Zutaten für Kekse zusammengespart, Kerzenstummel und Stearintropfen zu Weihnachtskerzen gemischt und wunderbarerweise einen winzigen Tannenbaum aufgetrieben. Der Tisch wurde weihnachtlich geschmückt, dem Kachelofen wurden ein paar kostbare Briketts geopfert. Und unter einem weißen Tuch fand ich ein unschätzbares Geschenk: Meine Stoffpuppe, die ich nach einem Bombenangriff halb verbrannt aus dem Haus einer Freundin gerettet hatte, war mir, neu überzogen, mit einem fröhlichen Gesicht und neuen Kleidern zurückgegeben. Und so begingen wir diesen Abend auf denkwürdige Weise inmitten der allgemeinen Niedergeschlagenheit und Hoffnungslosigkeit. Wir wagten es, begleitet vom Klavier, das auch ins Schlafzimmer umgezogen war, und von Geige und Flöten, die alten Lieder anzustimmen, die auf vielerlei Weise davon handeln, dass Freude und Licht in eine Welt eingezogen sind, die in Trauer und Dunkelheit lebte. Alle späteren Weihnachtsfeste, die wir in relativem Wohlstand begingen, bezogen trotz aller glitzernder Pracht und trotz voller Mägen aus diesem Heiligabend ihren eigentlichen Glanz.

Dann kamen die Jahre des Wiederaufbaus. Meine Familie zog von Ostberlin nach München um, als ich elf Jahre alt war. Bisher hatte ich nur mit Unterbrechungen die Schulbank gedrückt und dann auch nur wenige Stunden am Tag. Schreiben und Lesen hatte ich mir von meinen älteren Geschwistern abgeguckt. Als besonders unterernährtes »Rotkreuzkind« wurde ich im Jahr 1949 sechs Monate lang in der Schweiz etwas aufgepäppelt, war aber bei meiner Gastfamilie tagsüber vollkommen auf mich gestellt. Ich war den ganzen Tag allein im Hause und organisierte meine Zeit nach Gutdünken, erkundete auf eigene Faust die Umgebung und vertiefte mich, wenn das Wetter schlecht war, in Erwachsenenromane, die ich vorsichtshalber in den Schrank zurückstellte, bevor meine Gastgeber nach Hause kamen.

Zurück in Deutschland wurde ich dann bald von der allgemeinen Erwartung angesteckt, dass von jetzt ab »alles nur besser werden« könne. Wir brauchten nicht mehr zu hungern und konnten uns nach und nach kleine Freuden leisten, die über die Grundbedürfnisse des Überlebens hinausgingen. Es gab auch mehr Abwechslungen und Ablenkungen, obwohl wir solche Verbesserungen immer noch nicht als selbstverständlich hinnahmen.

Mit dem zunehmenden Vertrauen in den Fortschritt und den Wiederaufbau entstand unmerklich die Vorstellung, dass es wichtig sei, sich diesem viel versprechenden Geist der Zeit anzupassen, um sich so einen entsprechenden Anteil am wirtschaftlichen Aufstieg zu sichern. Während in meiner frühen Kindheit das familiäre Umfeld durch die Gegnerschaft zum Naziregime geprägt war, schlug nun die Stimmung um. Den jetzt herrschenden gesellschaftlichen Kräften wurde mit einem gewissen Wohlwollen begegnet. Meine älteren Brüder hatte man damals noch vor den Einflüssen der Schule zu bewahren versucht. Was mich hingegen betraf, so verspürte ich deutlich die Erwartung meiner Eltern, im Gymnasium möglichst viel zu leisten, um meine Chancen auf einen Erfolg in dieser Gesellschaft zu verbessern. Da ich in den Volksschuljahren nur wenig Zeit auf der Schulbank verbracht hatte, litt ich noch nicht unter Schulmüdigkeit und ging auf dieses neue Abenteuer zunächst mit einem gewissen Elan ein.

Zwischen meiner Bereitschaft, den Glauben an die Schule zu teilen, und einem Bedürfnis nach Eigenständigkeit, das durch neue Erfahrungen immer wieder genährt wurde, vergingen für mich die Fünfzigerjahre. Auch die Zeit des inneren Widerstandes gegen die Art und Weise, wie die Eltern mein Leben zu steuern und zu beeinflussen suchten, verlief ohne offenen Kampf. Ich schaffte mir genügend Freiraum, in dem ich eigenen Interessen nachging, Freundschaften pflegte und die Ereignisse der damaligen Zeit auf meine Weise zu verstehen suchte. Umstürzlerische Ideen und die Begeisterung anderer Altersgenossen für Protestaktionen widerstrebten mir. Doch wuchs in mir ein Grundgefühl, dass ich meine eigenen Werte zu finden hätte, auch wenn sie mit den allgemein geltenden nicht übereinstimmen sollten.

Es war zu dieser Zeit, als ich Germanistik und Anglistik studierte und mir ein wenig finanzielle Freiheit durch Sommerjobs als Fremdenführerin schuf, dass ich Mauricio begegnete. Er befand sich eben auf einer dreijährigen Wanderschaft durch Europa und verdiente in diesen Wochen etwas Geld als Reiseleiter. Es war ein strahlender Septembersonntag, und wir begleiteten Touristen aus verschiedenen Ländern zu den bayerischen Königsschlössern, fanden Gefallen aneinander und verabredeten uns für einen abendlichen Kinobesuch in München. Doch auf dem Weg zum Kino kamen wir ins Gespräch und verpassten die Vorstellung.

Mauricios Eltern waren in den Dreißigerjahren aus der Schweiz nach Ecuador ausgewandert. Er wurde in Quito geboren, verlebte aber seine Kindheitsjahre im tropischen Teil des Landes, an einem breiten Fluss, auf dem sein Vater die Erzeugnisse seines Balsasägewerkes in die Hafenstadt Guayaquil flößen ließ. An diesem ersten Abend in München hörte ich Geschichten aus einer ganz anderen Welt, aus dem Urwald, wo ein Kind nicht mit Verwunderung Grashalme zwischen Pflastersteinen entdeckt, sondern wo die Natur oft als Gefahr erlebt wird und man alle Sinne gebrauchen muss, um ihr nicht zum Opfer zu fallen. So zum Beispiel die Geschichte von jener Henne, die ihre Küken im Garten mit Erfolg gegen eine Giftschlange verteidigte – ein Bild, das wir heute noch heraufbeschwören, um die Rolle der Eltern zu illustrieren, wenn ihre Kinder einer Umwelt ausgesetzt sind, die ihr authentisches Leben gefährdet.

Er erzählte von den Ängsten, die er als Schuljunge durchstand, als auf dem Weg zur Dorfschule sein Kanu vom reißenden Fluss umgeworfen wurde, das Wasser alle mühsam beschriebenen Hefte vernichtete, und wie er dann den Lehrer mit einem Sack Brotfrucht beschwichtigte, um sich vor der zu erwartenden Tracht Prügel zu retten.

Er erinnerte sich, dass seine Eltern von ihrer alten Heimat immer wie von einem verlorenen Paradies geschwärmt hatten, wo alles besser und angenehmer sei als in Südamerika. Doch diese so oft gehörte Mär entpuppte sich als Trugbild, als er zusammen mit seinem Bruder zu weiterer Schulbildung in die Schweiz übersiedelte und nur von wenigen Menschen Interesse und Verständnis für seine so ganz anderen Erfahrungen erfuhr. Von seinen Mitschülern ausgelacht, als er einmal eine Probe lateinamerikanischer Musik zum Besten gab, von den Verwandten in bester pädagogischer Absicht gezwungen, mit dem Bruder kein Spanisch mehr zu sprechen, um schneller Deutsch zu lernen, auf Schritt und Tritt die Herablassung gegen Menschen aus »unterentwickelten Ländern« spürend, wuchs in ihm das Misstrauen gegenüber dieser Zivilisation, die allgemein als entwickelt bewundert wird. Zwar interessiert sie sich für andere Lebensweisen und Werte – solange sie diese erforschen kann. Aber sie hält sie nicht für wertvoll genug, um ihnen Respekt entgegenzubringen und Gleichberechtigung zuzugestehen.

Solche Erfahrungen ließen ihn an der Form zweifeln, in der ihm der westliche Fortschritt begegnete. Gleichzeitig aber wuchs in ihm ein Verlangen nach echter Entwicklung: einer Entfaltung des eigenen Potenzials nicht im Widerspruch, sondern im Einklang mit allem Lebendigen. Dieser Wunsch nach einem Leben voller Erfüllung für uns selbst und für unsere Umgebung war Inhalt langer Gespräche, die uns einander näher brachten. Drei Wochen lang trafen wir uns nach der Arbeit in München. Später, als Mauricio wieder auf die Reise ging, setzten wir unsere Dialoge mehrmals pro Woche brieflich fort. Schließlich reifte in uns der Entschluss zu versuchen, unsere Hoffnungen in einem gemeinsamen Leben zu verwirklichen, und zwar an einem Ort, wo es noch am so genannten Fortschritt haperte und vielleicht Hoffnung bestand, ein Leben nach eigenen Vorstellungen aufbauen zu können.

Wir heirateten in Quevedo, einer damals noch kleinen Stadt im tropischen Ecuador, zu einer Zeit, als ein moderner Lebensstil, der heute die meisten Städte und Dörfer auf der Welt einander angleicht, kaum die Hauptstadt erreicht hatte. Alles, was ich bis dahin als »normales Leben« akzeptiert hatte, wurde in kurzer Zeit über den Haufen geworfen, und ich wurde damit auf mich selbst zurückgeworfen. »Erwarte nichts Vertrautes, keine angenehmen Umstände oder Zerstreuungen«, hatte Mauricio mich gewarnt. »Wenn du dich für Ecuador entscheidest, soll es nur darum sein, dass wir zusammen einen gemeinsamen Weg für uns finden.«

Diese Mahnung zur Vorsicht war nicht von ungefähr: In Quevedo, wo wir während des ersten Jahres lebten, gab es weder Licht noch fließendes Wasser. In den Straßen flog in der Trockenzeit bei jedem durchfahrenden Bananenlaster meterhoch der Staub auf und in der Regenzeit konnte man bis zu den Knien im Schlamm stecken bleiben. Lärm und Hitze, Moskitos und sonstige Plagen waren der Preis für das Fehlen der kalten Jahreszeit, über die ich mich früher manchmal beklagt hatte. Und natürlich brauchte ich einige Zeit, bis ich mit der so anderen Mentalität, Sprache und den fremdartigen Gebräuchen zurechtkam. Doch ich war jung und anpassungsbereit, und so lernte ich, die Menschen wegen ihrer Warmherzigkeit, spontanen Gastfreundschaft und ihrer Fähigkeit zu schätzen, aus den einfachsten Gegebenheiten das Beste zu machen. Hinter der offensichtlichen Ungepflegtheit der Umgebung entdeckte ich die Urwüchsigkeit der Natur und konnte manche Abenteuer erleben, von denen ich als Kind geträumt hatte. Doch ich hatte ja nicht die Heimat verlassen, um lediglich ein abenteuerliches Leben zu führen, sondern um meinen persönlichen Weg zu suchen. Dazu musste ich lernen, auch unter schwierigen Umständen ich selbst zu sein. Und ich war ja nicht allein. Zusammen wollten wir versuchen, einen Raum zum Leben zu schaffen, der uns angemessen war und uns auf eine Entwicklung in einem aktiven Leben hoffen ließ.

Dieses Anliegen führte uns, zunächst noch in Ecuador, in verschiedene Richtungen: von Quevedo auf eine Bananenfarm und später in die Hafenstadt Guayaquil ins Geschäftsleben. Als wir nach vier Jahren Ehe davon ausgehen mussten, keine eigenen Kinder zu bekommen, entschlossen wir uns zu einem Studium in New York, wo wir beide gleichzeitig an der Universität arbeiteten. Zu dieser Zeit kamen wir in Kontakt mit einem »Inneren Weg«*, der unser Bedürfnis nach selbst bestimmtem Leben noch heute zur Genüge befriedigt.

Nach wenigen Wochen in New York geschah es dann doch: Ich erwartete ein Kind und das lenkte unser Leben wiederum in

---

* Siehe auch die Fußnote auf Seite 285

neue Bahnen. Nach der Geburt unseres Sohnes kehrten wir der Riesenstadt den Rücken und setzten unsere Studien in Puerto Rico fort, zogen nach dem Abschluss nach Kolumbien und später zurück nach Ecuador. Sozialarbeit und organische Landwirtschaft brachten uns hier auf grundsätzliche Fragestellungen über die Grenzen und Möglichkeiten eines persönlichen Einsatzes in einer Welt, die einem tief greifenden Wandel unterworfen ist. In den sechs Jahren unserer Abwesenheit hatte Ecuador sich stark verändert. Unberührte Gegenden, althergebrachte Lebensweisen und menschliche Beziehungen wurden schon damals zusehends ökonomischen Verwertungsinteressen geopfert, die mit Fortschritt oder Entwicklung gerechtfertigt wurden.

Wenn ich heute auf unsere Wanderjahre zurückblicke, fällt mir auf, dass es uns eigentlich überall, wo wir uns, sei es auch nur für beschränkte Zeit, niederließen, gelungen war, Freundschaften zu knüpfen und unser Haus auch unerwartetem Besuch zu öffnen. So fühlten wir uns überall heimisch und bekamen Gelegenheit, verschiedenartige Gefühls- und Denkweisen kennen zu lernen. In Kolumbien organisierten wir einen kleinen Kindergarten, der unserem Sohn zusammen mit anderen Kindern eine glückliche Zeit ermöglichte. Während unserer landwirtschaftlichen Tätigkeit in Ecuador unterstützten wir die benachbarte Dorfschule durch den Aufbau eines Montessori-Kindergartens. Er war nicht nur den Dorfkindern, sondern auch mir eine Bereicherung, denn hier konnte ich mir über grundsätzliche menschliche Wachstumsbedürfnisse klar werden, die unabhängig von kulturellen und sozialen Unterschieden bestehen.

Unsere Neugier für die kindliche Entwicklung erwuchs aus der Einsicht, dass wir uns im Grunde im Umgang mit unserem eigenen, mit so großer Freude erwarteten Kind überraschend unsicher fühlten. Nach seiner Geburt dauerte es nicht lange, bis wir merkten, dass unsere Liebe und Begeisterung für diese neue Aufgabe nicht genügten und dass wir etwas mehr brauchten, um das bisher gewonnene Gleichgewicht zwischen uns und unseren Lebensumständen zu erhalten. Wir waren zehntausend Kilometer entfernt von der selbstverständlichen Unterstützung durch die eigenen Verwandten und hier den unterschiedlichsten Ideen und Ratschlägen ausgesetzt. Aus diesem Wirrwarr mussten wir letztendlich unsere eigenen Schlüsse ziehen. Bald waren wir der oft widersprüchlichen »Rezepte« überdrüssig, die uns von Freunden und Nachbarn gefragt oder ungefragt angeboten wurden. Auch unseren »Instinkten« wagten wir nicht zu trauen. Schließlich fanden wir in den Grundideen Maria Montessoris einen Rahmen, der uns sowohl einleuchtete als auch gleichzeitig Freiheit für eine eigene Urteilsbildung versprach.

Die einfachen Kategorien »sensible Phasen« und »spontane Aktivität des Kindes in einer geeigneten Umgebung« machten es uns leichter, die täglichen Erfahrungen mit unserem Sohn einzuordnen und ein wenig besser zu verstehen.

Durch sie wurden wir fähiger, uns in jeder Situation dem Kind neu zu öffnen, und durch diese Haltung waren wir offener unerwarteten Situationen gegenüber. Die erste Überraschung war, dass durch unsere leicht veränderte Einstellung unser gemeinsames Leben interessanter, leichter und angenehmer wurde. Es gab nicht nur für Leonardo, sondern auch für uns ständig Neues zu entdecken. Das motivierte uns, auch Nachbarskindern mehrmals in der Woche Haus und Garten zu öffnen und damit unser Leben weiter zu bereichern. So gelang es uns, verschiedene Anliegen miteinander in Einklang zu bringen: das Bedürfnis unseres und anderer Kinder nach vielfältigen, aber verlässlichen Erfahrungen und unseren eigenen Wunsch, einen tieferen Einblick in Entwicklungsprozesse zu bekommen.

Doch war unsere Fähigkeit, unbewusst angenommene Selbstverständlichkeiten (»ich bin nun mal so« oder »die Welt ist eben so«) infrage zu stellen, noch wenig ausgebildet. Nachdem Leonardo sechs Jahre alt geworden war, verbrachte er täglich sechs Stunden zusammen mit 55 anderen Kindern in einem Klassenzimmer. Unsere Zweifel, ob das nicht eine Zumutung für ihn sei, interpretierten wir damals noch als unsere »elterliche Weichheit«. Schließlich sagen doch alle, dass mit sechs »der Ernst des Lebens« beginne, auf den man sich eben rechtzeitig vorbereiten müsse. Wer waren wir schon, solche weltweit anerkannten Normen anzuzweifeln zu dürfen?

Fast neun Jahre später als Leonardo kam unser zweiter Sohn Rafael zur Welt. Wieder ereignete sich vor unseren Augen das Wunder eines sich von selbst entwickelnden Lebens. Wieder bereiteten wir eine geeignete Umgebung für seine spontanen Aktivitäten, aus der dann durch verschiedene Umstände ein schnell wachsender Kindergarten in der Nähe Quitos wurde. Nun konnten wir das Lebensgefühl unserer beiden Kinder miteinander vergleichen und merkten zu unserer Bestürzung, dass sich das erste immer mehr von seiner früheren Offenheit und Begeisterung für alles Neue entfernte, während das zweite jeden Tag neue Abenteuer suchte, und dass der eine Misstrauen, Angst und Langeweile, der andere aber Vertrauen und Lebenslust entwickelte.

Dieser Vergleich wurde Anlass für uns, wichtige Entscheidungen zu treffen, die sich dann auf unseren weiteren Werdegang ausgewirkt haben. Endlich machten wir uns die Mühe, das bestehende, häufig kritisierte, aber letztlich doch allgemein akzeptierte Erziehungswesen genauer zu überprüfen, und zwar daraufhin, ob es unseren Werten und Ansprüchen auf Lebensqualität wirklich genüge. Durch unsere täglichen Erfahrungen mit Vorschulkindern fielen uns sofort einige wesentliche Unterschiede auf:

Kleine Kinder setzen sich – nicht selten zum Leidwesen der Erwachsenen – aus eigenem Antrieb mit ihrer Umwelt auseinander, stellen sich ihre eigenen Aufgaben, bewältigen dabei auftretende Hindernisse, üben Bekanntes, solange es ihnen gefällt, treffen von sich aus ständig auf neue Fragen, an denen sie herumknobeln, bis sie zufrieden sind, auch wenn ihre Antworten provisorisch sind. Sie leben so weit wie möglich in ihrem eigenen Rhythmus. Aus ihren Emotionen entsteht der Anstoß für ihre Handlungen und Ruhepausen.

Schulkinder dagegen sollen vor allem lernen still zu sitzen und nur zu reden, wenn sie dazu aufgefordert werden. Sie sollen nach Programm Fragen beantworten, die sie selbst nicht gestellt haben, sollen portionsweise Wissen aufnehmen und Techniken üben, doch nicht aus eigener Neugierde, sondern von außen gesteuert und motiviert. Die Freiheit der Wahl ist ungeheuer eingeschränkt, falls überhaupt vorhanden, und die Umgebung so ärmlich, dass die Möglichkeiten zu sinnlichen Erfahrungen auf ein Minimum reduziert sind. Die ursprüngliche Freude am eigenen Tun ist durch Lob und Tadel und zunehmend durch die Jagd nach Noten ersetzt. Echte Emotionen haben einen geringen Stellenwert; Anpassung an Forderungen stehen an erster Stelle.

Diese erste, noch etwas grobe Betrachtung gab unseren Entscheidungen eine neue Richtung. Zunächst einmal bot sie uns den Schlüssel zu Leonardos zunehmendem Widerwillen gegen alles, was von ihm erwartet wurde, und ermutigte uns, es ihm zu überlassen, ob er weiter die Schule besuchen wollte oder nicht. Nach dreiwöchigem Zaudern entschloss er sich, zu Hause zu bleiben. Anfangs wusste er zwar nicht recht, was er mit sich anfangen sollte. Er war damals zwölf und unsere Umgebung vorerst nur für kleine Kinder vorbereitet. Doch allmählich organisierte er sich innerhalb eines Minimums an Grenzen, die wir für nötig hielten. Er ging auf Entdeckungsreisen in unserer ländlichen Umgebung, fand eine Vielzahl praktischer und künstlerischer Interessen und konzentrierte sich nach drei Monaten mit Vorliebe gerade auf solche Dinge, die er in der Schule am meisten gehasst hatte: Er begann intensiv zu lesen und schrieb schließlich eifrig seine ersten Geschichten, eine Tätigkeit, der er heute hauptberuflich nachgeht.

Die zweite schwer wiegende Entscheidung, die unsere ersten Analysen bewirkten, bezog sich auf Rafaels Zukunft. Wir entschlossen uns, ihm Leonardos Schulerfahrung zu ersparen und stattdessen die schon vorhandene Kindergartenumgebung so zu erweitern, dass auch größere Kinder darin in spontaner Aktivität ihre Entwicklungsbedürfnisse befriedigen könnten. In diesem ersten Jahr waren es sieben weitere Kinder, deren Eltern mit uns den Schritt wagten, auch ohne Genehmigung des Kultusministeriums eine »freie Schule« zu starten.

Während der zwei Jahre, in denen wir den Kindergarten aufbauten, gingen sowohl Mauricio wie auch ich in der restlichen Zeit noch anderer Arbeit außerhalb unseres Projekts nach. Dadurch wollten wir vermeiden, dass nur Kinder zahlungskräftiger Eltern in den Genuss unserer vorbereiteten Umgebung kämen. Mit unseren Einnahmen konnten wir nach und nach die notwendige Infrastruktur aufbauen und verbessern.

Doch die Entscheidung für die Primarstufe verlangte von uns nun »Totaleinsatz«. Ich befürchtete, dass ich allein solch einem gewagten Unternehmen nicht gewachsen sein würde. So stürzten wir uns beide in ein doppeltes Abenteuer: bei ständiger finanzieller Unsicherheit die Verteidigung einer Schule, die das öffentliche Schulprogramm nicht einzuhalten gedachte.

In den ersten Jahren gab es wohl kaum einen Morgen, an dem wir nicht mit Angstgefühlen aufwachten. Würde die Sache gut gehen? Wie konnten wir sicher sein, dass unsere Kinder den Anforderungen des Lebens gewachsen sein würden, wenn sie ihren eigenen Entscheidungen und Vorlieben folgten? Wie konnten wir die Eltern überzeugen und uns vor den Behörden schützen? Wie die nächste Miete und die Löhne unserer Mitarbeiter zahlen? Doch sobald die Kinder ankamen, wurden unsere Befürchtungen von ihrer Entdeckerfreude und Lebenskraft wie fortgefegt. So lebten wir ständig zwischen Angst und Vertrauen und hatten uns täglich neu zu entscheiden, welcher Welt wir angehören wollten.

Doch die Welt, in der die Kinder ihren Entwicklungsbedürfnissen angemessene Erfahrungen machen konnten, musste erst allmählich geschaffen werden. Wir machten es uns zur Gewohnheit, in zwei Nächten pro Woche nur zwei Stunden zu schlafen, um systematisch Materialien herzustellen. An drei Nachmittagen arbeiteten wir mit den Betreuern, sprachen über unsere Erlebnisse, dachten zusammen über die Entwicklung der Kinder nach, übten mit didaktischen Materialien und versuchten, Verknüpfungen zwischen der uns zugänglichen Forschungsliteratur und unseren täglichen Erfahrungen herzustellen. Wir organisierten regelmäßige Elternabende und legten Zeiten für Familiengespräche fest. Es dauerte nicht lange, bis wir eingeladen wurden, mit anderen Menschen, die mit Kindern arbeiteten, so zum Beispiel in Slumvierteln von Quito und in Indianergemeinschaften, unsere Erfahrungen zu teilen und sie zu beraten.

Nach Jahren enormen persönlichen Einsatzes überschrieben wir alles, was wir aufgebaut hatten, der »Fundación Educativa Pestalozzi«, um der Arbeit einen gemeinnützigen, legalen Status zu geben. Von diesem Moment an wurden alle Entscheidungen von einem Aufsichtsrat getroffen, der damals größtenteils aus Eltern bestand, die wir jedoch in langen nächtlichen Sitzungen erst einmal geduldig über alle Vorkommnisse in Kenntnis setzen mussten. Oft war es nicht leicht, den Vorstand von unserem Grundsatz zu überzeugen, dass diese Schule nur dann unser Ideal einer sozialen Integration erreichen könne, wenn wir bereit seien, Stipendien auch dann zu gewähren, wenn wir nicht wüssten, woher wir das Geld dafür nehmen sollten. Über die Jahre konnten wir immer wieder erfahren, dass sich unerwartete Lösungen auftun, wenn wir es nur wagten, mehr dem Leben als den Banken zu vertrauen.

Wie nie zuvor waren wir also in eine Tätigkeit körperlich, emotional und gedanklich völlig eingespannt. Und wie nie zuvor ·mussten wir lernen, Grenzen zwischen äußeren und inneren Anforderungen und unseren eigenen persönlichen und familiären Bedürfnissen zu setzen. Zwölf Jahre lang spielte sich dieses Leben in einem gemieteten Haus und Gelände ab. Dort reservierten wir nur zwei Schlafzimmer für uns. Alle anderen Räumlichkeiten waren praktisch der Öffentlichkeit zugänglich. Und diese Bleibe konnte uns von Jahr zu Jahr gekündigt werden. Durch eine Reihe unvorhergesehener glücklicher Umstände konnte die Schule endlich ein Stück Land am Fuß eines alten Vulkans billig kaufen. Hierhin wurden zwei abmontierte Hallen vom alten Gelände übergesiedelt und durch zusätzliche Häuser ergänzt.

Aus Kindergarten und Primarstufe erwuchs nach und nach eine Sekundarstufe. Nach einer provisorischen Genehmigung erhielten wir im zwölften Jahr eine öffentliche Anerkennung dieses Bildungswegs mit dem Titel »Neunjährige ecuadorianische Grunderziehung ohne Klassen«. Dieses Abkommen mit den Behörden erlaubt uns nun, unseren Schülern ein Abschlusszeugnis ohne Noten und ohne Nachweis eines eingehaltenen Schulprogramms zu erteilen. Mit diesem Beleg können sie auf Wunsch ohne Zusatzprüfungen weiterführende Schulen besuchen.

Doch viele Jugendliche möchten die im Pesta gewohnte Art, eigenständig und selbstverantwortlich zu leben und zu lernen, weiterführen. Aus diesem Traum entsteht gerade eine neue Struktur, die wir »Autodidaktisches Netzwerk« nennen (siehe Kapitel 11).

Aus unserer privaten Suche nach Lebensqualität entstand hier also in konzentrischen Kreisen eine Bewegung, die immer mehr Menschen einbezog. Eltern berichten, dass der Pesta ein wichtiger Brennpunkt in ihrem Leben geworden ist, aus dem sie eine neue Perspektive für ihr persönliches und ihr Berufsleben schaffen können. Frühere Schüler bezeugen, dass ihre Jahre der Freiheit in Bezug auf die Aneignung eines spontanen Handelns und des selbstständigen Aufbaus ihres Selbst die wichtigste und grundlegendste Erfahrung für sie gewesen sei, die ihrem Leben einen unvergleichlichen Wert verleihe. In diesem Jahr besuchen die ersten drei Kinder der »zweiten Generation« den Kindergarten, und unsere Enkeltochter wächst dem Tag entgegen, an dem sie Nutznießer der Umgebung sein wird, die vor 23 Jahren für ihren Onkel geschaffen wurde.

2. Kapitel

Schule geht doch anders
Der Pesta im Jahr 2000

Ein Volkswagen Jahrgang 72 biegt in Tumbaco von der Straße ab, die Quito mit dem Amazonasgebiet verbindet, und stottert dann, sich an jeder Wegbiegung an einem Schild mit der Aufschrift »Pestalozzi« orientierend, einen engen, unregelmäßigen Kopfsteinpflasterweg zum Ilaló, dem ältesten Vulkan Amerikas, hinauf. Das Ehepaar Alvarez ist auf der Suche nach einem Kindergarten für ihre vierjährige Tochter Diana. Sie wollen sich Zeit lassen, etwas Geeignetes zu finden. Was sie bisher gesehen haben, ist ihnen zu eng, zu militärisch oder zu »lieblich rosahimmelblau«.

Sie selbst arbeiten in engen Büros in Quito, in dem auch bei schönstem Wetter den ganzen Tag über die Neonlichter brennen, er im dunklen Anzug mit Krawatte und weißem Hemd, sie tagtäglich im gleichen braunen Schneiderkostüm mit hellgrüner Bluse, der Uniform, die in ihrer Institution Vorschrift ist. Bisher haben sie sich nicht zu fragen gewagt, ob sie ihren Beruf freiwillig gewählt haben oder ob sie mit ihrer Arbeit glücklich sind. In einem Land, in dem eine feste Arbeit, sei sie auch schlecht bezahlt, zum Luxus gehört, kann man froh sein, wenn man überhaupt jeden Monat einen festen Lohn bezieht. Doch sie sind noch jung. Seit ihre Tochter geboren wurde, geht ihnen die Idee nicht aus dem Kopf, dass es für dieses Kind etwas anderes geben müsse als Wände, Pulte, immer die gleichen Routinen mit festen Stundenplänen, Aufgaben, die von anderen gestellt, aber pünkt-

lich und ordentlich erfüllt werden müssen. So haben sie sich die
Mühe gemacht herumzuhorchen. Eine ferne Verwandte hat ihnen von dieser »komischen Schule« erzählt, wo die Kinder immer das machen dürfen, was sie wollen. Das Ehepaar Alvarez
war zwar anfangs schockiert, aber trotzdem wollten sie sich die
Sache einmal anschauen ...

Der VW kämpft sich – den Schlaglöchern zum Trotz und vorbei an typischen kleinen Andenhäusern, Mais- und Zwiebelfel-
dern und einem kleinen Eukalyptuswald – mutig den Berg hinauf. Doch kurz vor dem Ziel wird die Straße plötzlich so steil
und holperig, dass Herr Alvarez den ersten Gang nicht rechtzeitig hineinbringt und das Auto bockend stehen bleibt. Mit einem
Seufzer lässt der stadtgewohnte Büroangestellte den Wagen zu-
rückrollen und parkt ihn am nicht sehr vertrauenerweckenden
Wegrand. Es bleibt nichts anderes übrig – die beiden quälen sich
schnaufend und schwitzend auf dem groben Kopfsteinpflaster
die letzten fünfzig Meter die steile Straße hinauf. Endlich erscheint vor ihnen, halb hinter Büschen versteckt, ein großes
Holzschild:

»Pestalozzi a 0 km«

Gleichzeitig nehmen sie links der Straße einen großen Rundbau
aus Holz mit bepflanztem Dach wahr. Im Außengelände sehen
sie einige Kinder in einem munteren Bergbach baden, andere
mit einem Flaschenzug Wasser aus einer Art Brunnen schöpfen,
es zu einem Wassertisch befördern, eifrig hin und her laufen,
um Wasser zu einer großen Sandkiste zu tragen, die durch ein
bepflanztes Dach, das über eine Hängebrücke und Leitern erreichbar ist, vor der starken Sonnenstrahlung geschützt ist. Auf
dem Balkon des Rundbaus, der von der Straße her zu sehen ist,
waschen andere Kinder Wäsche und hängen sie sorgfältig mit
Klammern auf eine Leine; auf der gleichen Seite dienen ein
Kaufladen und eine Art Gemüsemarkt einer Gruppe von Klei-

nen für ein reges Rollenspiel. Helle, doch nicht schrille Kinder-
stimmen, dann wieder vergnügtes Lachen und Rufen zeugen
von geschäftigem und fröhlichem Treiben. Aus einem kleinen
Eukalyptuswäldchen steigt den beiden Besuchern ein frischer
Duft in die Nase und belebt sie zusammen mit der ungewohnten
Körperbetätigung, der Morgensonne und einem angenehmen
Lüftchen, das von den Ostanden herüberweht.

Weiter oben erweitert sich die Straße zu einem Parkplatz, auf
dem gelbe Schulbusse geparkt sind. Zwischen einem lang gestreckten weiß getünchten Gebäude im indianischen Fachwerk-
stil und einem Ziegelbau mit Holzstruktur springen größere
Mädchen und Jungen begeistert Seil. Ein Gruppe von Jugendlichen und Kindern verschiedenen Alters sind in ein Murmelspiel
vertieft. Auf einer Art Freitreppe, die zum Ziegelhaus gehört,
wärmen sich andere in der Sonne, während sie sich genüsslich
unterhalten. An runden Holztischen mit Überdächern aus Bam-
bus bauen Mädchen und Jungen Flugzeuge aus Balsaholz.

Die Türen aller Häuser sind offen. Die beiden Besucher bleiben ein paar Minuten stehen und merken erstaunt, dass sich
Kinder und Erwachsene überall ungezwungen bewegen, in die
Häuser gehen, als hätten sie dort etwas Wichtiges zu tun. Andere kommen heraus, bleiben ein wenig stehen, um sich zu sonnen
oder zu unterhalten. Überall pulsiert das Leben, aber niemand
scheint gehetzt oder angespannt.

Der Eingang zum Gelände ist zur Straße hin offen. Ein etwa
zwölfjähriges Mädchen nimmt die neugierigen Besucher wahr
und fragt, ob sie jemanden suchen. »Wo ist die ›Direktion‹ der
Schule?«, erkundigen sie sich. Nach einem überraschten Blick
bekommen sie die Auskunft: »Eine Direktion haben wir hier
nicht. Aber wenn Sie die Oficina suchen, das ist das Haus da
oben.« Also auch kein »richtiges« Gebäude, sondern ein sechs-
eckiges, mit seiner Struktur aus Röhren, Holz und einem Eter-
nitdach ziemlich primitives, aber doch anmutiges Gebilde. Sechs
oder sieben Schreibtische sind hier locker im Raum verteilt. Te-

lefone klingeln, Drucker surren; alle scheinen voll beschäftigt. Doch man lässt sie keine Minute warten, bis sie ihr Anliegen vorbringen können: Sie möchten sich den Kindergarten anschauen und die Aufnahmebedingungen kennen lernen.

»Kennen Sie schon etwas über unseren pädagogischen Ansatz?«

»Nicht viel, nur, dass hier die Kinder tun können, was sie wollen. Aber ehrlich gesagt, wir können uns das kaum vorstellen.«

»Am besten, Sie schauen sich erst einmal um. Wenn Sie zurückkommen, wird jemand für Sie da sein, um Ihre Fragen zu beantworten. Doch lesen Sie bitte zuerst dieses Blatt durch. Es sind Ratschläge, wie Sie den Kindergarten besuchen können, ohne zu stören. Und machen Sie sich bitte diese Schildchen an der Kleidung fest. Es ist ein Zeichen, dass Sie sich im Kindergarten und in der Schule aufhalten dürfen.«

»Ja, die Schule würde uns auch interessieren. Was wir davon gehört haben, können wir wirklich nicht glauben. Als wir von der Straße einen Blick hineinwarfen, war anscheinend gerade Pause. Wie unterscheidet sie sich denn von anderen Schulen?«

»Dass wir hier den Kindern nichts beibringen! Bei uns gibt es keine Klassen, keine Noten, keine Examen und keinen Unterricht. Wir richten uns nicht nach dem öffentlichen Unterrichtsplan. Es ist sozusagen immer ›Pause‹ hier.«

»Und was sagt das Erziehungsministerium dazu?«

»Seit dem Jahr 1989 ist unsere Schule anerkannt als ›Neunjährige ecuadorianische Grunderziehung ohne Klassen‹. Bis zum 15. oder 16. Lebensjahr können wir unseren Schülern einen anerkannten Abschluss ohne Benotungen geben. Damit haben sie die Möglichkeit, ohne Prüfungen in andere Schulen überzutreten, falls sie das wünschen. Doch all das können wir ja besprechen, wenn Sie Ihren Rundgang gemacht haben.«

Nachdenklich und ein wenig befangen befestigen Herr und Frau Alvarez ihre Schilder mit der Aufschrift »Visita« am Jackenaufschlag und begeben sich zum Eingang des Kindergartenhauses. Zunächst verweilen sie einige Augenblicke vor dem großen Rundbau und lassen die Weite des Tals auf sich wirken. Links und rechts erheben sich in der Ferne die Anden; der schneebedeckte Cayambe im Norden sticht gegen den tiefblauen Himmel ab. Über einer dicht bewachsenen Schlucht an der Ostseite des Geländes kreisen Bussarde mit geräuschvollem Flügelschlag. Zwischen blühenden Bäumen und Büschen fliegen geschäftig Vögel verschiedener Farben und Größen. Das Plätschern fließenden Wassers und die würzige Luft machen den Besuchern Lust, sich dieser ungewohnten Welt zu öffnen und sich keine Einzelheiten entgehen zu lassen.

Bei einer Gruppe von kleinen Jungen und Mädchen, die vor dem Haus barfuß in einem großen Sandhaufen wühlen, bleiben sie erst einmal stehen und wundern sich, mit welcher Ausdauer die Kinder aus verschiedensten Behältern Wasser in vorbereitete Kanäle schütten und zusammenarbeiten, um einen Wasserfall am Leben zu halten, der immer wieder im Sand versickern will. Kleine und große Helfer füllen den jungen Ingenieuren immer neue Gefäße aus nahe stehenden Becken. Frau Alvarez weiß nicht so recht, ob sie sich um die Sauberkeit dieser Kinder sorgen oder sich an ihrer fröhlichen und konzentrierten Tätigkeit erfreuen soll. Dann merkt sie, dass all diese kleinen Schmutzfinken eine Gummischürze tragen, und es gelingt ihr, sich beim Gedanken an das Stückchen Sauberkeit unter der Schürze zu entspannen.

Zwei kleine Mädchen, die offenbar nicht müde werden, eine kleine Rutschbahn neben dem Sandhaufen auf verschiedenste Weisen zu benutzen, nehmen ihre Aufmerksamkeit in Anspruch. Daneben spielt eine Gruppe begeistert in einer Hängematte, die zwischen zwei Bäumen aufgehängt ist. Ein Schaukelpferd, Klettergerüste, Wippen, Ringe und ungefährliche Schaukeln mit Sitzen aus grobem Tuch, ein Tunnel, ein Holzhäuschen zum Zurückziehen und überdachte Picknicktische mit geruhsam essenden Kindern sind über eine leicht abschüssige Wiese so verteilt, dass Kinder zwischen diesen Geräten reichlich Platz zum Rennen und zu allerlei Arten spontaner Spiele finden. Der Holzbau ist auf dem schrägen Gelände auf verschieden hohen Pfeilern so gebaut, dass unter dem Balkon zuerst niedrige und dann immer höher werdende Nischen Gelegenheit zum Versteckspielen, für Murmelbahnen, weiter unten Platz für einen Kissen- und Matratzenraum, für eine kleine Schreinerei und einen Sandtisch für Rollenspiele bieten. Obwohl in jedem dieser Winkel Tätigkeiten mit relativ hohem Lärmpegel stattfinden, ist jeder von ihnen so abgeschirmt, dass keine Gruppe die andere stört. Die Besucher halten überall inne, wo Kinder am Werk sind. Sie sehen eine Kindergärtnerin zwischen ihnen hin- und hergehen, sich ihnen interessiert zuwenden, ein paar Worte mit dem einen und anderen wechseln. Doch offensichtlich gibt sie keine Anweisungen, auch keine Hilfeleistungen beim Hämmern, Klettern oder Schaukeln.

Beim Gang um das Haus können die Besucher aus einem anderen Winkel den Teil des Gartens übersehen, der ihnen schon von der Straße aufgefallen war: die überdachte Sandkiste mit der Hängebrücke, Wassertische, Schaukeln, Kletterseile, Unterschlüpfe unter Bäumen und den schnell fließenden Bach, in dem ein paar Kinder so intensiv spielen, dass sie die Welt um sich zu vergessen scheinen. Eine junge Frau hockt in der Nähe; auf Wunsch ist sie Kindern behilflich, die nicht ganz mit dem Abtrocknen und Anziehen zurechtkommen. Ein kleiner Junge hat die Idee, einen Gefährten, der sich gerade anzieht, zu bespritzen. Ohne zu zögern verwehrt es ihm die Betreuerin mit klaren Gesten und wenigen Worten: »Nein, das geht hier nicht.« Frau Alvarez denkt sich: »Also können sie doch nicht alles tun, was sie wollen.« Dabei wundert sie sich, dass keiner der Beteiligten angespannt oder böse scheint, sondern solch eine Grenze hier offenbar als ganz normal empfunden wird.

Diese wenigen Szenen wecken ihre Neugier, und sie fordert ihren Mann auf: »Komm, gehen wir ins Haus!« Eine Betreuerin sitzt auf den Aufgangsstufen. Neben sich hat sie zwei Kleine, die sich in ihrer Nähe sicher genug zu fühlen scheinen, um dem Treiben der anderen interessiert zuzuschauen. Die junge Frau vergewissert sich mit einem Blick auf die roten Schilder an der Jacke, dass es sich hier um autorisierte Besucher handelt, und gibt ihnen ein Zeichen, dass sie ruhig eintreten dürfen.

Sie entscheiden sich, erst einmal dem Balkon zu folgen, der rund um das Kindergartenhaus führt; vorbei an kleinen runden Tischen, an denen einige Kinder ihre mitgebrachte Brotzeit verzehren, vorbei an einem Puppenhaus, Hängematten, einem gemütlichen Platz mit Teppichen, Kissen und einem drehbaren Büchergestell, wo eine Betreuerin zusammen mit einem Mädchen, das sich an sie kuschelt, ein Bilderbuch anschaut. Ein Stück weiter auf dem Balkon ist ein Raum mit Musikinstrumenten ausgestattet. Ein paar Kinder erfinden hier mit wichtiger Miene ihre eigene Musik auf einer Marimba, auf Trommeln und Panflöten. Weiter geht der Weg zu einem Bereich, der mit hölzernen Kletter- und Balanciergeräten eingerichtet ist. Ein kleiner Junge setzt sie auf verschiedene Weise zusammen und stellt sich selbst immer wieder neue und schwierigere Aufgaben. Nach ein paar Minuten zieht es das Ehepaar weiter auf dem Balkon zum Kaufladen, zum Waschplatz im Andenstil, zu dem Markt und zu niedrigen Tischen mit vielen Dingen zum Sieben, Schneiden, Mahlen und Wiegen. Von den Kindern, die sie von der Straße her in diesem Bereich spielen sahen, ist nur ein Mädchen übrig geblieben. Es ist so vertieft dabei, das Spielgeld zu zählen, dass es nicht einmal zu den Besuchern aufschaut.

Die beiden Erwachsenen treten nun vom Balkon ins Haus ein. Sie brauchen ein Weilchen, um sich in diesem Bau zu orientieren, in dem es weder einen Anfang noch ein Ende zu geben scheint. Sie erkennen eine Reihe von offenen Räumen, die auf verschiedenen Ebenen liegen und untereinander durch verschiedene Arten von Treppen, Hühnerleitern und schiefe Ebenen verbunden und um einen offenen Innenhof gruppiert sind. Von ihrem Standort aus können sie durch die gegenüberliegende Seite des Hauses in die Landschaft schauen. Von allen Seiten fällt Licht in jeden Winkel, und es gibt so viele Spiegelungen und Widerspiegelungen, dass sie nicht sicher sind, ob sie ihren Sinnen noch trauen können.

Doch die Kinder scheinen sich durch diese Vielzahl von Reizen nicht verwirrt zu fühlen. Einzeln oder in kleinen Gruppen beleben sie die verschiedenen Bereiche mit ihrer Betriebsamkeit: Es gibt praktische Arbeiten und Rollenspiele in einer Art Küche, einem Wohnzimmer, in mehreren Puppenecken, einem Verkleideraum, einer »Klinik« und einem Frisörsalon; Bauspiele mit einer Vielzahl von Elementen in weitläufigen Bereichen; Geschicklichkeits-, Gedächtnis- und einfache Gesellschaftsspiele; Übungen des praktischen Lebens und ein volles Spektrum an Sinnesmaterialien, auch einfache Sprach- und Zahlenmaterialien in einer vor lauten Aktivitäten besonders geschützten Umgebung. Dann einen Bereich zum Malen und Töpfern, zum Basteln und Handarbeiten; in der Nähe des Eingangs mit bunten Vorhängen und Spiegeln ausgestattete kleine Umkleidekabinen, Fächer für jedes Kind, niedrige Waschbecken, Toiletten, eine Dusche und Schränke für Tücher und sonstige Vorräte.

Im runden Innenhof beschäftigen sich einige Kinder an Wassertischen mit unterschiedlichen Inhalten: Wasser mit Schaum und mit Farben, Gefäße verschiedener Formen und Größen, Trichter, Schläuche, Siebe, Angeln, Kellen und Löffel. Auf einer Strohmatte sitzt eine Betreuerin, die mit einigen Kindern Bohnen auspult und Mais entkolbt. Barfüßige Kinder springen waghalsig auf einem Trampolin, andere ertasten vorsichtig mit ihren Fußsohlen eine Reihe von Texturen, die am Boden für sie vorbereitet sind. Mehrere Betreuerinnen sind so über die Bereiche verteilt, dass sie wahrnehmen können, was dort passiert. Sie sind aufmerksam und an den Tätigkeiten der Kinder interessiert, ohne sie anzuspornen oder zu lenken, doch dabei offenbar ständig bereit, auf Zeichen von den Kindern einzugehen. Alle Gruppen, die hier beschäftigt sind, haben sich offensichtlich spontan zusammengefunden. Kinder trennen sich voneinander, andere kommen neu dazu, ohne dass Erwachsene Einfluss auf die Dynamik der Kinder nehmen würden. Oft spielen Kinder verschiedenen Alters zusammen. Unter ihnen sind auch Sieben- und Achtjährige, sogar hin und wieder ältere Kinder.

Für das Ehepaar Alvarez ist dies eine fremde, eine gleichzeitig beunruhigende und wohl tuende Welt. Sie beschließen den Kindergarten zu verlassen, in der Hoffnung, im Bereich der Schulkinder vertrautere Strukturen zu finden. Zu ihrer Überraschung ist hier anscheinend schon wieder Pause. Viele Kinder und Jugendliche benutzen lebhaft ein weitläufiges, halb wildes, halb kultiviertes Gelände. Die einzige ebene Fläche wird von einem mittelgroßen Sportfeld eingenommen. Mädchen und Jungen verschiedenen Alters spielen gerade in Eigenregie Fußball. Es scheint sie nicht zu stören, dass quer durchs halbe Feld eine kleine Gruppe Basketball spielt. Wenn einer der Bälle an die falsche Adresse kommt, wird er fachmännisch in die andere Richtung geschossen. Außerdem schieben und ziehen ein paar Kleinere an den Rändern des Feldes im Sturm eine voll besetzte Schubkarre, die sie elegant an konzentrierten Murmelspielern vorbeimanövrieren.

Das Feld ist durch einen Maschenzaun geschützt. Rundherum finden vielgestaltige Aktivitäten statt, bei denen sich die Kinder eine reiche, sowohl natürliche als auch strukturierte Umgebung zunutze machen: Im Eukalyptuswäldchen erfinden sie viele Möglichkeiten zum »Bächeln«, Wasser in Tümpel zu leiten, darüber zu springen, sich mit Abfallmaterialien »Klubs« zu bauen, als würden sie nochmals die Entwicklungsstufen einer prähistorischen Gesellschaft durchleben. Kleine Mädchen, die sich von niemandem stören lassen, haben sich eine Höhle unter einem umgefallenen Baum ausgegraben und kommen nur zum Vorschein, wenn sie im Bach ihre Puppenwäsche und das Geschirr der letzten Puppenmahlzeit waschen.

Einige mutige Mädchen und Jungen üben ihre Künste an einem von einem hohen Ast herunterhängenden Seil. Auf einem sechs Meter hohen Kletterturm aus Holz (um Himmels willen, passiert denn hier nichts?) herrscht reges Leben. Vom obersten Stockwerk werden die letzten Modelle von Balsaflugzeugen getestet. Manche von ihnen sind so professionell gebaut, dass sie bis zur Schlucht fliegen und dort auf Nimmerwiedersehen verschwinden. An Leitern, Seilen, Netzen, einer Feuerwehrleiter und über eine Hängebrücke bewegen sich Kinder in einem komplizierten Fangenspiel auf und ab, während gleichzeitig ein kleiner Trupp Sechsjähriger unbeirrt am Boden des Turmes in einem Haufen Sägespähne einem geheimnisvollen Rollenspiel nachgeht, als lebten sie auf einem anderen Planeten. Und mitten in diesem vielfältigen Geschehen ist ein Erwachsener zu erblicken, der das Ganze aufmerksam zu überschauen scheint und sich zwischen all den Vielbeschäftigten ruhig hin- und herbewegt.

Unsere Besucher wissen nicht, wohin sie zuerst schauen sollen. Vom Wäldchen bis zum etwa 150 m entfernten Eingang des »Schulhauses« bewegen sich Kinder in mitten einer Vielzahl von Geräten. Von einem erhöhten Podium wird eine Seilbahn unermüdlich auf- und abwärts bewegt. Es gibt chinesische Leitern, Barren, Kletterstangen mit Ringen und einem hohen Trapez, einen Parcours, an dem Kinder »fliegen« üben, einen Lastwagenreifen, der als Pendel aufgehängt ist, Schaukeln, Balancierbalken, Strickleitern, eine Rutsche aus Holz, die mit hängenden Reifen, einem Tunnel zum Durchkriechen und einer Reihe von Hürden verbunden sind und schließlich bei einem hohen überdachten Sandhaufen enden.

Mitten in diesem Wald von Bewegungsmöglichkeiten stehen überdachte Plätze mit festen Bänken im Geviert. Hier geht es ein wenig ruhiger zu: Ein Jugendlicher schreibt etwas in ein Ringbuch. Ein paar Mädchen und Jungen erzählen sich eine Gruselgeschichte. Unter einem anderen Dach sitzen etwa fünfzehn Kinder zusammen mit einem Erwachsenen und scheinen etwas Wichtiges zu besprechen.

Die beiden Alvarez gehen um das Schulhaus herum. Hier bietet sich ihnen wieder ein neues Panorama. Der Sandhaufen wird gerade zu einem Vulkan geformt und sein Krater mit einer geheimnisvollen Mischung gefüllt. Daneben, ohne sich um den gefährlichen Vulkan zu kümmern, spielen drei Kinder mit Zootieren auf einem Tisch mit trockenem Sand. Ein paar Meter weiter gibt es ein großes Hallo auf großen Wippen: Große und Kleine, Dicke und Dünne erforschen auf ihnen lauthals die Hebelgesetze. In einem terrassenartigen Garten stecken sich zur gleichen Zeit zwei Mädchen einen kleinen Flecken ab, auf dem sie Radieschen, Möhren und Salat säen wollen.

In einer offenen Schreinerei, deren Dach am Schulhaus festgemacht ist, herrscht intensive Arbeitsstimmung. Eine Fülle von Gegenständen aus Balsaholz, Flugzeuge, Schiffe, Lastwagen, Häuser in verschiedenen Baustadien, werden hier gebastelt, ohne dass ein Erwachsener Anweisungen gäbe. Die Aufmerksamkeit unserer Besucher wird auf eine Gruppe von fünfzehn oder zwanzig Kindern gelenkt, die am Boden kniend Kreuze aus unregelmäßigen Holzresten fabrizieren. Das geht schnell voran. Sobald ein Kreuz vollendet ist, springt sein Besitzer ins Gelände und arrangiert aus wilden und kultivierten Pflanzen einen Strauß Blumen, die er ums Kreuz windet. Es dauert nur wenige Minuten, bis alle sich zu einer Prozession formieren, vorneweg ein kleiner Junge, der durch einen umgehängten Schal als »Priester« gekennzeichnet ist. Gleich hinter ihm ein etwa neunjähriges Mädchen. Es trägt – mit Watte und Stoffresten sorgfältig in eine selbst gebastelte Schachtel verpackt – einen toten Vogel. Ihr schließen sich die anderen Kreuze tragenden Kinder an. Ihre Gesichter haben einen feierlich ernsten Ausdruck. Andere Kinder unterbrechen ihre Arbeit und werfen der Gruppe neugierige Blicke zu. Hier und da schließt sich ein Kind spontan dem Trauerzug an, der sich jetzt einem unbebauten Teil des

Schulgartens zuwendet. Ein kleines Grab wurde offenbar schon vorher gegraben. Die Trauernden gruppieren sich um die Öffnung. Ein anderer »Pfarrer« (sie ist die Enkelin ihres unlängst verstorbenen Großvaters) improvisiert eine Zeremonie, und die Gemeinde antwortet in monotonem Ton mit Wörtern, die teils bekannt, teils fremdartig klingen. Dann wird der Vogel ins Grab versenkt, jedes Kind wirft ihm eine Hand voll Erde nach. Halb verlegen, halb belustigt trennen sich die Kinder voneinander; einzeln oder in Grüppchen gehen sie auf die Suche nach einer neuen Beschäftigung.

Das Ehepaar Alvarez schaut sich kopfschüttelnd an. Eine Betreuerin, die der Zeremonie beigewohnt hat, steht nach dem Aufbruch der Kinder alleine da. Trotz der »Hausregel«, wonach Besucher die Betreuer nicht ins Gespräch ziehen sollten, ergreift Frau Alvarez die Gelegenheit zum Fragen: »Können Sie uns erklären, was diese Szene bedeutet?« Die »Lehrerin« spürt, dass sie hier eine Ausnahme machen sollte, denn ihre Kollegen im Büro, die zum Dialog zur Verfügung stehen, wissen ja nichts von dem, was hier gerade vor sich ging. »Sehen Sie«, erklärt sie, »der Vogel wurde heute Morgen tot im Haus gefunden. Anscheinend ist er durch ein offenes Fenster hereingeflogen und in seiner Verzweiflung, den Weg nach draußen zu finden, gegen etwas Hartes geprallt. Das Mädchen, das ihn fand, musste vor ein paar Tagen zur Beerdigung seines Großvaters nach Riobamba reisen und ist gerade heute wieder in die Schule gekommen. Sie hat mit ihren Freundinnen noch eine Stunde lang versucht, den Vogel zum Leben zu erwecken. Als ihr das nicht gelang, hat sie Anstalten zur Beerdigung gemacht. Den ersten Kindern, die sich ihr anschlossen, ist ebenso vor einiger Zeit einer der Großeltern gestorben. Auch sie haben in den letzten Monaten immer wieder, so wie heute, tote Tiere begraben. Es ist ein Rollenspiel mit tiefer Bedeutung, eine Möglichkeit, schwierige Ereignisse zu verarbeiten ...«

»Aber so etwas in einer Schule?«, fragt sich das Ehepaar, sobald die Betreuerin außer Hörweite ist. Doch sie entschließen sich, die Beantwortung dieser Frage aufzuschieben, und setzen ihre Tour fort. Alle paar Meter bietet sich ihnen eine Szene, die sie von neuem fragen lässt, ob sie hier wirklich in einer Schule sind. Neben zwei irdenen Holzöfen braten Kinder Äpfel am Spieß und vertreiben sich die Garzeit mit Murmelspielen. Oberhalb davon findet ein Tischtennisspiel mit sechs Beteiligten statt. In der Nähe in einer Nische reden einige Jugendliche angeregt miteinander, als seien sie allein auf der Welt.

Auf einem überdachten Vorplatz des langen weißen Schulhauses zermahlen, schneiden und zerstoßen kleine Mädchen Pflanzen, Gewürze, Essig und Viehsalz mit Wasser zu einem Zaubertrank mit solch konzentrierter Aufmerksamkeit, dass sie den verwunderten Besuchern keinen Blick gönnen. Neben ihnen unterhalten sich Kinder mit viel Gelächter, während jedes von ihnen mit Kneten, Handarbeiten oder Basteln beschäftigt ist. Endlich erreichen die Besucher den Eingang zum Haus. Ihre Erwartung, hier endlich den gewohnten Anblick von Klassenzimmern genießen zu können, wird aber sofort zunichte gemacht. Das »Schulhaus« hat drei Ebenen, doch zwischen der einen und anderen gibt es viele Durchblicke, und sofort merken sie, dass auch hier reges Leben herrscht, wenn auch die Laute eher gedämpft und die Bewegungen der Kinder ruhiger sind. Mit Erstaunen nehmen sie wahr, dass jeder, der von draußen eintritt, seine Schritte und seine Stimme mäßigt.

Als Erstes steigt den beiden köstlicher Duft von frischer Pizza und Kuchen in die Nase. Er kommt aus einer Küche, die vom Rest des großen Raumes nur durch Regale mit Arbeitsplatten und ein Gatter getrennt ist. Dahinter sind fünf beschürzte Jungen und Mädchen verschiedenen Alters gerade mit Putzen und Tischdecken beschäftigt. Offenbar wird alles für ein Festmahl bereitet; eine kleine Gruppe Kinder drängt sich auch schon an den Besuchern vorbei zum großen Küchentisch. Sie haben etwas Mühe, einen Schäferhund wegzujagen, der das gute Essen wittert und sich mit ihnen durch das Gatter drängeln möchte. »Ein Hund in der Schule?« In Frau Alvarez' Gesicht spiegeln sich Zweifel und nicht ganz vergessene Ängste aus ihrer eigenen Kindheit wider.

Doch gleich ist sie von anderen unerwarteten Ereignissen abgelenkt. In einem großen Spielladen gegenüber der Küche kauft ein hoch gewachsener (womöglich behinderter?) Junge zwei kleineren Mädchen Mais, Reis und Bohnen ab und muss dafür einen – wahrscheinlich sonst nicht gültigen – Scheck ausschreiben, während die Mädchen auf einer alten Rechenmaschine noch einmal die Summe nachrechnen.

Auf der anderen Seite des lang gezogenen Raumes ist endlich ein Erwachsener zu sehen, der inmitten einer Schar Kinder und Jugendlicher eine Bastelarbeit macht. Doch auch hier spüren die Besucher einen Stich in der Herzgegend: Die Kinder rundherum folgen keineswegs dem Vorbild des »Lehrers«, sondern einzeln oder in kleinen Gruppen tut jeder etwas anderes. Dabei verwenden sie Materialien aller Art, die in offenen Regalen zur Verfügung stehen. Hin und wieder wird der Erwachsene etwas gefragt oder um ein Werkzeug oder Material gebeten, das anscheinend ausgegangen ist. Es kommt den Besuchern so vor, als ob die Kinder untereinander viel mehr reden als der Erwachsene mit ihnen, doch immer wieder nehmen sie kurze Kontakte zwischen »Lehrern und Schülern« wahr. Die Kinder interessieren sich für die Arbeit des Erwachsenen, ihre Köpfe oder Schultern berühren sich für einen Augenblick; hin und wieder wird diese spontane Fühlungnahme zu einer kleinen Umarmung ausgedehnt, Worte werden gewechselt, es wird gelacht, aber all dies geschieht, ohne dass der Erwachsene die Szene dominiert. Im Gegenteil: Es scheint, dass er sich auf den Ausdruck und die Gefühle der Kinder einstimmt.

Frau Alvarez empfindet eine gewisse Rührung und Sehnsucht: So ungezwungen freundlich würde auch sie gerne behandelt werden. Genau in diesem Moment hebt der »Lehrer« den Kopf von seiner Arbeit und beide lächeln einander freundlich zu. Es fällt kein Wort zwischen ihnen, und doch fühlt sich Frau Alvarez wie erfrischt und ermuntert, sich dieser Umgebung noch mehr zu öffnen. Sogleich nimmt sie mit neuer Aufmerksamkeit eine Reihe von Einzelheiten wahr, deren sie sich vorher nicht bewusst gewesen war: eine alte elektrische Nähmaschine, an der ein braun gebrannter Junge einen Fallschirm fabriziert. Eine Kissenecke, in der drei schwatzende Mädchen auf einer Strohmatte sticken und stricken, ohne sich um die anderen zu kümmern. Zwei etwa neunjährige Mädchen, die an einem uralten Computer sitzen und eine kleine Schlange von Kunden mit großer Ernsthaftigkeit bedienen. Hier werden Tickets für große Reisen gekauft, und die Kunden lassen sich mithilfe einer großen Landkarte und Reisebroschüren von den Experten ausführlich beraten. Hinter einer spanischen Wand liegen ein paar Kinder rund um ein prächtiges Puppenhaus bäuchlings auf einem Teppich. Sie sind so vertieft in ihre eigene Welt, dass selbst die Aussicht auf eine Kreuzfahrt durch die Karibik sie nicht aus ihrem Spiel reißen kann. Und hinter einer anderen spanischen Wand liegt ein etwas blasser Junge auf einem erhöhten Bett. Er ist warm in Decken eingewickelt und bekommt gerade von einer Betreuerin eine Tasse heißen Kräutertee gegen Bauchschmerzen, während zwei mit ihren Beinen baumelnde Freunde Anteil nehmend auf seiner Bettkante sitzen und versuchen, ihn mit Geschichten und Witzen aufzuheitern.

Da wollen die beiden Besucher nicht weiter stören. Sie haben auch noch eine großes Programm vor sich. Sie steigen die Treppe hinauf, die zu einem ebenso großen Raum wie im Erdgeschoss führt, und betreten ein Reich, das sie ein wenig an Schule erinnert, aber doch wieder nicht viel damit zu tun zu haben scheint. Entlang den Wänden stehen offene Regale mit einer schier unüberschaubaren Menge didaktischer Materialien: Links vom Aufgang weisen Schilder darauf hin, dass es sich um den Bereich Sprache handelt. Auf der rechten Seite muss es wohl um

Mathematik gehen, denn die Aufschriften an den Regalen erinnern sie an Begriffe, die sie aus ihrer Schulzeit kennen. Trotzdem können sie sich nicht vorstellen, was all die eigenartigen Gegenstände, die ordentlich und leicht erreichbar in den Regalen ausliegen, mit diesem Fach zu tun haben sollen.

In der Mitte des Doppelraums sind Tische in lockerer Weise verteilt. Kinder verschiedenen Alters und Jugendliche sind hier, jeder für sich, auf alle möglichen Dinge konzentriert. Manche legen mit bunten Kugeln Muster auf Brettern mit vierhundert Bohrungen aus. Andere bewegen nach einem System, das den Besuchern rätselhaft erscheint, Kugeln auf Rechenrahmen. An anderen Tischen ordnen kleinere Kinder Bilder und geschriebene Karten, legen bewegliche Buchstaben zu Wörtern, malen und schreiben. Die meisten Materialien sind für das Ehepaar Alvarez nicht zu identifizieren. Sie bemerken eine offene Tür zu einem zehn Meter langen Balkon mit einer Reihe von Tischen und einem atemberaubenden Blick in die weite Andenlandschaft. Auch hier sitzen Schüler und arbeiten mit den verschiedensten Dingen. Konzentriert analysieren sie, was ausgelegt und hin- und hergeschoben wird, und notieren für die Besucher unverständliche Schlussfolgerungen.

Im gesamten Bereich all dieser rätselhaften Handlungen sind zwei Erwachsene zu entdecken. Der eine wird gerade von einem Jugendlichen gebeten, sich eine Arbeit anzuschauen, mit der er nicht weiterkommt. Der »Lehrer« setzt sich auf einen freien Hocker und lässt sich beschreiben, was bisher auf einem dreidimensionalen Modell entstanden ist. Er hört und schaut zu und formuliert mit wenigen Worten, was da zu sehen ist. Dann holt er sich vom Regal das gleiche Material und beginnt seine eigenen Muster zu bauen. Dabei sagt er bei jedem Schritt, was er tut. Plötzlich greift sich der Jugendliche lachend an den Kopf und meint geradezu gnädig: »Jetzt weiß ich, wo der Haken ist. Meinetwegen kannst du wieder gehen. Ich komme schon allein weiter.«

Eine andere Lehrerin ist anscheinend dabei, zwei kleine Mädchen auf ihrer Suche nach einer interessanten Tätigkeit zu begleiten. Sie erwähnt kurz, wofür sich das eine oder andere Material verwenden lässt, fast wie eine Verkäuferin, die ihre Kunden berät, die sie aber nicht überredet, etwas Bestimmtes mitzunehmen. Jedes Kind sucht sich das aus, was es möchte, und die Betreuerin fragt sie freundlich, ob sie weiter ihre Hilfe brauchen. Nach einem kurzen ruhigen Austausch ist sie wieder frei, sich dem gesamten Bereich zuzuwenden, ohne sich jedoch in die Aktivitäten einzumischen. Obwohl Kinder und Erwachsene hin und her gehen und miteinander sprechen, ist dies doch eindeutig ein »ruhiger« Bereich. Die Kinder auf dem Balkon werfen zwar immer wieder mal Blicke in die weitläufige Landschaft, beobachten vielleicht belustigt Kameraden, die gerade unten auf dem abschüssigen Gelände auf Stelzen zu gehen üben. Doch dann kehren sie wieder zu ihrer eigenen Beschäftigung zurück. Aus irgendwelchen Gründen packt hier und da eines alles zusammen, was es gebraucht hat, verstaut alles im Regal und verlässt den Raum. Es gibt weder eine Glocke noch sonst ein Zeichen, die mit der Beendigung seiner Arbeit im Zusammenhang stehen würden.

Das Ehepaar schaut auf die Uhr. Nur noch eine halbe Stunde bis zur vereinbarten Besprechung im Büro! Mit weniger Muße als bisher durchstreifen sie den lang gestreckten Raum, der zwei Treppen tiefer in verschiedene Unterbereiche eingeteilt ist: Eine gemütliche Bibliothek mit gepolsterter Sitzbank, bequemen Kissen und einer bunten Hängematte, wo sich gerade ein paar Kinder gegenseitig aus einem illustrierten Buch vorlesen. Auf der linken Seite eine Art Labor, wo eifrig gekokelt und für die Kinder etwas anscheinend großartig Stinkendes gemischt wird. Gegenüber gibt es Schränke mit Chemikalien, Experimentierkästen, elektrischen und elektronischen Materialien und Regale mit der Aufschrift »Biología, Física, Química«. Es ist für sie beruhigend, auf der anderen Seite bekannte Dinge wie Landkarten,

Fachbücher und Regale voller Erdkunde- und Geschichtsmaterialien zu entdecken. An einem langen Tisch sind etliche Kinder dabei, eine Südamerikakarte zu erkunden und mit ihrer Hilfe Karteikarten zu ordnen. Beunruhigender scheint der letzte Winkel des Raumes mit Regalen voller Materialien zur Sinneserfahrung und mit Geschicklichkeitsspielen. So beschließt das Ehepaar, lieber nichts davon zu berühren, aus Angst, sie könnten für den Rest des Morgens hier stecken bleiben. Die Alvarez verabschieden sich also von dem Betreuer, der in diesem Bereich zuständig zu sein scheint, und verlassen das Gebäude, um wenigstens einen kurzen Blick ins gegenüberliegende Haus zu werfen.

Dort werden sie als Erstes von Geräuschen und Klängen angezogen, die in ihnen die Lust zu tanzen wecken. In einem Raum von etwa 180 Quadratmetern spielt eine Gruppe von Jungen und Mädchen auf Instrumenten aller Art urwüchsige Melodien und Rhythmen, wobei sie sich voller Schwung zu ihrer selbst gemachten Musik bewegen. Mit viel Selbstvertrauen und starken Lungen erfinden sie dazu ihre eigenen Lieder. Ein Erwachsener erscheint im Türrahmen und bewegt sich leicht zum Takt dieser elementaren Musik, die nicht einer Technik, sondern dem vollen Lebensgefühl dieser Kinder entspringt.

Im gleichen Haus werden unsere Besucher mit Situationen konfrontiert, die ihnen recht widersprüchlich vorkommen: Da gibt es eine »Spielhölle« mit Gesellschaftsspielen aus verschiedenen Kulturen und mit unterschiedlichen Schwierigkeitsgraden. Es gibt auch Fischertechnik, Bauspiele aus den verschiedensten Materialien, Murmelbahnen, Phantasiefiguren, Verkehrszeichen, Schienen, Autos, Lastwagen und Züge, alle in vollem Betrieb. Auf einem erhöhten Dachboden wird voller Hingabe mit Puppen gespielt und mit kleinen Möbeln und allen möglichen Gegenständen das häusliche Familienleben neu inszeniert. In einem Zimmer voller Verkleidungsgegenständen und einem Frisiersalon drehen sich drei kleine Mädchen gerade andächtig

Locken und bemalen ihre Gesichter mit grellen Farben. Durch eine Scheibe kann das Ehepaar in ein anderes Zimmer schauen, in dem eine Hand voll Kinder an einer Staffelei und einer großen Fläche an der Wand malen, eine kleine Gruppe an einem langen Tisch töpfert und ein Junge auf einer Drehbank sitzt, die er mit den Füßen eifrig bewegt. Zwei oder drei andere sind an einer primitiven Druckerpresse beschäftigt.

Auf der anderen Seite des Hauses geht eine Tür auf. Im Raum dahinter sehen sie Jugendliche, auf Matten und Kissen sitzend, heftig diskutieren. In einem anliegenden Zimmer spielen andere mit viel Elan »Pictionary«, ein Spiel mit Karten, auf denen Wörter und Situationsbeschreibungen zum Zeichnen auffordern. In einem Nebenraum sind Bücherregale zu erkennen, und an einem runden Tisch sitzen ein paar Leseratten, vollkommen in ihre Lektüre vertieft.

In den wenigen Minuten, die den Besuchern noch bleiben, steigen sie eine Treppe hinauf, wo eine geschlossene Tür ihre Neugier erweckt. Eine geschlossene Tür in dieser Umgebung? Sie bleiben unschlüssig davor stehen. Fast schuldbewusst horchen sie an der Tür. Stimmen verschiedener Jugendlicher und eines Erwachsenen dringen zu ihnen und lassen keinen Zweifel offen: Da drinnen findet eine Gruppenarbeit statt, mehr noch, ein regelrechtes philosophisches Kolloquium!

Das alles ist für das Ehepaar Alvarez, das aus der straff geordneten Welt bürokratischer Institutionen hier gelandet ist, mehr, als sie erst einmal verdauen können. Sie müssen ja auch heute keine Entscheidung treffen, sondern möchten sich eigentlich nur über den Kindergarten informieren. So steigen sie den kleinen Hang zum Büro hinauf. Eine junge Sekretärin gibt ihnen auf ihren Wunsch ein Blatt, auf dem monatliche Kosten mit oder ohne Schulbus und die notwendigen Papiere für die Aufnahme in den Kindergarten aufgeführt sind, und nähert sich dann einem grauhaarigen Mann, der mit anderen Besuchern auf der anderen Seite des Büros in einer halbabgetrennten Sitzecke im Gespräch ist: »Kannst du hier unterbrechen und Eltern Auskunft über den Kindergarten geben?«

Der ältere Herr bittet seine Gesprächspartner um Erlaubnis. Es sind zwei Lehrer und ein Elternteil aus Bolivien, die selbst mit einer alternativen Schule angefangen haben und hier eine Woche lang »auftanken« und ihre Fragen und Schwierigkeiten erörtern wollen. Interessiert an dem folgenden Informationsgespräch, bitten sie die Alvarez, zuhören zu dürfen, wogegen diese nichts einzuwenden haben.

Zunächst bringt das Elternpaar organisatorische Fragen zur Sprache, so die nach den Anfangs- und Schlusszeiten, wie viele Kinder auf einen Betreuer kommen, ob die Kinder den ganzen Morgen nur ihren eigenen Interessen nachgehen oder ob es auch normalen Unterricht gebe.

Auf ihre Fragen erhalten sie folgende Informationen: Alle Kinder sind nur vier Stunden am Morgen hier. Für die Kleinen ist diese Zeitspanne eigentlich oft zu lang, dagegen für die Älteren zu kurz. Doch der Transport ist so teuer, dass man aus ökonomischen Gründen diesen Kompromiss schließen müsse. Die Jugendlichen haben allerdings eine Elternversammlung einberufen, um durchzudrücken, dass sie eine Stunde länger in der »Schule« bleiben dürfen. Den Heimweg organisieren sie dazu selbst. Durch die so beschränkte Zeit wird allerdings deutlich, dass grundsätzlich die Eltern für die Betreuung und die Umgebung ihrer Kinder verantwortlich sind und dass auch der schönste Kindergarten und die prachtvollste Schule ihnen diese Aufgabe nicht abnehmen können.

Mit Verwunderung vernehmen Herr und Frau Alvarez, dass die Erwachsenen nicht bestimmten Kindergruppen zugeteilt, sondern jeweils für einen Teil der vorbereiteten Umgebung zuständig sind. Sie wechseln diesen Bereich von Woche zu Woche, sodass sie die Kinder unter verschiedenen Bedingungen wahrnehmen können. Falls sich ein Kind – was anfangs manchmal geschieht – besonders an einen Erwachsen hängt, hat es dadurch die Chance, alle Bereiche der Umgebung kennen zu lernen. An mehreren Nachmittagen pro Woche kommen die Betreuer für jeweils zwei Stunden zusammen, um sich u.a. über die Entwicklung der Kinder auszutauschen. Auf Elterngespräche bereiten sie sich so vor, dass alle sieben Mitarbeiter ihre Erlebnisse mit dem entsprechenden Kind zusammentragen. Dadurch bekommen die Eltern einen umfassenden Eindruck davon, wie es ihrem Kind im Kindergarten geht. Außerdem sind die Eltern eingeladen, den Kindergarten und die Schule so oft zu besuchen, wie sie dazu Lust haben und es ihnen möglich ist (vgl. hierzu Kapitel 10).

Im Kindergarten kommt es manchmal vor, dass sich ein Kind nicht leicht von seinen Eltern (oder die Mutter sich von ihm) trennen kann. In diesem Fall darf eine Bezugsperson für kurze oder auch längere Zeit zur Unterstützung mitkommen, allerdings nur unter der Bedingung, dass sie das Kind nicht dirigiert oder sich in seine Aktivitäten einmischt, sich nicht vom Kind manipulieren lässt und auch die grundsätzlichen Hausregeln beachtet, die auf einem Informationsblatt für Besucher aufgeführt sind: »Bitte unterhalten Sie sich im Bereich der Kinder nicht mit anderen Erwachsenen; bitte setzen Sie sich nicht auf die Tische; bitte in der Umgebung der Kinder nicht rauchen«, und ähnliche Hinweise zum Schutz einer für Kinder entspannten Atmosphäre. Am Anfang des Schuljahres kommen in der ersten Woche nur die Kinder, welche die Umgebung schon kennen. Dadurch finden in der zweiten Woche die Neuen eine weitaus entspanntere Umgebung vor, auch haben die Betreuer dann die Möglichkeit, sich ihnen ausgiebiger zuzuwenden.

»Und wie läuft ein Vormittag im Kindergarten ab?«, kommt Frau Alvarez jetzt auf ihre frühere Frage zurück.

»Wenn die Kinder am Morgen ankommen, steht ihnen die gesamte vorbereitete Umgebung zur Verfügung. Überall, wo sie sich aufhalten können, sei es drinnen oder draußen, stehen ihnen Erwachsene zur Verfügung. Deren Aufgabe ist nicht, Kinder an Dinge heranzuführen oder sie zu Tätigkeiten zu ermuntern, sondern sie durch ihre interessierte Zuwendung emotional zu unterstützen und die Umgebung für alle – für die Kinder wie auch die Erwachsenen – entspannt zu halten, notfalls, indem sie Grenzen setzen. Sobald sich die Kinder sicher genug fühlen, sind sie in der Lage, aus der Vielzahl der Möglichkeiten eine Tätigkeit zu wählen oder auch nichts anderes zu tun, als vielleicht anderen zuzuschauen, aus einer Hängematte die Welt zu betrachten oder sich bei einer Betreuerin anzukuscheln. In der Bücherecke des Balkons erzählt der zuständige Betreuer so oft Geschichten, wie Kinder ihn darum bitten.

Während der zweiten Hälfte des Vormittags gibt es im Kindergarten eine regelmäßige Folge von Angeboten, die von einem Erwachsenen in allen Bereichen in einer Art Singsang ausgerufen werden: zuerst auf dem Balkon die »Saftzeit« mit einer Kleinigkeit zu essen – in bestimmten Bereichen dürfen die Kinder allerdings jederzeit verzehren, was sie von zu Hause mitgebracht haben; danach folgt die »Projektzeit«, für die die Betreuer Bastelmaterialien in einem Raum mit genügend Platz für dreißig Kinder vorbereitet haben; dann wird, von Tag zu Tag wechselnd, Musik oder Tanz an einem anderen Ort angeboten; am Schluss kann eine Geschichte angehört werden, die früh genug endet, damit die Kinder ohne Eile ihre persönlichen Sachen zusammensuchen und sich für die Heimfahrt bereitmachen können.

All diese Angebote werden so neutral wie möglich bekannt gegeben. Niemals wird gelockt oder überredet mitzumachen. So haben die Kinder täglich die Gelegenheit, auch Erwachsenen gegenüber ihre eigenen Entscheidungen zu treffen.«

»Aber können Kinder so lernen, was sie brauchen? Ist es nicht unsere Pflicht dafür zu sorgen, dass sie sich vor nichts drücken und so fürs wirkliche Leben gewappnet sein werden?«

»Was ich Ihnen dazu sage, sollten Sie nicht einfach unbesehen als ›wahr‹ hinnehmen oder als ›falsch‹ schlechthin verwerfen. Meine Frau und ich haben uns entschieden, mit unseren Kindern anders umzugehen, als es fast überall auf der Welt gang und gäbe ist. Andere Eltern haben sich uns angeschlossen, und daraus wurde allmählich das, was Sie hier sehen. Am einfachsten lässt sich, was ich meine, mit einem Vergleich beschreiben. Wenn ein Bauer zum Beispiel Mais säen will, so bereitet er den Boden vor, lockert ihn auf, düngt und wässert ihn und schützt das Feld vor Unkraut, auch vor Tieren oder Menschen, die darauf herumtrampeln könnten. Er vertraut darauf, dass das Maiskorn schon selbst weiß, wie es sich entwickeln muss. Einem Bauern würde es nicht einfallen ihm beizubringen, wie es Wurzeln schlagen, Stamm und Blätter formen und sich schließlich zu einer Früchte tragenden Pflanze voll entwickeln soll. Wir glauben, dass unsere Kinder nicht weniger intelligent sind als andere Lebewesen und dass sie fähig sind, ihrem eigenen Entwicklungsplan entsprechend zu wachsen und zu gedeihen, wenn wir sie mit Liebe und Respekt dabei begleiten und ihnen eine Umgebung schaffen, die ihren echten Entwicklungsbedürfnissen entspricht.«

Herr Alvarez meint dazu mit nachdenklicher Miene: »Das ist ein neuer Gedanke für mich. Ich glaube, ich werde Zeit brauchen, um mich mit ihm auseinander zu setzen. Aber mein Gefühl sagt mir, dass an der Sache etwas dran ist, auch wenn es gegen alles geht, was ich bisher für normal hielt. Vielleicht ist es die friedliche Atmosphäre, die wir vorhin erlebt haben; bei aller Geschäftigkeit das Fehlen von Aggressionen unter den Kindern und zwischen Kindern und Erwachsenen. Doch falls wir uns entscheiden, unsere Tochter hier anzumelden, gibt es irgendeine Chance, dass wir nicht das volle Schulgeld zahlen müssen? Obwohl wir beide arbeiten, können wir uns diesen Kindergarten eigentlich nicht leisten, auch wenn er uns noch so gut gefällt.«

»Da gibt es zwei Möglichkeiten: Sie können einen Antrag auf

Ermäßigung stellen, der von einer Aufstellung Ihrer Einnahmen und wichtigsten Ausgaben begleitet sein müsste. Sie können sich auch über unser alternatives Wirtschaftssystem informieren – wir haben da eine kleine Broschüre – und unseren lokalen Markt kennen lernen, der jeden Samstag in der anliegenden Halle stattfindet. Wer da Dienstleistungen oder Waren einbringt, kann bis zu 30% des Schulgeldes mit unserer Tauschwährung begleichen. Darüber können wir später noch sprechen, falls Sie sich entschließen, Ihre Tochter zu uns zu schicken.

Was Ihre Bedenken bezüglich unseres ›nichtdirektiven‹ Umgangs mit Kindern betrifft – das ist das beste Wort, das wir bisher gefunden haben –, so wissen wir, dass es lange dauert, bis man das einigermaßen versteht. Darum haben wir einen Rahmen für Gespräche und Erfahrungsaustausch vorgesehen. Für den Kindergartenbereich findet einmal im Monat ein Elternabend statt. Die Themen werden dafür von den Betreuern beziehungsweise von den Eltern vorgeschlagen. Diese Treffen sind keine Verpflichtung, aber falls Sie in Betracht ziehen, Ihre Tochter auch für die Primarstufe bei uns zu lassen, wäre das nur möglich, wenn Sie sich bis dahin für den hier praktizierten Ansatz interessiert haben. Sie können auch, so oft Sie es wünschen, Elterngespräche anfordern. Wir werden, so weit wie irgend möglich, für alle Fragestellungen Zeit und Raum schaffen.«

Nach diesen Worten verabschiedet sich das Ehepaar Alvarez und steigt nachdenklich den Hügel zu dem Platz hinunter, wo ihr leicht zerkratzter Volkswagen geparkt ist. Wer weiß, welche Entscheidung sie treffen, ob sie das Neue wagen oder doch lieber zu gewohnten Sicherheiten zurückkehren werden …

Die drei Besucher aus Bolivien möchten jetzt noch die restliche Zeit nutzen. Sie haben etliche Fragen notiert, die sie beunruhigen:

»Wir haben jetzt gehört, wie ihr mit Interessenten für den Kindergarten umgeht. Wie findet dagegen die Aufnahme in die Primarstufe statt? Und nehmt ihr auch Jugendliche als Quereinsteiger auf?«

»Nach unserem internen Reglement schreiben wir nur Kindergartenkinder vom dritten bis zum fünften Lebensjahr ein. Auf dieser Stufe stehen Eltern noch nicht unter dem Schulleistungsdruck und können es eher aushalten, dass ihre Sprösslinge die Zeit mit Spielen verbringen. Normalerweise haben die meisten Eltern in dieser Phase kleine und große Schwierigkeiten, mit ihrem Nachwuchs zurechtzukommen, denn die Bedürfnisse der Kinder sind oft weit von der Erlebniswelt der Erwachsenen entfernt. Wenn sie sich aber an den Elternabenden und bei Familiengesprächen mit einem respektvolleren Umgang mit Kindern auseinander setzen und die Hintergründe besser verstehen, wird in den meisten Familien das Zusammenleben ein wenig leichter und harmonischer. So gewinnen Eltern allmählich Zutrauen zu diesem Ansatz, obwohl viele noch immer glauben, dass es sich hier um eine ›neue Methode‹ handle.

In dem Kalenderjahr, in dem die Kinder sechs Jahre alt, also ›schulpflichtig‹ werden, bieten wir für die Eltern ein Einführungsseminar in die Primarstufe an (vgl. Kapital 10). Nur wenn *beide* Eltern, falls vorhanden, an diesem Seminar teilgenommen haben, können sie die Kinder im nächsten Schuljahr bei uns einschreiben. Deren Fächer für ihre persönlichen Dinge bleiben weiterhin im Kindergarten. Die Sechsjährigen wissen aber, dass sie von jetzt ab in den Bereich der Primarstufe gehen dürfen, wann immer es ihnen gefällt. Von nun an unterzeichnen die Eltern jedes Jahr einen Vertrag mit der Schule. Darin steht, dass sie über diese andersartige Pädagogik informiert und mit ihr einverstanden sind und sich verpflichten, durch regelmäßige Teilnahme an Elternabenden, Familiengesprächen und durch Schulbesuche sich weiter mit ihren Inhalten und Konsequenzen auseinander zu setzen. In einer Klausel des Vertrags steht außerdem, dass ihr Kind an keiner angeleiteten außerschulischen Aktivität oder Therapie ohne ausdrückliches Einverständnis der Schule teilnehmen darf und dass es bei Nichtbeachtung den Platz in der Schule verlieren kann.

Einen ähnlichen Engpass für den Übergang zur nächsten Stufe haben wir für die Eltern der Zwölfjährigen eingebaut. Auch sie müssen sich beide, selbst wenn sie geschieden sind, an drei besonderen Abenden über die Besonderheiten dieser Stufe informieren, um sich dann entweder dafür oder dagegen zu entscheiden. Schon vor vielen Jahren ist von den Eltern selbst beschlossen worden, dass auf dieser Stufe keine ›Quereinsteiger‹ mehr angenommen werden, wie wir das unter besonderen Umständen noch bei Primarschulkindern bis zum achten Lebensjahr tun, falls wir Platz haben. Auf dieser Stufe müssen sich aber nicht nur die Eltern neu entscheiden. Auch die Jugendlichen über zwölf unterschreiben den jährlichen Vertrag und bekunden damit, dass sie in diesem Jahr wirklich im Pesta sein wollen.«

Die Besucher machen sich einige Notizen und stellen dann die nächste Frage: »Wie funktionieren die Wochenversammlungen in der Primar- und Sekundarstufe?«

»Für Kinder ab sieben Jahren gibt es nur eine verpflichtende Gruppenversammlung, nämlich einmal in der Woche die Schülerversammlung, an der auch die Erwachsenen teilnehmen. Alle drei Monate wird von der Versammlung ein neues ›Direktorium‹ gewählt, das dann in der Primarstufe jeden Montagmorgen, in der Sekundarstufe jeden Freitagmorgen dieses Treffen koordiniert. Mit der Zeit haben sich einige Punkte herausgebildet, die in beiden Versammlungen regelmäßig behandelt werden: als Erstes die Verteilung von kleinen Wochenämtern, z. B. Fische füttern, die Küchenliste erstellen, Werkzeuge aufhängen und andere Verpflichtungen, die alle ohne viel Zeitaufwand erfüllt werden können. Wie diese Ämter verteilt werden, ist das Ergebnis langer Diskussionen und kann in jeder Versammlung wieder verändert werden.

Als Nächstes werden in jeder Versammlung Informationen und Nachrichten ausgetauscht, die für alle oder für Teilgruppen bedeutsam sind, so zum Beispiel, wann und wo sich eine Arbeitsgruppe trifft, welcher Ausflug stattfindet, ob man am festgesetzten Tag ins Schwimmbad fahren kann oder nicht. In der Sekundarstufe können es zum Beispiel Informationen über Erwachsene sein, welche bereit sind, mit den Jugendlichen über ihre Lebenserfahrung oder über von ihnen gewünschte Themen zu sprechen. Der dritte Punkt der Versammlung gibt Gelegenheit für ›Klagen‹ über Vorkommnisse, die während der letzten Tage nicht vollends bereinigt werden konnten. Dabei kommt es vor, dass Zeugen aufgerufen werden und lange Diskussionen über Regeln, ihren Sinn und Unsinn und über mögliche Folgen stattfinden, falls vereinbarte Regeln nicht respektiert worden sind.«

»Wie organisieren sich eigentlich bei euch die so genannten Arbeitsgruppen?«, ist das nächste Anliegen der Besucher aus Bolivien.

»Am Anfang jedes Schuljahrs überlegen sich zunächst die Erwachsenen, welche Arbeitsgruppen sie aus ihrem persönlichen Interesse heraus anbieten möchten, und hängen diese Angebote mit einem Hinweis auf die mögliche Altersspanne aus. Auf anderen, leeren Blättern tragen meist Jugendliche ihre eigenen Wünsche ein. Die Einschreibung ist freiwillig. Damit eine Gruppe zustande kommt, müssen mindestens fünf Personen an ihr interessiert sein. In der ersten Zusammenkunft einigen sich die Teilnehmer zuerst auf die Regeln: Wie oft jemand fehlen kann, ohne hinauszufliegen (als Fehlen gilt, wenn einer in der Schule ist, aber keine Lust oder etwas Wichtigeres zu tun hat), wie viele Minuten man zu spät kommen kann und ähnliche Abmachungen. Zur Gruppe zu kommen ist Verantwortung eines jeden. Die begleitenden Erwachsenen trommeln die Teilnehmer nicht zusammen. Der Koordinator der Gruppe ist ein Jugendlicher. Er notiert diejenigen, die fehlen, und gibt das Signal für den Beginn. Der Erwachsene ist als Hilfe dabei, in den meisten Fällen mit den gleichen Tätigkeiten und Verantwortungen wie alle anderen. Die Gruppe bestimmt im Gespräch, wie sie an vorgeschlagene Themen herangehen will. Alle tragen ihre Ideen zusammen und einigen sich auf verschiedene Arbeitsweisen. Sind mindestens fünf Jugendliche über fünfzehn Jahren in einer Gruppe, so können sie entscheiden, ob sie ein Protokoll schreiben wollen, das dann zu Beginn der nächsten Zusammenkunft vorgelesen, kommentiert und entweder angenommen wird oder nicht. Die erwachsene Begleitperson unterschreibt zusammen mit den Jugendlichen das Protokoll, bevor es zum Büro kommt, um im Register unseres ›Autodidaktischen Netzes‹ (RA = Red Autodidacta) registriert zu werden.«

»Über dieses ›Autodidaktische Netz‹ möchte ich später gern noch mehr hören. Aber zuerst hätte ich noch einige Fragen zum ›normalen Schulbetrieb‹. Kommen alle Arbeitsgruppen so zustande, wie du es gerade beschrieben hast?«

»Nicht alle! Zurzeit gibt es fünf wöchentliche Freinet-Gruppen für Primarschulkinder, die von den Erwachsenen für Kinder zwischen sechs und zwölf ungefähr nach dem Alter zusammengestellt werden. Auch sie kommen in eine Art ›Stundenplan‹. Die Kinder werden informiert, zu welcher Gruppe sie gehören, doch ob sie daran teilnehmen, ist ihre Entscheidung. Auch hier wird unter allen Teilnehmern besprochen, nach welchen Regeln die Gruppe funktionieren soll und wie und was sie zusammen tun wollen. Wir haben diese Gruppenarbeit eingeführt, als die zunehmende Anzahl der Kinder die Übersicht erschwerte. Auf diese Weise hat ein' Erwachsener einmal in der Woche regelmäßigen Kontakt mit etwa fünfzehn Kindern. Dort treffen sie auch andere Kameraden, die nicht ihre üblichen Freunde sind. Das gibt Gelegenheit für den Austausch von Ideen und für gemeinsame Erlebnisse mit anderen Menschen. Der begleitende Erwachsene lernt die Kinder oft von einer neuen Seite kennen und kann denen, die nicht mitmachen wollen, nachspüren, welche Interessen sie sonst verfolgen.

Es gibt aufbauende Gruppen wie zum Beispiel Sprachen, Musik, Fotografieren, Theater, Mathematik und themenzentrierte Gruppenarbeiten. Bei ihnen herrschen andere Regeln als bei solchen, die als loses Angebot stattfinden wie zum Beispiel Keramik, Handarbeiten, Basteln. Alle Kinder haben einmal in der Woche – unter der Bedingung, dass sie Badeanzug und Handtuch mitbringen – auch die Möglichkeit, in ein nahes Schwimmbad zu fahren. Ausflüge werden in ungefähr altersmäßig zusammengestellten Gruppen zusammen mit einem Erwachsenen organisiert und von mindestens zwei Betreuern begleitet. Ab elf Jahren organisieren Kinder und Jugendliche Radgruppen für leichte, mittlere und schwere Touren. Vom zehnten Lebensjahr an haben Kinder, die bereits in der vorbereiteten Umgebung Verantwortung für sich selbst übernommen haben, die Möglichkeit, jeden Monat für drei Tage in Betrieben, wie Restaurants, Farmen, Tierkliniken und dergleichen, Erfahrungen zu sammeln. Für Jüngere werden die ›Arbeitsstellen‹ von den Betreuern organisiert und vorbereitet. Jugendliche ab dreizehn können selbst oder auch zusammen mit ihrem Tutor neue Arbeitsstellen ausfindig machen und auf Wunsch so viel Zeit dort verbringen, wie es für sie interessant ist. Jugendliche über fünfzehn können diese praktischen Erfahrungen auch im Register des ›Autodidaktischen Netzes‹ eintragen.«

»Kannst du mir noch einmal erklären, was bei euch ein Tutor ist?«

»Vorher möchte ich kurz erwähnen, dass jeder Erwachsene für etwa 15 bis 16 Kinder und Jugendliche während eines Schuljahres eine besondere Verantwortung übernimmt. Er schreibt für sie zweimal im Jahr die ›pädagogischen Berichte‹, führt die Elterngespräche und schenkt dem Prozess seiner Schützlinge besondere Aufmerksamkeit. Jugendliche ab dreizehn bis vierzehn wählen sich aus den vorhandenen Betreuern ihren Tutor und verpflichten sich, regelmäßig über ihre Aktivitäten Tagebuch zu führen. Diese Aufzeichnungen teilen sie mit dem Tutor, sodass ein ansehnlicher Teil der pädagogischen Berichte aus den Kommentaren der Jugendlichen selbst ersteht.«

»Wie kommen denn sonst die pädagogischen Berichte zustande?«

»Das ist ein sehr komplexer Vorgang. Einesteils macht jeder Erwachsene ständig kurze Notizen über die Aktivitäten, die er in seinem Bereich wahrnimmt. Dank eines für diesen Zweck geschaffenen Computerprogramms können diese Gedächtnisstützen jede Woche in Codes eingespeichert und dann auf Abruf die verarbeiteten Daten wieder abgerufen werden. Außerdem tauschen die Lehrer mehrmals in der Woche ihre Eindrücke über die Entwicklungsprozesse der Kinder aus. Die Begleiter von Arbeitsgruppen schreiben auf, was in ihnen geschieht. Auch die Elterngespräche geben Anlass, uns über die Prozesse der Kinder intensiver Gedanken zu machen. Schließlich unterhält sich noch jeder Lehrer mit ›seinen Kindern‹ über ihre Tätigkeiten, Gefühle, womögliche Probleme und Vorlieben. All dieses Material wird dann zusammen mit den Informationen, was wie ein Film vor unserem inneren Auge abläuft, wenn wir an die Kinder denken, in einen Rahmen gefasst, der zweimal im Jahr als ›pädagogischer Bericht‹ ausgearbeitet wird.

Der erste Teil dieses Berichts enthält eine Beschreibung der beobachteten Aktivitäten, sowohl der im Umgang mit didaktischen Materialien aller Art als auch derjenigen im praktischen und künstlerischen Bereich, in Spiel und Sport und in den Tätigkeiten außerhalb der vorbereiteten Umgebung wie bei Exkursionen, Besichtigungen, Schwimmen, Radfahren, praktischen Arbeitserfahrungen oder Reisen.

Der zweite Teil besteht aus einer (subjektiven) Betrachtung, was ihre Reifeprozesse in emotionaler, sozialer und kognitiver Hinsicht betrifft.

Der dritte Teil bezieht sich auf verschiedene Aspekte der Zusammenarbeit zwischen Elternhaus und Schule. Auch die Eltern sind eingeladen, auf besonderen Blättern über ihr Zusammenleben mit den Kindern zu berichten. Ein Auszug aus all diesen Informationen dient dann als offizielles Abschlusszeugnis ohne Noten für den Übergang ins allgemeine Schulsystem.«

»Entschuldige, wenn ich von einem Punkt zum anderen springe«, wirft ein Lehrer aus Bolivien ein. »Ich verstehe immer noch nicht, wie das mit der Verantwortung der Erwachsenen für die verschiedenen Bereiche funktioniert. Ihr habt also keine Klassen- oder Fachlehrer. Wie ist das bei euch organisiert?«

»Sowohl im Kindergarten wie auch in der Schule wechseln die Erwachsenen von Woche zu Woche nach einem vereinbarten Plan die Bereiche. Sie haben sich mit allen Materialien vertraut zu machen, die den Kindern und Jugendlichen zur Verfügung stehen. Wie schon erwähnt, können die Betreuer außerdem auch spezielle Aktivitäten beziehungsweise Themen anbieten, die ihnen persönlich nahe liegen. Auch Eltern können Vorschläge unterbreiten. Ein so genannter ›Springer‹, der ebenfalls von Woche zu Woche wechselt, übernimmt die Bereiche, in denen Erwachsene fehlen, weil sie gerade in einer Gruppe mitmachen oder an diesem Tag nicht in der Schule sind. Niemals sollte ein Bereich, in dem Kinder sich aufhalten können, ohne Betreuung allein gelassen werden. Der Springer soll sich auch für die Koordinierung der Teamsitzungen verantwortlich machen, da wir ja in unserer Organisation keinen Direktor oder Chef haben, der den anderen sagt, was sie tun sollen.«

»Das wirft wieder neue Fragen auf: Wie wird man bei euch überhaupt Lehrer oder Betreuer? Und wer trifft denn die Entschei-

dungen, welche die gesamte Arbeit angehen? Wer vertritt euch
vor den Behörden?«

»Jedes Jahr bieten wir einen öffentlichen sechzigstündigen
Einführungskurs in unsere Arbeit an. Er ist meist zur Hälfte von
Eltern belegt, die gründlicher in die Theorie und Praxis unserer
Arbeit eindringen möchten. Dieser Kurs weckt bei manchen das
Interesse bei uns mitzuarbeiten, falls eine Stelle frei wird. Meis-
tens sind es Eltern mit anderem beruflichen Hintergrund, die
diesen Wunsch hegen, also Leute, die nicht geschult wurden,
Kinder zu erziehen, sondern unterschiedliche Lebenserfahrun-
gen und Fertigkeiten mitbringen. Grundsätzlich fängt jeder neue
Betreuer im Kindergarten an, auch wenn er später in der Schule
einsteigen will. Davor besucht er erst einmal für eine Woche den
Kindergarten, schreibt darüber einen Bericht und bespricht
seine Eindrücke mit dem Team. Danach kann solch eine Person
Aushilfe leisten, falls noch keine Stelle frei ist, oder gleich zur
Probe die Arbeit beginnen. Doch die grundsätzliche Abmachung
ist, dass wir alle, ganz gleich, wie lange wir schon dabei sind,
uns ständig in der ›Ausbildung‹ befinden, solange wir hier arbeiten. Wer das Gefühl hat, er wisse jetzt, wie die Sache läuft, sollte
lieber gleich kündigen, ist unser Standardspruch.

Was die anderen Fragen angeht, so haben wir uns auch hier
erfolgreich bemüht, ohne vertikale Strukturen auszukommen.
Einer der Mitarbeiter gibt sich für ein bis zwei Jahre als ›Direktor‹ her. Sie oder er unterschreibt alle anfallenden Papiere und
übernimmt die oft unangenehme und Zeit raubende Aufgabe,
sich mit dem Kultusministerium auseinander zu setzen und an
Sitzungen teilzunehmen, wann immer sie einberufen werden.
Doch intern ist unser ›Direktor‹ nichts anderes als ein gleichge-
stellter Kollege.

Für alle organisatorischen Angelegenheiten ist ein für alle zu-
gängliches Verwaltungsteam zuständig. Es setzt sich aus freiwilligen Mitarbeitern aus allen Bereichen der Schule zusammen. Das
sind also Betreuer aus dem Kindergarten und der Schule, Leute

aus der Verwaltung, aus der Schreinerei und aus dem Bereich ›Autodidaktisches Netz‹, das gerade im Entstehen begriffen ist. Geht es darum, Entscheidungen zu treffen, so reden wir so lange über die Sache, bis wir zu einem Konsens kommen. Gewisse Fälle werden an Unterteams weitergeleitet, um dort erledigt oder entschieden zu werden. Unser wichtigstes Anliegen ist eine fließende Kommunikation zwischen den verschiedenen Zweigen der Arbeit. In jeder Sitzung wechseln sich die Teilnehmer beim Führen des Protokolls ab, das beim nächsten Treffen von den Teilnehmern bestätigt und unterschrieben werden muss.«

Der Besucher, der als Elternteil hier ist, stellt Fragen, die besonders ihn interessieren:»Wie entscheidet ihr, welche Kinder aufgenommen werden? Was macht ihr mit den Eltern, damit die Kinder nicht zwischen widersprüchlichen Erfahrungen zu Hause und in der Schule hin- und hergerissen werden?«

»Früher, als wir noch Platz in der Schule hatten, haben wir Kinder – in wenigen Fällen noch bis zu elf Jahren – in die Primarschule aufgenommen. Heute ist das nicht mehr möglich. Bis auf ganz wenige Ausnahmen kommen jetzt nur noch Kinder zwischen drei und fünf Jahren in unseren Kindergarten. Heute habt ihr miterlebt, wie neue Eltern erst einmal die Schule besuchen. Falls es ihnen hier gefällt und auch das folgende Gespräch sie befriedigt, gibt es kein Hindernis mehr, um ihr Kind zu uns zu bringen. Vom Übergang in die Primarstufe haben wir ja vorhin schon erwähnt, dass er fließend ist. Die Sechs-, Sieben- oder Achtjährigen entscheiden selbst, wann sie ihr Glück drüben versuchen wollen. Oft treibt sie am Anfang des neuen Schuljahrs die Neugierde für kurze Zeit auf die andere Seite der Grenzlinie, und dann kehren sie wieder zufrieden in die vertraute Umgebung zurück. Die meisten bleiben erst dann für längere Zeit in der Primarschule, wenn sie sich sicher genug dazu fühlen.

Zur Unterstützung der Eltern haben wir folgende Strukturen geschaffen (vgl. auch Kapitel 10): monatliche themenzentrierte

Elternabende für die verschiedenen Entwicklungsstufen, also für die Eltern der Kinder unter sechs Jahren, der Kinder zwischen sechs und acht, dann der Kinder zwischen acht und zwölf und einen Abend für die Eltern der Jugendlichen. In Ecuador beginnt die Sekundarstufe nach sechs Jahren Grundschule. Ein ›Entscheidungsseminar‹ wird an drei besonderen Abenden für die Eltern der Kinder organisiert, die zwölf Jahre alt werden. Es ist, so wie bei den Sechsjährigen, Bedingung für die Einschreibung ins nächste Schuljahr.

An zwei Nachmittagen in der Woche stehen alle Betreuer für je zwei Stunden für Elterngespräche zur Verfügung. Diese Gespräche werden von den Eltern, ebenso von den Betreuern gewünscht und dienen vorrangig dem gegenseitigen Kennenlernen, und zunehmend dem Austausch über die Entwicklung der Kinder, so wie man sie zu Hause oder in der Schule wahrnehmen kann. Dabei liegt das Hauptgewicht auf den Informationen, die uns die Eltern geben können, denn sie sind ja die eigentlich Verantwortlichen für ihre Kinder und sollten sie am besten kennen. Vor jedem solchen Gespräch tragen alle Mitarbeiter des Kindergartens beziehungsweise der Schule ihre Eindrücke und Erlebnisse mit dem Kind, um das es geht, vor, sodass auch wir den Eltern ein möglichst klares Bild über die Art und Weise, wie ihr Kind unsere Umgebung nutzt, übermitteln können.

Außerdem sind die Eltern eingeladen, mindestens zweimal im Schuljahr, wenn möglich aber öfter, einen Morgen im Kindergarten oder in der Schule zu hospitieren.

Die Eltern der Kindergartenkinder sind, wie bereits erwähnt, nicht verpflichtet, an den Elternabenden teilzunehmen. Doch da normalerweise Erwachsene nicht problemlos mit kleinen Kindern zusammenleben, sind unsere Eltern für die Gelegenheit zum Austausch und für jede Information dankbar, die ihnen offensichtlich das Leben zu erleichtern verspricht. So sind die Elternabende für gewöhnlich sowohl von Vätern wie Müttern sehr gut besucht. Die Eltern merken allmählich, wie sich auch durch unscheinbare Veränderungen in ihrer Haltung und in ihrer Art, mit alltäglichen Situationen umzugehen, die Lebensqualität in der Familie verbessert. Diese persönlichen Erfahrungen stärken ihr Vertrauen, weitere Versuche in dieser Hinsicht zu wagen und – je nach ihrer Mentalität – auch die Gründe für die erlebten Veränderungen zu hinterfragen.«

»Die Zeit verrinnt, aber vielleicht kannst du mir noch ganz kurz eine letzte Frage beantworten, und entschuldige bitte meine Neugier: Eine vorbereitete Umgebung mit solch einem Reichtum von Materialien und solch ungeheurem menschlichen Aufwand muss doch im Vergleich zu anderen Schulen furchtbar teuer kommen. Bekommt ihr Zuschüsse vom Staat? Oder nehmt ihr nur Kinder reicher Leute an?«

»Ihr seid nicht die Einzigen, die annehmen, dass der Pesta eine Eliteschule sein muss, wenn ihr hört, dass wir vom Staat noch niemals irgendeinen Zuschuss bekommen haben. Wir können froh sein, dass wir wenigstens so weit anerkannt sind, dass die Behörden uns nicht schließen können, und das nur, weil sie gegen unser Konzept keine Einwände mehr finden können.

Unsere traurige Wirklichkeit ist, dass im Augenblick kaum ein Viertel der Kinder das volle Schulgeld zahlen kann, das ursprünglich angesetzt ist. Anfangs hatten wir 30% unseres Budgets für Stipendien berechnet, jetzt ist die Proportion zwischen zahlenden, teilweise oder nichts zahlenden Kindern wegen der katastrophalen Situation im Land umgekehrt.

Die meisten unserer Eltern kommen aus dem immer ärmer werdenden Mittelstand und bringen erhebliche Opfer, um den vereinbarten Beitrag zu zahlen. Viele Kinder kommen aus armen Verhältnissen. Die Eltern geben bei der Einschreibung an, wie viel sie zahlen können. Die Wahrscheinlichkeit, dass sich ihre Situation mit der Zeit verbessert, ist ungeheuer gering. Die Tendenz geht offensichtlich in die andere Richtung. Das heißt, dass

Stipendien, die einmal gewährt werden, über alle Jahre hinweg, die ein Kind bei uns bleibt, weiterlaufen.«

»Aber wie kommt ihr dann über die Runden?«
»Von einem Jahr zum anderen wissen wir nie, wie es weitergehen wird. Bisher konnten wir aus verschiedenen Gründen weiterbestehen: Erstens verdienen wir alle, vom Dienstpersonal bis zum langjährigen Betreuer, praktisch das gleiche Geld. Das ist dadurch zu erklären, dass unsere erste Priorität ist, den Pesta zu erhalten. Die meisten haben eigene Söhne oder Töchter im Kindergarten oder der Schule.

Niemandem fällt es ein, für Arbeitszeit, die über das Normale hinaus geleistet wurde, Geld zu verlangen. Doch hat das auch seine negativen Seiten: Es ist für uns sehr schwer, Männer, die eine eigene Familie ernähren müssen, bei uns zu halten. Ehepartner oder eine Großfamilie machen es möglich, dass unsere Mitarbeiter überleben können.

Noch andere Faktoren haben uns bisher erlaubt, die Umgebung zu verbessern und zu erhalten und so von Monat zu Monat über die Runden zu kommen: Als der Pesta noch unsere eigene private Initiative war, arbeiteten meine Frau und ich noch außerhalb des Pesta und steckten jeden gesparten Sucre in die Infrastruktur der Schule, die wir dann der Stiftung vermachten. Später bekamen wir Spenden aus dem Ausland für den Grundstückskauf und die wichtigsten Bauten. In den letzten Jahren war es uns auch möglich, durch Seminare im Ausland zusätzliche Einnahmen und Spenden einfließen zu lassen. Auch die vorher erwähnten alternativen Wirtschaftsstrukturen sind ein wichtiger Faktor für das Weiterbestehen unserer Arbeit.«

»Also stellt ihr doch eine Art Elite dar, denn ihr scheint es fertig zu bringen, trotz der zunehmenden materiellen und geistigen Verarmung eine Lebensqualität anzubieten, die sonst nicht so leicht zu finden ist.«

»So könnte man es sehen. Tatsächlich haben selbst Indianergemeinschaften und Slumbewohner, die in Kooperation mit uns ähnliche Wege gegangen sind, sich als ›Elite‹ bezeichnet, weil sie gegen Wind und Wetter ein würdiges Leben für sich und ihre Kinder zu schaffen suchen.

Die Idee des ›Autodidaktischen Netzes‹ ist in der entspannten Umgebung des samstäglichen Tauschmarkts entstanden, wo Erwachsene, Jugendliche und Kinder ungezwungen zusammen sein können. Wir glauben, dass Jugendliche und Erwachsene nicht nur andere Wege als die bisher üblichen finden können, um ständig zu lernen und erfüllt zu leben, sondern dass es in den Krisen und Umwälzungen, die bereits stattfinden, dringend ist, solche Wege streckenweise zu bahnen. Darum ist unser erstes Anliegen, Gelegenheiten für offenen Dialog zu schaffen, wo wir nicht nur reden, sondern uns auch Mut zu sinnvollem Handeln machen können. Ein Beispiel dafür ist das Entstehen eines Wohnprojekts für Mitarbeiter und Eltern, das eine bessere Lebensqualität für alle Lebensphasen schaffen soll.«

»Wir werden ja noch eine Woche hier sein. Vielleicht können wir dieses Projekt besuchen. Eins wurde mir jedenfalls aus diesem Gespräch klar: Wir kamen her, um ein paar praktische Anregungen für unsere eigene Schule zu bekommen. Offensichtlich ist das Ganze viel komplexer, als wir glaubten, und es geht hier um uns alle und nicht nur um Kinder, auch nicht nur um eine schöne Philosophie, sondern um Zusammenhänge, die mit komplexen konkreten Wirklichkeiten zu tun haben.

Doch du hast erwähnt, dass ihr diese Arbeit durch ein Konzept geschützt habt, gegen das die Behörden keine Einwände mehr finden konnten?«

»Wenn es euch nichts ausmacht, treffen wir uns morgen in unserem Haus, um in Ruhe darüber zu sprechen. Dort könnt ihr auch einen Blick in ein paar Bücher werfen, die im Laufe der Jahre besonders hilfreich für uns wurden.«

3. KAPITEL

DAS ENTSTEHEN EINES KONZEPTS

Die Besucher aus Bolivien verbringen den nächsten Morgen im Kindergarten und in der Primaria. Am Nachmittag setzen wir bei uns zu Hause unser Gespräch fort. Zunächst genießen die drei den weiten Ausblick über die Anden, das Tumbaco-Tal und das Schulgelände. Dann lassen sie sich bei Kaffee und Gebäck gemütlich im Wohnzimmer des runden Blockhauses nieder. Der Anblick von Büchern in den Regalen erinnert sie an den Anlass unseres Beisammenseins:

»In unserem Land dienen Lehrpläne und Schulprogramme als Haken, an dem das Schulsystem hängt. Ständig wird an ihnen herumgedoktert, aber ihre Anwendung ist eine zweifelhafte Sache. Wie habt ihr es geschafft, dass ihr vom Kultusministerium anerkannt worden seid, ohne euch den offiziellen Plänen zu unterwerfen?«

»Das ist erst geschehen, nachdem wir zwölf Jahre lang außerhalb des Schulgesetzes, also in dieser Hinsicht ›illegal‹ waren. Wir beriefen uns aufs ecuadorianische Grundgesetz, das den Eltern das Recht zuspricht, für ihre Kinder diejenige Erziehung zu wählen, die sie für gut erachten. Aus dieser Zeit stammt unsere Strategie, jedes Jahr mit den Eltern den Vertrag abzuschließen, den ich gestern kurz erwähnte.

Diese zwölf Jahre gaben uns so etwas wie ›Narrenfreiheit‹, um unsere eigenen Erfahrungen zu machen, darüber zu reflektieren

und unser eigenes Konzept einer ›nichtdirektiven Erziehungs-
methode‹ zu schaffen.«

»Kann dieses Konzept von Leuten, die eine ähnliche Schule starten wollen, übernommen werden? Wir sind von der Wirklichkeit, die ihr hier geschaffen habt, so beeindruckt, dass wir am
liebsten ›das ganze Paket‹ mitnehmen würden!«
  »Sicher enthält unser Konzept viele Elemente, die allgemein
gültig sind und wichtige Anhaltspunkte geben können. Wir sind
auch gerne bereit mitzuteilen, was uns daran am meisten ge-
nützt hat. Aber das Konzept einfach zu übernehmen ist nicht
ratsam. Es ist aus unserer persönlichen Geschichte hervorgegan-
gen, aus einer langen Kette von kleinen und großen Entscheidungen, die wir in unserem eigenen Leben getroffen haben. Darum ist es flexibel und fest zugleich, aber keineswegs ein fertiges
Gebilde. Es ist immer wieder durch eigene Erfahrungen über-
prüft worden und hat sich über die Jahre je nach unserem Verständnis gewandelt. Das hat uns auch erlaubt, es je nach den
Umständen zu verteidigen – ein wichtiger Grund, dass der Pesta
über so viele Jahre ohne Zurückstecken seiner Prinzipien bestehen konnte.«

»Dann habt ihr also nicht mit dem fertigen Konzept begonnen?
Könnt ihr kurz beschreiben, wie es sich entwickelt hat?«
  »Rückblickend können wir sagen, dass in allen Phasen unseres
Werdegangs immer mehrere Elemente zusammengewirkt haben:
Grundlegend war die Bereitschaft, selbst die Verantwortung für
unser Lebensgefühl zu übernehmen und uns nicht von den rund
um uns herrschenden Wertsetzungen bestimmen zu lassen.
Dennoch – und das klingt vielleicht wie ein Widerspruch – haben wir uns von unserem jeweiligen Umfeld nicht isoliert oder
irgendwie abseits gefühlt, im Gegenteil, wir haben ›ganz normal‹
gelebt, viele Kontakte gepflegt und uns Ideen geöffnet, die in unserer jeweiligen Situation zu uns passten.

Immer wieder sahen wir uns neuen Problemen gegenüber und hatten uns zu entscheiden, welche Richtung wir einschlagen wollten, um sie zu lösen. Hierdurch ergab sich ein Wechselspiel zwischen den eigenen alten Gewohnheiten, unserer Vision, dass eigentlich alles auch ›anders und besser‹ sein könnte, der Hoffnung, von anderen etwas abschauen und aus den Einsichten erfahrener oder weiser Menschen etwas lernen zu können, und, in letzter Instanz, dem Entschluss, aufs eigene Lebensgefühl und Urteil zu vertrauen, auch wenn damit Unsicherheiten und Risiken verbunden waren.

Schon als Eltern erlebten wir Krisen. Wir waren zwar glücklich über die Gelegenheit, Verantwortung für die eigenen Kinder übernehmen zu können. Doch bald wurden uns die eigenen Unzulänglichkeiten, Unkenntnisse und Grenzen schmerzlich bewusst.

Als unser erster Sohn ein Jahr alt war, stießen wir auf die Schriften Maria Montessoris, die uns tiefgründig und praktisch genug erschienen, um sie ernstlich in Betracht zu ziehen. Ihre zentralen Begriffe ›sensible Phasen‹, ›vorbereitete Umgebung‹ und ›spontane Aktivität‹ des Kindes sind noch heute grundlegend für unseren Ansatz.

Zu Hause stellten wir unsere ersten konkreten Versuche an, um uns vom Nutzen dieser Ideen zu überzeugen. Fast ›von einem Tag auf den andern‹ verbesserte sich dabei die Stimmung in der Familie. Unser Sohn Leonardo ging voller Freude auf die neuen Erfahrungen, die sich ihm auftaten, ein und beschäftigte sich länger selbst, ohne uns andauernd zu brauchen. Das schaffte Freiräume, um uns eigenen Tätigkeiten zuzuwenden und uns dann anschließend dem Kind mit neuer Kraft und voller Neugierde zu widmen. So kam eine Entwicklung in Gang, die nicht nur für unser Kind, sondern auch für uns selbst wohltuend war: Wir versuchten zu erspüren, was es brauchte, veränderten Kleinigkeiten in der Umgebung, schauten fasziniert zu, wie es mit diesen Veränderungen umging und erreichten damit einen höheren Grad an Aufmerksamkeit, die unser Sohn sichtlich genoss.

Diese Erfolge begeisterten uns so sehr, dass wir möglichst viel über die Montessori-Bewegung erfahren und lernen wollten. Obwohl wir damals als Studenten nur mit einem knappen Stipendium auskommen mussten, scheuten wir keine Opfer, um nur an das berühmte didaktische Material heranzukommen. Die Lektüre einiger Bücher vermittelte den Eindruck, als ob diesem Material gewissermaßen magische Kräfte innewohnten und durch seinen Gebrauch jedes Kind ausgeglichen werden müsse. Als dann die erste Kiste mit Sinnesmaterialien aus England bei uns in Puerto Rico ankam, hielten wir den Atem an, um keine Reaktion Leonardos zu verpassen. Wie groß war dann unser Erstaunen (oder Enttäuschung?), als der Dreijährige viel mehr Interesse am Packpapier als an den Zylinderblöcken zeigte!

Durch Kurse und Praktika wurden wir allmählich mit der ›Montessori-Methode‹ vertraut. Doch abgesehen von vielen wertvollen Lernprozessen und Einsichten konnten wir den Verdacht nicht loswerden, dass sich die genialen Entdeckungen und Gedanken Montessoris heute weitgehend zu einem geschlossenen System festgefahren haben. Anstelle eines nützlichen Rahmens für immer neue Forschungen hat es sich im Großen und Ganzen zu fixen Richtlinien verdichtet, die man ›richtig‹ befolgen muss, und es wird häufig gebraucht, um Kinder noch effizienter dem gültigen Schulprogramm anzupassen.

Montessori hatte uns zwar geholfen, unseren Sohn besser zu verstehen, aber an einem *System* zur Kindererziehung hatten wir kein Interesse. In diesem Zwiespalt begannen wir, Piagets Werk über die Entwicklung der kindlichen Intelligenz zu studieren. Eine reiche Welt von Fragestellungen und des vorsichtigen Heranpirschens an Entwicklungsprozesse und ihre Bedeutung für den Umgang mit Kindern und mit uns selbst tat sich uns auf. Mit Befriedigung stellten wir fest, dass Piaget auf seine eigene präzise und detailorientierte Weise die eher intuitiven Folgerungen Maria Montessoris bestätigt, wobei seine Analysen viele zusätzliche Aspekte in Betracht ziehen.

Nachdem unser erster Versuch, eine ›freie‹, dann eine Montessori-Schule genehmigt zu bekommen, gescheitert war, stellten wir unser Schulprojekt mit der Etikette ›Aktive Schule‹ dem ecuadorianischen Kultusministerium vor. Doch auch mit Begründungen aus der Entwicklungspsychologie hatten wir kein Glück. Für die Behörden war ›frei‹ gleichbedeutend mit ›verwildert‹, Montessori war eine ›nette, alte, aber längst überholte Dame‹ und Piaget ein ›allzu bürgerlicher Psychologe‹. In Ecuador wollte man so modern wie möglich sein und mit den neuesten Methoden des Behaviorismus Erfolge erzielen, und dabei möglichst keine altmodischen Denker zurate ziehen.

In unserem täglichen Umgang mit damals 160 Kindern zwischen drei und zwölf Jahren tauchten aber nicht nur Fragen nach der kognitiven Entwicklung der Kinder auf. Ihre emotionalen und sozialen Lebensprozesse und auch die der Erwachsenen schienen oft viel problematischer. Wir hatten es zum Beispiel mit Kindern zu tun, die uns durch ihre überragende Aufnahmefähigkeit beeindruckten, uns aber wegen ihres allgemeinen Lebensgefühls und ihres sozialen Verhaltens Sorgen bereiteten. Oder andere, die emotional so belastet schienen, dass sie selbstständiges Lernen weitgehend vermieden und Sicherheit in Wiederholungen und Nachahmungen suchten. Welches waren die Bedingungen für eine Entwicklung der emotionalen, sozialen und kognitiven Fähigkeiten im Einklang miteinander und wie konnten wir all diese Zusammenhänge verstehen, um die Kinder und ihre Eltern angemessen zu unterstützen?

Als diese Fragen durch unser Zusammenleben mit Kindern unterschiedlichen Alters und sozialen Hintergrunds akut wurden, erwies es sich als hilfreich, sie zunächst in einen Zusammenhang mit den Forschungen über das ›dreiteilige Gehirn‹ zu bringen, auf das wir später noch näher eingehen werden. Wir erhielten erste Hinweise darauf, welche Bedeutung zum Beispiel

Wohlgefühl und Schmerz haben, wie Blockaden und Ersatzbedürfnisse entstehen können. Mit solchen Einsichten ergaben sich neue Möglichkeiten, Kinder und auch Erwachsene tagtäglich auf eine Art zu begleiten, dass sie nicht neue Blockaden aufbauen mussten und sich sicher genug fühlten, alte Blockaden aufzulösen.«

»Das heißt, dass der Pesta zu einer Art Therapiezentrum wurde?«

»Fast könnte man es so sehen. Für kurze Zeit haben wir auch ein eigenes Zimmer für ›nichtdirektive Spieltherapie‹ nach Virginia Axline eingerichtet, wo besonders belastete Kinder oft einen erstaunlichen Heilungsprozess erlebten. Doch bald merkten wir, dass wir damit eigentlich den Eltern die Verantwortung abnahmen, auch zu Hause eine geeignetere Umgebung für ihre Kinder zu schaffen. Wir trafen damals bewusst die Entscheidung, uns nicht auf diese Geleise schieben zu lassen. Stattdessen bemühten wir uns darum, genügend Zeit und Raum zum Austausch und zur gemeinsamen Reflexion mit den Eltern selbst frei zu halten, damit wir Mut und neue Denkanstöße bekämen, für alle günstigere Umstände schaffen zu können.

Durch die Auseinandersetzung mit den unterschiedlichsten Familiensituationen und im Zusammenleben mit Kindern verschiedenen Alters, verschiedener Ethnien, sozialer und kultureller Hintergründe wuchs in uns das Bedürfnis, denjenigen ›wichtigsten Elementen‹ auf die Spur zu kommen, die die Einzelschicksale wie ein roter Faden durchziehen. Das ließ uns schließlich nach dem suchen, was wir Menschen mit allen Lebewesen gemeinsam haben. Es waren zunächst einmal die Merkmale des Lebens überhaupt zu definieren. Unsere Entdeckungen diesbezüglich hatten tief greifende Auswirkungen auf den zwischenmenschlichen Bereich: Bei allen kulturellen, ideologischen oder sonstigen Unterschieden wurde es nun möglich, sich mit jedem Gesprächspartner auf einen gemeinsamen Nenner zu einigen, den wir heute unter die Formel ›Respekt vor Lebensprozessen‹ fassen.

In Hoimar von Ditfurths Buch ›Der Geist fiel nicht vom Himmel‹ fanden wir ein einleuchtendes und einfaches Bild, das uns immer wieder geholfen hat aufzuzeigen, um was es in dieser Formel letztlich geht. Er beschreibt, wie die ›Urzelle‹ es nicht nur geschafft hat, in einer für sie chaotischen Umwelt zu überleben, sondern dabei noch zum Ausgangspunkt für die Entwicklung allen organischen Lebens auf dieser Erde geworden ist. Die Urzelle kann in Bezug auf das Chaos, aus dem sie sich abgesondert hat, Unterscheidungen treffen. Sie kann bewerten, welche Stoffe ihr zuträglich sind und welche sie gefährden würden. Und sie kann wählen, was in sie hineindarf und was sie ausscheiden will. Diese gesamte komplexe Interaktion ist von innen her gesteuert und dient der eigenen Erhaltung und Entfaltung.

Im ›Baum der Erkenntnis‹ von Humberto Maturana und Francisco Varela fanden wir diese Grundprinzipien des Lebens bestätigt. Mit ihrem Begriff der Autopoiese revolutionierten sie die herkömmlichen Theorien der Evolution. Sie definieren lebende Organismen als ›sich selbst machend‹ und betonen, dass unter ihnen niemals ›instruktive Beziehungen‹ herrschen, sondern Leben, Entfaltung und Fortschritt durch ›gegenseitige Ankoppelungen‹ vonstatten gehen.

Die Grundelemente der Leistung bereits der Urzelle sind so einfach, dass wir gewohnt sind, sie als ›selbstverständlich‹ abzutun: Im Vergleich zum ihr äußerlichen relativen Chaos verfügt schon die ›primitive‹ Zelle über eine unglaublich komplexe innere Struktur, die sie durch eine halbdurchlässige Membrane vor der Außenwelt schützt. Die Intelligenz des Lebens ist bereits in dieser Zelle deutlich am Werk.«

»Das ist leicht zu erfassen«, wirft einer der Lehrer ein, »aber wie sind diese Grundprinzipien aufs menschliche Leben und unsere Praxis in der Schule zu übertragen?«

»Gerade durch ihre Radikalität! Da auch Menschen unbestritten ›lebende Organismen‹ sind, wagen wir zu behaupten, dass wir dieses Prinzip auch bei uns Menschen respektieren sollten, ganz gleich in welcher Entwicklungsstufe sich der Mensch befindet. Tun wir dies nicht, bringen wir ›Chaos‹ in seine innere Struktur hinein. Das heißt, wir verderben die Qualität dieses Lebens und verursachen dadurch Probleme, die früher oder später zutage treten werden. Durch diese grundlegende Einsicht konnten wir unser Konzept mit dem Begriff der ›Nichtdirektivität‹ neu definieren. Das eröffnete uns ein ganzes Spektrum weiterer Fragestellungen, die mit der Zeit neues Licht auf unsere Erlebnisse mit uns selbst, mit den Kindern in unserer Obhut und mit ihren Eltern warfen.«

»Diese Geschichte von eurem Konzept klingt fast wie ein Roman, der durch Höhen und Tiefen geführt haben muss. Wahrscheinlich wusstet ihr nie, ob es ein Happy End oder eine Katastrophe geben würde.«

»Genau so ist es. In unserer Suche nach Lebensqualität mussten wir immer wieder alte Sicherheiten aufgeben und Spuren verfolgen, von denen wir meist nicht wussten, wohin sie uns führten. Zum Beispiel der Sprung von der Urzelle zum Menschen. Es besteht kein Zweifel: Auch wir Menschen haben eine sehr, sehr komplexe innere Struktur. Vorhin hatten wir schon das ›dreiteilige Gehirn‹ erwähnt. Alles was draußen ist, ist im Vergleich zu dieser Struktur Chaos. Auch die liebende Mutter ist in diesem Sinn ›Chaos‹ fürs Kind, so wie das Kind ›Chaos‹ für ihre innere Struktur ist. Ein ketzerischer Gedanke in einer Kultur, in der die ›Mutter‹ Inbegriff des Fast-Göttlichen, der ›pachamama‹, des ›Ursprungs des Lebens‹ geworden ist.«

»Ganz bestimmt. Ich glaube, in Bolivien wird uns wohl niemand das mit dem Chaos abnehmen. Und ehrlich gesagt, für mich ist zum Beispiel dieses runde Holzhaus auch nicht gerade ›Chaos‹, sondern hat eine sehr schöne, wenn auch etwas rustikale Struktur.«

»Da hast du Recht. Doch für unsere Arbeit ist diese Beziehung zwischen der inneren Struktur und dem äußeren Chaos sehr bedeutsam geworden. Falls ihr wollt, können wir später noch einmal darauf zurückkommen.«

»Ja, obwohl das eigentlich keine ganz neuen Ideen sind. Ungewohnt sind die Verbindungen, die ihr herstellt, und wie ihr sie ganz konsequent auf die konkrete Arbeit mit Kindern anwendet.«

»Erst als wir begannen, diese grundsätzlichen Fragen des biologischen Lebens und ihre Querverbindungen zu den menschlichen Wachstumsprozessen in unser Konzept aufzunehmen, konnten die Behörden trotz aller Skepsis nichts mehr gegen uns einwenden. Die Anerkennung unserer Schule ohne die Auflage, das allgemeine Unterrichtsprogramm einhalten zu müssen, fand erst statt, als wir die neurobiologischen Zusammenhänge des kindlichen Werdegangs so darstellen konnten, dass es den Beamten im Kultusministerium nicht mehr gelang, Einwände gegen unsere Arbeit ins Feld zu führen.«

»Darf ich noch eine letzte Frage stellen? Könnt ihr uns nicht noch ein paar kurze Literaturhinweise oder Anhaltspunkte geben, von welchen Ideen oder welcher Praxis ihr am meisten profitiert habt?«

Eine Geste auf die Bücherregale gibt zu verstehen, dass es sich nicht um ein paar, sondern um viele Bücher handelt. Unsere Besucher sind gleich erschrocken: »Müssen wir all das lesen, um eine Schule wie die eure aufzubauen?«

Doch der Umstand, dass viele der Bücher nicht in spanischer, sondern englischer oder deutscher Fassung im Schrank stehen, gibt ihnen ein willkommenes Alibi, sich nicht durch all das Material durcharbeiten zu müssen.

Wir bestätigen ihnen, dass nicht die Menge des Gelesenen der ausschlaggebende Faktor ist:

»Für uns spielten Bücher eine große Rolle. Zudem halfen sie uns, unsere Praxis dank einer großen Bibliografie gegen alle Zweifel einer wissenschaftlich orientierten Welt zu verteidigen. Denn was wir hier tun, geht schließlich gegen alles, was als normal gilt. Persönliche Kontakte waren für uns jedoch mindestens ebenso wertvoll wie Bücher. Hier einige Beispiele:

Was den respektvollen Umgang mit Kleinkindern angeht, so ist besonders in unserer Elternarbeit (und jetzt als Großeltern) das Emmi-Pikler-Institut in Budapest mit seiner Forschungsarbeit, die dort seit mehr als fünfzig Jahren geleistet wurde, zu einer Fundgrube geworden. Die dort gewonnenen Einsichten über eine geeignete Pflege des Kleinkindes, Zuwendung und autonome Bewegungsentwicklung stellen einen Grundstock an Erfahrungen und Reflexionen dar, den wir gerne allen Eltern, die mit ihren Unsicherheiten zu uns kommen, zugänglich machen möchten.

Andere wertvolle Anregungen und Bestätigungen gaben uns die Kontakte mit freien Schulen in verschiedenen Ländern. Durch die Erfahrungen von Summerhill bekamen wir die ersten Anregungen für ›Selbstregierung‹, die wir dann in unsere wöchentlichen Schülerversammlungen aufnahmen. Die Freinet-Bewegung bereicherte uns mit ihrer Schuldruckerei, in gewisser Hinsicht auch mit dem Grundsatz der durch die Interessen der Kinder gestalteten Arbeitsgruppen. In Ecuador erleben wir hautnah die Grenzen und Gefahren formaler Schulbildung. Persönliche Begegnungen mit Ivan Illich verstärkten unsere Überzeugung, dass die Einrichtung *Schule* eine Sackgasse unserer Zivilisation ist.

Eine sehr schöne Bestätigung unserer Praxis erfuhren wir letztlich in den Postulaten von English und Hill über ›Total Quality Education‹, die auf Demings Ideen über wirtschaftlichen Erfolg basieren. Und schließlich bekommen wir immer wieder Rückmeldungen von früheren Pestalozzi-Schülern mit überzeugenden Beweisen, dass sie in unserer komplexen Welt zurechtkommen, ohne sich selbst zu verlieren.«

»Ich glaube, das reicht uns für heute. Könntet ihr noch ein paar Worte zu eurer Erfahrung mit alternativer Wirtschaft sagen?«
»Sehr gerne. Auf den ersten Blick scheint das zwar ein anderer Bereich, aber letztlich hängt alles irgendwie zusammen, wenn wir nicht nur an ›Erziehung‹, sondern an ›Lebensqualität für alle Menschen‹ denken. Wir jedenfalls sind zu dem Schluss gekommen, dass man das eine nicht vom andern trennen kann. Wenn ihr wollt, kommt doch am Samstag zu unserem Sintral-Markt. Da könnt ihr erleben, wie man ohne offizielles Geld kauft und verkauft, und wir können uns dann ausgiebig über dieses Thema unterhalten.«

4. Kapitel

Struktur und Chaos
Innen und Aussen

Am folgenden Tag kommen wir erneut zu einem Gespräch zusammen. Inzwischen haben unsere Besucher viel miteinander diskutiert und sind dabei auf neue Fragen gestoßen.

»Die Sache mit dem Chaos ist uns ziemlich nachgegangen. Wir sind uns einig, dass es ein zentraler Gedanke ist, aber wir können trotzdem nicht viel damit anfangen. Irgendetwas daran gefällt uns nicht. Wie könnt ihr die vorhandenen Strukturen in der Welt leugnen? Und in eurer vorbereiteten Umgebung ist Ordnung doch auch offensichtlich.«

»Es ist eben relativ zur inneren Struktur ein Chaos. Und was jeder Organismus für sich von außen wahrnimmt und verwendet, um daraus *seine Wirklichkeit* zu konstruieren, hängt völlig von seiner inneren Struktur ab. Zum Beispiel diese Fliege hier ist in der gleichen Umgebung wie wir. Doch was sie wahrnimmt und was sie sich zunutze macht, ist bestimmt nicht das Gleiche wie das, was für uns von Bedeutung ist. Jedenfalls kümmert sie sich nicht um unsere Diskussionen übers Chaos. Und vergessen wir nicht, dass *Chaos* nicht *Nichts* ist. Aus Forschungen geht klar hervor, dass auch das Chaos nicht ohne Struktur ist. In ihm ist alles enthalten, was lebende Organismen zur Erschaffung ihrer eigenen Strukturen gebrauchen können.«

»Gut, aber wie können wir eine Verbindung von diesen Grundideen des Innen und Außen, der inneren Struktur und des äußeren Chaos zur Problematik ›Erziehung‹ herstellen?«

»Wenn erst einmal die Wertfrage des Respekts vor Lebensprozessen geklärt ist, finden viele Kenntnisse, die uns aus der Biologie mehr oder minder geläufig sind, einen neuen Platz. Gestern haben wir die dreiteilige Struktur unseres neurologischen Systems erwähnt. Diese Tatsache der biologischen ›inneren Wirklichkeit‹ des Menschen gibt uns nützliche Hinweise, wie wir unseren Respekt auf verschiedenen Stufen konkret machen, also die Grundidee von ›außen Chaos, innen Struktur‹ in die Praxis umsetzen können.

Wenn ein Kind auf die Welt kommt, ist das Innerste des Systems, sein Stammhirn, bereits so weit aktiviert, dass dieser Organismus seinen Stoffwechsel regulieren und außerhalb der vorbereiteten Umgebung des Mutterleibs leben kann – wenn auch selbst ein voll ausgetragenes Baby in Bezug auf sein Potenzial in gewisser Hinsicht noch eine Frühgeburt ist. Es ist ein weiter Weg, bis das Kind als voll entwickelter Mensch auf seinen eigenen Beinen steht. So braucht es zum Beispiel etwa sieben Jahre, bis sein Zwischenhirn genügend ausgereift ist, das heißt, bis die Bewegungen und sinnlichen Wahrnehmungen des Kindes bestens koordiniert auf Signale reagieren und nicht erst aufgrund des Zusammenstoßens mit der Welt. Durch seine ständige Auseinandersetzung mit der Umwelt entfalten sich entsprechende Strukturen zur Erfassung der Qualitäten der Welt. Je differenzierter und den Reifungsbedürfnissen angemessener die Erfahrungen, umso feiner das Gespür für Qualitäten und umso besser das Lebensgefühl.

Zwischen etwa dem siebten und vierzehnten Lebensjahr werden die Interaktionen des Kindes von dem inneren Bestreben motiviert, ein eigenes Verständnis von den Beziehungen und Regelmäßigkeiten der Umwelt aufzubauen. Auch diese Phase ist noch ›sensomotorisch‹, das heißt, das Erleben muss konkret, mit Bewegung und Sinnlichkeit verbunden sein. Dabei ist der

Hauptbeweggrund das Bedürfnis, immer zuverlässigere, flexiblere und genauere Fähigkeiten zu entwickeln, um der Welt einen Sinn zu verleihen. Es geht also nicht darum, ›Wissen anzueignen‹, sondern ein eigenes Netz zum Auffangen eigener und schließlich auch der Erlebnisse und Interpretationen anderer zu weben.«

»Das klingt eher nach Handarbeit als nach Wissenschaft. Wie soll man sich das ›Weben des Netzes‹ denn vorstellen?«

»Die Neurologen sprechen von neuronalen Verknüpfungen, die hergestellt werden, sodass Informationen miteinander verbunden werden können. Eine grundlegende Rolle spielen dabei wohl bestimmte Proteine, die ›Myeline‹, die die Fähigkeit haben, die Nervenbahnen durchlässig und damit aktionsfähig zu machen. Jede sensomotorische Interaktion, die der Organismus aus eigenem Interesse eingeht, bewirkt dieses innere Geschehen.«

»Warum denn aus eigenem Interesse? Was steckt dahinter?«

»Sicher könnt ihr aus diesen kurzen Hinweisen heraushören, dass von der Empfängnis bis zur Reife eines Menschen ein langer Entwicklungsprozess stattfindet. Das menschliche genetische Programm hat seinen eigenen inneren Plan und seine eigenen Gesetzmäßigkeiten, denen man sich nicht ungestraft entgegenstellen kann. Einerseits kann man die Erfüllung des Plans nicht beschleunigen, andererseits ist für seine Erfüllung eine geeignete Umgebung notwendig. Zu diesem Programm gehört auch, dass eine biologische Verbindung zwischen dem Gemüt und dem Gehirn in der Anlage zwar vorhanden ist, aber durch ständigen Gebrauch reifen muss. Es geht hier um die Funktionalität des Willens, die durch das Treffen von Entscheidungen von Augenblick zu Augenblick in Kraft tritt und durch direktes Erleben von Konsequenzen mit der äußeren und der inneren Wirklichkeit in Einklang gebracht wird.«

»Und welche Rolle in der Erziehung spielt eures Erachtens die Sprache? Als Lehrer gehen wir jedenfalls davon aus, dass sie einen äußerst wichtigen Platz in unserer Arbeit einnimmt!«

»Darauf können wir später vielleicht noch genauer eingehen. Heute möchte ich nur kurz andeuten, dass sie für uns eine wichtige Verbindung zwischen ›Innen und Außen‹ darstellt. Damit bekommt sie eine überragende Bedeutung, zumal nach Maturana Menschen nur im ›linguistischen Bereich‹ zu Menschen reifen können.

Doch gerade darum ist es für uns besonders wichtig, wie wir die Sprache im Umgang mit anderen, besonders mit Kindern gebrauchen.«

»Du meinst ›direktiv‹ oder ›nichtdirektiv‹? Willst du damit den Ast absägen, auf dem wir Lehrer es uns bequem gemacht haben?«

»Nicht nur die Lehrer. Hören wir nur einmal zu, wie Erwachsene im Allgemeinen mit Kindern reden. Wie oft sie mit Worten auf etwas hinweisen, Befehle erteilen, etwas erklären oder wegerklären, zu etwas motivieren oder abraten, ihr Tun und Denken zu beeinflussen suchen.«

»Darüber würde ich gern ein anderes Mal noch mehr hören. Doch vielleicht könnt ihr heute noch ein paar Worte über Reifungsprozesse sagen? Ehrlich gesagt ist das eine Vokabel, die in unserer Lehrerausbildung kaum erwähnt wurde. Da war immer nur von Lernen, von Motivierungsphase, Übungsphase und Auswertungsphase die Rede.«

»Ja, natürlich. Wir sind Kinder des Industriezeitalters. Kein Wunder, dass Leistung, Produktion, Kontrolle, Wettkampf, Ausnutzung und Gewinn auf unseren Fahnen groß geschrieben sind. Aber die Globalisierung, die zunehmend um sich greift, lässt keinen Zweifel mehr daran, dass auch die Fabrikherren nur Knechte eines Wirtschaftssystems sind, das eigenen Gesetzmä-

ßigkeiten unterliegt. Der Begriff ›Reifungsprozesse‹ hingegen
entstammt einem anderen Paradigma.

Unter diesem Paradigma bekommen nicht nur menschliche,
sondern alle Lebensprozesse eine andere Bedeutung. Es sind andere Kategorien als die der ›Produktionsprozesse‹.«

»Ja, darüber haben wir auch schon diskutiert. Ehrlich gesagt bin
ich persönlich aber etwas besorgt, dass ihr immer von ›biologischen Gesetzmäßigkeiten‹ redet, als ob es keinen Geist, keine
Seele im Menschen gäbe. Glaubt ihr nicht an solche Dinge? Seid
ihr Materialisten oder Agnostiker? Viele der Eltern, die sich bei
uns für ›alternative Erziehung‹ interessieren, sind jedenfalls häufig Menschen, die auf die eine oder andere Weise auch ›Höheres‹
im Leben suchen.«

»Ja, dieses Thema kommt auch in unserer Elternarbeit oft zur
Sprache. Anscheinend kann unsere Kultur dem Widerspruch
zwischen Geist und Körper nicht entkommen. Darum reden wir
lieber von Leben. Für uns ist dieser Begriff umfassender, dabei
auch konkreter als das, was die meisten Leute unter Geist verstehen. In der christlichen Tradition, die uns geschichtlich am
nächsten steht, reden wir zwar von der Liebe zum Nächsten.
Wie können wir aber unseren Nächsten lieben, wenn wir seine
und unsere Biologie, sein und unser Leben in eben diesem Körper, nicht ernst nehmen? Und wie können wir ihn und uns
selbst ernst nehmen, ohne seinen Hunger, nicht nur den Hunger
nach physischer, sondern auch den Hunger nach psychischer
Nahrung ernst zu nehmen?«

»Gut, mach weiter. Was ist also mit den Reifungsprozessen?«

»An die können wir uns erst heranpirschen, wenn wir berücksichtigen, dass sich das menschliche Leben immer zwischen zwei
Polen abspielt: dem Bedürfnis nach Überleben und dem Bedürfnis nach Reifung. Das Ziel des Lebens – so sehen wir es – ist zu
reifen bzw. sich selbst zu erfüllen. Aber um dahinzukommen,

muss man erst einmal überleben. Darum fragen wir uns als Erstes, was nötig ist, damit wir überleben. Denn wenn wir überleben, gibt es immer noch die Chance, uns selbst eines Tages zu erfüllen. Wenn wir nicht überleben, ist diese Chance erst einmal vertan.«

»Zum Überleben brauchen wir Essen, Luft, Wärme, Sicherheit, glaubst du nicht?«

»Das stimmt schon. Aber wir haben Kinder erlebt, die Essen, Luft, Wärme und Sicherheit verweigert haben, nur um herauszufinden, ob sie wirklich geliebt werden.«

»Also ist das erste Bedürfnis zum Überleben Liebe?«

»Ja, so sehen wir es jedenfalls. Übrigens behaupten Maturana und Varela im ›Baum der Erkenntnis‹, dass die Liebe im gesamten Prozess der Evolution *die* Kraft sei, die alles organische Leben ermöglicht habe.«

»Aber welche Konsequenzen hat diese Einsicht dann auf unsere Beziehung zu Kindern?«

»Wahrscheinlich sehr weit reichende. Denn wenn Kinder Liebe zum reinen Überleben brauchen – mindestens so sehr wie andere Säugetiere –, dann können sie auch durch Liebe noch mehr konditioniert werden als Bären im Zirkus, die sich dafür hergeben, Fahrrad zu fahren, damit ihre Herren eine volle Abendkasse bekommen. Wenn wir also annehmen, dass das Ziel des Lebens nicht Überleben, sondern Sich-selbst-Erfüllen ist und dass diese Erfüllung geschieht, indem ein Kind *von innen nach außen* mit seiner Umwelt Kontakt aufnimmt und durch ständiges Treffen von Entscheidungen an ihr reift, dann ist unsere erste Frage: Wie können wir Liebe geben, ohne diesen Prozess zu konditionieren oder zu behindern?

Hier kommt uns die Vorstellung der inneren Strukturen zu Hilfe. Liebe auf der Ebene des Stammhirns ist Körperkontakt, das *Erlebnis*, gehalten und berührt zu werden. Auf der Ebene des Zwischenhirns sind es die *Signale* der Liebe, zum Beispiel Körperhaltung, Gesichtsausdruck, Augenkontakt, Ton und Klang der Stimme. Auf der Ebene des Großhirns, also des Verstehens, sind es die richtigen *Worte* zur geeigneten Situation und das Annehmen des *absurden* Anderen, der nicht die gleichen Vorstellungen, Erklärungen und die gleiche Reife hat wie man selbst. Wenn wir diese drei Aspekte genauer betrachten, kommen wir nicht umhin, die gesamte Pädagogik zu hinterfragen.«

»Ihr meint, dass in der Geschichte der Pädagogik sich etwas eingeschlichen hat, das die Beziehung zwischen Überleben und Selbsterfüllung stört?«

»In der Geschichte der Pädagogik und in den zwischenmenschlichen Beziehungen überhaupt. Wir können das schon in der Beziehung zwischen ganz kleinen Kindern und ihren Eltern entdecken. Wenn ein Kind für sein Überleben Liebe braucht, diese Liebe aber nicht mit Respekt vor seinen inneren Prozessen verbunden ist, hat es die subjektive Erfahrung, nicht geliebt bzw. nicht ›richtig‹ geliebt zu werden. Schon ein Säugling kann sehr früh anfangen, seine Eltern auf dieses Defizit an geeigneter Zuwendung aufmerksam zu machen. Wenn seine ersten, meist noch einfachen Hinweise nicht entsprechend interpretiert werden, geht er womöglich zu indirekten Zeichen und Andeutungen über.

Ein Kind, das zum Beispiel in der Entwicklung seiner Motorik geführt oder häufig unterbrochen wird, mag beim Essen Probleme machen, also gerade an dem Punkt, in dem seine Mutter am sensibelsten ist. Ein anderes, das Mangel an Zuwendung empfindet, kann sich selbst in gefahrvolle Situationen bringen oder ständig Dinge tun, die seine Umwelt auf die Palme bringt. Dadurch bekommt es Aufmerksamkeit, auch wenn sie negativer Art ist. Nicht wenige Kinder kommen sogar auf den Dreh, ihre Eltern häufig gerade dann zu beanspruchen, wenn sie wirklich keine Zeit haben: gerade wenn die Mutter auf die Toilette muss, wenn sie am Telefon ist oder wichtiger Besuch kommt. So kann das Kind sich irgendwie beruhigen: Es ist nicht so, dass meine Mutter mich nicht liebt, sondern sie kann jetzt eben nicht. Diese wenigen Beispiele geben vielleicht eine Idee davon, wie schon früh verwickelte Beziehungen entstehen und wie sehr sie unser Leben belasten können.

Dieses Wechselspiel der miteinander verwobenen Bedürfnisse – des Bedürfnisses nach Liebe ohne Bedingungen, von dem unser Überleben abhängt, und des Bedürfnisses nach eigenständiger Interaktion mit der Welt, die der Entfaltung dient – wird im Lauf der Jahre schon in der familiären Umgebung immer komplexer. Es ist kein Wunder, dass dann die ›Schule‹ aus diesen Elementen ein ganzes System von Konditionierungen entwickelt hat, das von den Eltern in vielen Fällen befürwortet und noch kräftig unterstützt wird.«

»Wenn für euch die Etappe bis zum siebten Lebensjahr die ›sensible Phase‹ zur Integration der Bewegungen und der sinnlichen Wahrnehmungen ist und anschließend die Phase bis zum vierzehnten Lebensjahr die Zeit des Aufbaus persönlicher Verständnisstrukturen, wie definiert ihr dann die Bedürfnisse der Adoleszenten? Denn in eurer Umgebung sehen wir Jugendliche bis zu achtzehn Jahren!«

»Es war ein langer Weg bis zu unserer jetzigen Definition. Heute sind wir der Überzeugung, dass die Motivation für die Interaktionen von jungen Leuten mit ihrer Umwelt sich in der Grundfrage *Wer bin ich in dieser Welt?* ausdrückt. Es ist also die sensible Phase der Introspektion.

Das erklärt das schier grenzenlose Bedürfnis der Jugendlichen nach Reden, sei es mit Freunden oder, wenn sie genügend Vertrauen haben, auch mit Erwachsenen. Aus diesem Reden entspringt dann wieder der Wunsch zu neuen, immer weiteren Erfahrungen. Dieses Wechselspiel ist typisch für die Jugendlichen, falls wir statt Fachunterricht eine wirklich geeignete Umgebung zur Verfügung stellen.«

»Dieses Thema interessiert uns sehr, denn unsere ältesten Schüler sind nicht mehr weit entfernt von dieser heiklen Zeit. Aber ich glaube, uns fehlen noch wichtige Grundelemente, bevor wir uns diesem Problem zuwenden können. Darf ich noch einmal fragen, welche Konsequenzen sich sonst noch aus eurer Definition von ›Innen und Außen‹ ergeben?«

»Bisher haben wir kurz umrissen, wie die innere Struktur beim Menschen angelegt ist und auf welche Weise sie über die Entwicklungsjahre hinweg durch eine geeignete Umgebung aktiviert werden kann. Ich weiß nicht, welche Bilder diese wenigen Andeutungen bei euch wecken. Bei uns wächst mit jeder neuen Entdeckung das Staunen darüber, dass von Anfang an, also seit Erschaffung des organischen Lebens, dieses ›Innen und Außen‹ bereits da ist und dass dieses Wunder an sich schon den höchsten Respekt verlangt. Ich glaube, dass dieses Staunen uns vor der Falle der so genannten Wissenschaftlichkeit bewahrt, wenn wir die Strukturen der inneren Systeme näher betrachten.

In der guten Absicht, Lebensprozesse zu respektieren, können wir nun konkreter werden, wenn wir die verschiedenen *Membranen* berücksichtigen, die das Innere vom Äußeren trennen. Bei der Urzelle ist noch relativ leicht zu verstehen, wie die Zellmembran das Außen vom Innen trennt und wie gleichzeitig ihre Halbdurchlässigkeit eine gewisse Wechselwirkung von innerer Struktur und äußerem Chaos ermöglicht. Dabei möchte ich nochmals betonen, dass es die innere Struktur ist, die bestimmt, was draußen wahrgenommen, wie es bewertet und was hereingelassen bzw. wieder ausgeschieden wird. In der Evolution des Lebens war die Membrane nicht einfach ›irgendwie vorhanden‹. Sie ist das Ergebnis eines langen Entwicklungsprozesses, in dessen Verlauf frühere Zellen immer wieder zerstört worden waren und dann diese wunderbare Einrichtung erfunden und auf verschiedenste Weise neuen Konstellationen angepasst wurde. Seither gehört die Membrane zur Grundstruktur aller Organismen.

Diese Erfindung war offenbar so erfolgreich, dass sie in alle Neuschöpfungen und Gestalten des organischen Lebens einging. Was den Menschen angeht, so lässt sich leicht seine Haut als eine solche Membrane identifizieren. Es besteht kein Zweifel, dass die Haut die Grenze zwischen dem ist, was wir selbst sind, und dem, was draußen existiert.

Diese Haut ist mit Öffnungen nach außen ausgestattet: den Poren, durch die wir atmen und Giftstoffe ausscheiden, aber auch den Sinnen, unseren Öffnungen für Aufnahme und Ausscheidung, ohne die wir vom Außen abgeschnitten und zum Tode verurteilt wären.

Verknüpfen wir nun das Phänomen der Membranen mit der Vorstellung von der dreiteiligen Struktur unseres neurologischen Lebens, dann können wir ohne Schwierigkeit erkennen, dass unsere Haut lediglich die *äußerlichste* Membrane ist, die unsere physische Wirklichkeit von allen anderen Wirklichkeiten außerhalb unserer selbst trennt. Sofort fällt auf, dass wir auch *innerhalb* des physischen Körpers viele Membranen besitzen: Jedes Organ, jedes Blutgefäß, jeder Knochen und Muskel ist mit seiner eigenen Membrane umgeben und vom Rest des Organismus zugleich getrennt und mit ihm verbunden. Von hier ist es nur ein Schritt zur Einsicht, dass jedes neurologische System ebenso mit Membranen ausgestattet ist, das limbische System des Zwischenhirns ebenso wie das Großhirn.«

»Das scheint mir aber doch praxisferne Wissenschaft. Wie hilft mir solches Wissen, in alltäglichen, ganz konkreten Situationen Respekt vor Lebensprozessen zu üben?«

»Genau darauf wollte ich hinaus. Wenn wir von ›Liebe mit Respekt‹ reden, ist womöglich gerade die Vorstellung dieser Membranen ausschlaggebend, um notfalls auch gegen die Gepflogenheiten einer ganzen Kultur anders zu leben. Wir hören dann auf, von Liebe und Respekt nur zu schwärmen, und können anfangen, unseren eigenen Weg des Respekts in kleinen Schritten zu bahnen. Bei der physischen Membrane, die wir sehen und berühren können, fällt uns das vielleicht anfangs leichter als bei den anderen. So können wir uns sicher erinnern, wie schmerzlich oder zumindest unangenehm es ist, wenn ein Fremdkörper in diese Membrane eindringt oder sie sonstwie beschädigt – eine Nadel, ein Messer oder ein Schlag. Verletzungen, die so entstehen, sind mit dem bloßen Auge zu sehen.

Doch die Membranen des limbischen Systems sind mindestens ebenso empfindlich. Sind wir aber nicht gewohnt, in den Kategorien von Innen und Außen zu denken, dann können wir die Zeichen, die ein anderer Mensch uns sendet, wenn seine Gefühlsmembrane angegriffen wird, womöglich gar nicht einordnen. Doch auch eine Verletzung dieser Membrane hat Folgen. Vom Mangel an deutlichen Zeichen der Zuwendung, die jeder Mensch, besonders aber jedes Kind regelmäßig braucht, haben wir vorhin schon kurz gesprochen. Was geschieht aber, wenn die Gefühle, die ein Kind zum Beispiel äußert, von dem Erwachsenen nicht angenommen, sondern uminterpretiert oder wegerklärt werden? So mag ein Kind etwa zu dir sagen: ›Ich habe Angst vor der Dunkelheit.‹ Und du antwortest ihm: ›Du musst doch keine Angst haben, im Dunkeln passiert dir doch nichts.‹ Oder deine Tochter kommt nach Hause und beklagt sich, dass ihre Freundin sie ausgelacht habe, und du meinst, das müsse sie doch nicht so tragisch nehmen. Wenn wir Erwachsenen anfingen, auf diese Membrane aufmerksam zu werden und sie ernst zu nehmen, so könnten wir bereits damit eine neue Kultur des Respekts schaffen.«

»Wenn ihr von Respekt sprecht, meint ihr, dass wir Erwachsenen Kinder respektieren sollen. Aber wie geht das umgekehrt? Soll der Respekt der Kinder für die Erwachsenen einfach abgeschafft werden?«

»Genau genommen reden wir nicht von *Respekt vor Kindern,* sondern von *Respekt vor Lebensprozessen.* Da sind wir natürlich inbegriffen. Doch glaube ich, dass wir nicht Respekt von Kindern uns gegenüber verlangen können, wenn wir wenig Vorstellung davon haben, was Respekt für uns selbst bedeutet. Kinder erfahren Respekt, indem sie sich selbst respektiert fühlen und auch erleben, wie wir uns selbst respektieren.

Auch das fängt schon beim Kleinkind an, wenn es zum Beispiel in seinem Impuls, die Welt zu begreifen, die Mutter in die Brust beißt oder sie an den Haaren zieht. Wenn die Mutter sich da nicht selbst schützt, hat ihr Kind keinen Anhaltspunkt für den Schmerz seiner Mutter. Auf vielerlei Weise opfern sich Erwachsene für kleine Kinder auf, bis ihnen früher oder später der Kragen platzt und sie wütend oder sogar gewalttätig werden. Das zeigt uns, wie wenig Ahnung und Hochachtung wir vor unseren eigenen Membranen haben. Eine Mutter kann ihre Gefühlsmembrane so weit ausdehnen, dass ihr Kind *in ihr drin* ist, sie sich keine ruhige Minute getrennt vom Kind gönnt und jede seiner Gefühlsregungen so spürt, als wären es ihre eigenen. Das erschwert das Üben echten Mitgefühls und das allmähliche emotionale Abnabeln des Kindes von der Mutter. Denn durch die verwischten Grenzen zwischen beiden Organismen gewöhnen sich Mutter und Kind daran, sich gegenseitig gefühlsmäßig zu beeinflussen, zu manipulieren und sogar zu verletzen.«

»Aber wenn das ein Verstoß gegen Lebensprozesse ist, muss es doch früher oder später unangenehme Folgen nach sich ziehen?«

»Die Folgen sehen wir mehr oder weniger offen auf allen Lebensstufen, bei Kindern wie auch bei Erwachsenen. Sie zeigen sich in so vielen unterschiedlichen Verhaltensweisen, wie es verschiedene Menschen gibt, und spielen sich zwischen den Polen Abhängigkeit und Rebellion ab.

Doch sollten wir erst noch die Membranen erwähnen, die unser Großhirn einhüllen und also das beschützen sollten, was unser eigenes Denken sein könnte. Auch wenn die Gefühlsmembrane bei den meisten Menschen mehr oder weniger durchlöchert, eingebeult oder ausgeweitet ist, so sind wir in vielen Dingen doch immer noch unserer eigenen Gefühle bewusst. *Mein* Zahnschmerz ist *mein* Zahnschmerz, und wenn ich eine gewisse Speise für mein Leben gerne esse, so kann mir das niemand so leicht ausreden.

Anders ist es mit unseren *intellektuellen* Membranen. Die Erklärungen, Belehrungen und Meinungen anderer Menschen haben uns von klein auf so sehr beeinflusst, dass wir kaum noch unterscheiden können, welche Gedanken von uns selbst stammen, welche Ideen, Weltanschauungen, Kenntnisse und Denkschemata uns von außen aufgeprägt wurden und wie wir von anderen oft von klein auf überredet worden sind. Als Eltern können wir also Respekt lernen, wenn wir anfangen, auch die scheinbar absurden Vorstellungen und Erklärungen unserer Kinder zu akzeptieren, ohne sie zu belächeln oder sie mit unseren eigenen, ›höheren‹ Einsichten zu berichtigen. Wenn solcher Respekt zu unserer zweiten Natur wird, kommt es uns schließlich absurd vor, unsere Kinder einer ›Bildung‹ auszusetzen, in der ihre eigene Interaktion mit der Umwelt eingeschränkt, viele Stunden lang sogar verboten ist und stattdessen Wissen vermittelt wird, das für gewöhnlich nicht einmal der Erfahrung und dem Verständnis der belehrenden Erwachsenen entspringt, sondern Lehrplänen entnommen ist, von denen sie meinen, sie seien gehorsam einzuhalten.«

»Aber wir kennen doch selbst nichts anderes! Wie schaffen wir es, Auswege aus einem Dilemma zu finden, das uns selbst geprägt hat?«

»Für uns war es eine Hilfe, als wir die Grundstruktur von Innen und Außen mit verschiedensten Forschungen in Verbindung brachten, sie in der Praxis prüften und sie gegebenenfalls revidierten. Dafür gab uns zum Beispiel Piagets Unterscheidung zwischen ›figurativem‹ und ›operativem Lernen‹ wichtige Anhaltspunkte. Wenn figuratives Lernen durch Nachahmung eines äußeren Modells geschieht, operatives Lernen hingegen durch schöpferisches Experimentieren mit der konkreten Wirklichkeit, dann liegt im ersten Fall der Schwerpunkt der Handlung draußen und im zweiten Fall drinnen, obwohl beide gewisse Interaktionen beinhalten. Nehmen wir als Beispiel die Aneignung der Kulturtechniken Lesen und Schreiben. Wenn die Umgebung mit geeigneten Materialien ausgestattet ist, können sich die Kinder diesen Künsten *ohne Unterricht* widmen. Notfalls dient ein Erwachsener selbst als Modell, doch auf eine Weise, die Abhängigkeiten verhindert und eigene Initiativen begünstigt, sodass die Impulse zur Interaktion nicht von innen nach außen verlagert werden.

Diese besondere Vorsicht wird immer weniger dringlich, je mehr die Umgebung vorrangig mit Dingen und Gelegenheiten angereichert ist, die operatives Handeln, also das eigenständige Strukturieren und Umstrukturierung äußerer Wirklichkeiten zum Aufbau des eigenen inneren Netzes ermöglichen. Kinder, die von mindestens einem Erwachsenen geeignete liebende Zuwendung erfahren und daraus Kraft zur Auseinandersetzung mit der konkreten Außenwelt schöpfen, werden in ihrem Selbstsein so stark, dass sie sich auch dann nicht verlieren und das Gleichgewicht zwischen Innen und Außen behalten, wenn sie etwas nachahmen.«

»Besteht denn nicht die Gefahr, dass aus solchen Kindern ichbezogene Egoisten werden?«

»Für uns ist streng genommen alles Leben notwendig ›egozentrisch‹, wenn wir annehmen, dass sein Ziel Selbsterfüllung ist. Ein Apfelbaum muss sich als Apfelbaum erfüllen und nicht Birnen, sondern Äpfel tragen. Wenn wir es schaffen, den natürlichen Egozentrismus jedes Kindes durch das Respektieren seiner

Membranen zu ehren, erleben wir nicht nur seine kognitive, sondern auch seine emotionale und soziale Reife. Das heißt, dass ein junger Mensch heranwächst, der sich der äußeren Welt öffnen kann, ohne sich jedoch selbst aufzugeben. Er ist er selbst und nicht das, *zu dem er gemacht wurde;* ein Mensch in einer Kultur, aber nicht Produkt seiner Kultur. Ich glaube, dieser Standpunkt setzt auch Piagets Studien über den kindlichen Egozentrismus in ein neues Licht.«

»Entschuldige meine Schwierigkeiten, in allem zu folgen! In eurer Darstellung vom Lebensprinzip der Interaktion zwischen Innen und Außen scheint mir irgendetwas Wichtiges zu fehlen. Die Idee, dass das Leben im Chaos begonnen hat und die Urzelle als deutliches Beispiel für die Fähigkeit zum Überleben und zur Entwicklung gelten kann, kommt mir jetzt ein wenig plausibler vor. Aber ihr selbst demonstriert doch mit eurer vorbereiteten Umgebung alles andere als Chaos. Wie soll man das Verstehen?«

»Ja, das stimmt. Wir haben vergessen zu erwähnen, dass im Verlauf der Evolution des Lebens, die bis zum Menschen geführt hat, spezifisch vorbereitete Umgebungen von Generation zu Generation immer wichtiger wurden. Solche vorbereiteten Umgebungen spiegeln sich bereits in den Verhaltensprogrammen der limbischen Strukturen der Organismen wider. Jeder von ihnen befolgt oft bis ins Kleinste festgelegte Techniken, wie solche Umgebungen zu meistern sind, bzw. verhält sich auf ganz bestimmte Art, zum Beispiel bei der Brutpflege. Denken wir nur an die baulichen Wunder gewisser Vogelnester! Auch wir Menschen sind mit solchen festen Verhaltensprogrammen ausgestattet. Doch gibt es gewisse Unterschiede, die für uns einerseits neue Chancen, andererseits auch wieder neue Gefahren bedeuten.

Aufgrund der bedeutenden Rolle des Großhirns, das keine festen Regelkreise, sondern Felder besitzt, die *persönliche* Erfahrungen registrieren und verarbeiten, werden wir Menschen im Laufe

der Jahre in erster Linie nicht mehr von den starren Verhaltensprogrammen, die der Evolution unserer Art entstammen, bestimmt, also nicht mehr automatisch von innen her, sondern
zunehmend durch persönliches Erleben geprägt und motiviert.

Wenn unsere Erfahrungen nun weitgehend von außen stimu-
liert und gelenkt werden, dann hängen wir auch weitgehend von
solchen äußeren Bedingungen ab. Und da unser Reifungsprozess
viel länger dauert als bei allen Tieren, können wir durch unsere
Nestsituation derart tiefgreifend konditioniert aufwachsen, dass
wir uns liebevolle Beziehungen und Lernprozesse nicht anders
vorstellen können als im Rahmen von Abhängigkeiten, Belehrungen und Beeinflussungen. Das ist es wahrscheinlich, was Ivan
Illich meint, wenn er, statt vom Homo sapiens oder Homo lu-
dens, vom Homo educandus spricht.

Das Wechselspiel zwischen Innen und Außen sollte aber für
menschliche Wesen immer reichere Möglichkeiten, eigene Entscheidungen zu treffen, einschließen, und zwar eben aufgrund
der zunehmenden Aktivierung ihres Großhirns, das nicht mit
starren Regelkreisen vorprogrammiert ist; Entscheidungen, die
der Entfaltung des eigenen Selbst dienen und gleichzeitig Kooperation mit den Bedürfnissen der Umwelt begünstigen. Wenn
während der Wachstumsjahre die Interaktion zunehmend von
äußeren Instanzen angeregt und angefacht wird, schwindet der
Kontakt mit dem Inneren. Innere Bedürfnisse haben jedoch immer Vorrang und können darum nur blockiert und aufgeschoben werden. Durch solche Blockaden wird es schließlich immer
komplizierter, mitten in alltäglichen Situationen einen natürlichen Zugang zum Selbst zu behalten. Daraus entstehen viele
Verhaltensweisen, die, obwohl inzwischen oft als normal angesehen, früher oder später zu Problemen führen müssen. Menschen, die diesen Zustand an sich wahrnehmen und etwas dagegen unternehmen möchten, wissen meist nichts Besseres, als
getrennt vom Alltag besondere Situationen zu suchen, in denen
das Innen Zuwendung bekommt. Doch auch dafür brauchen sie

wieder Anleitungen und Hinweise von außen, so wie es ihrem früheren Erleben entspricht.«

»Ich glaube, da sind wir ein bisschen von meiner eigentlichen Frage abgeschweift: Wie steht es also mit der ursprünglichen Lebenssituation des strukturierten Organismus im Chaos?«

»Ja, tut mir Leid. Das muss noch mehr geklärt werden. Wenn also die ›Alten‹ mit der Aufgabe betraut sind, ihre Kinder zu beschützen, dann bedeutet das sicherlich, dass sie das Chaos irgendwie abschwächen müssen, bis die Nachkommen stark genug sind, um sich der ›harten Wirklichkeit‹ selbst zu stellen. Etwa so wie ein Bauer, der Setzlinge erst dann ins offene Feld hinaus pflanzt, wenn sie eine gewisse Größe erreicht haben. Was ihr also bei uns seht, ist eine Art ›Gewächshaus‹ für menschliche Wesen. In seinem schönen Buch ›Complexity‹ stellt Mitchell Waldrop die interessante Behauptung auf, dass schöpferische Fähigkeiten sich nur dann entfalten können, wenn sich das Leben nicht zu weit von der Grenze zwischen Chaos und Ordnung abspielt. Diese Vorstellung gefällt mir gut, denn sicher wollen wir nicht, dass die uns anvertrauten Kinder kleine ›Chaoten‹ oder ›Aussteiger‹, aber auch keine Sklaven eines Systems, sondern schöpferische Menschen werden.«

»Das heißt also, dass wir uns noch weiter über die Qualitäten der vorbereiteten Umgebung für Kinder unterhalten sollten. Das ist eigentlich auch der wichtigste Grund, warum wir fünf Tage und Nächte von Bolivien hierher gefahren sind!«

5. Kapitel

Qualitäten einer geeigneten Umgebung für Reifungsprozesse

Nach diesem Gespräch verbrachten unsere Besucher wieder einen halben Vormittag bei den Kindern und Jugendlichen. Danach waren sie zu einer neuen Unterredung aufgelegt. Sie nahmen im Büro Platz bei einer Tasse Kaffee und gebratenen Kochbananen, die an diesem Tag zur »Saftzeit« für alle vorbereitet wurden.

»Gestern sind wir bei gewissen Überlegungen stehen geblieben, die ausschlaggebend für die Art und Weise sind, wie ihr die Umgebung für die Kinder und Jugendlichen seht. Könnt ihr noch weitere wichtige Elemente nennen?«

»Was ihr hier seht, ist natürlich nicht von heute auf morgen, sondern allmählich in einem Zeitraum von nun 23 Jahren entstanden: Wir hatten einige Vorstellungen darüber, was Kinder brauchen, und schauten dann zu, was sie mit den Dingen und Situationen, die wir ihnen zur Verfügung stellten, anfingen. Wir Erwachsenen redeten ausgiebig über alles, was wir bei den Kindern beobachteten. Daraus entstanden neue Projekte für Materialien und Angebote, und so geht es auch heute noch weiter. Was ihr bei uns seht, ist ständigen Veränderungen unterworfen, so wie ja auch im Leben überhaupt nichts statisch und festgefahren ist.«

»Ja, jetzt sind wir schon mehrere Tage hier, aber jedes Mal entdecken wir etwas Neues. Allein im Kindergarten würden wir gerne eine ganze Woche nichts anderes tun, als jedes noch so kleine Ding in die Hand zu nehmen und seinem Sinn und Gebrauch nachzuspüren. Ganz zu schweigen vom Schulbereich. Wenn ich an die Vielzahl der strukturierten Materialien im Mathelabor denke, kann ich mir gut vorstellen, dass eure Mitarbeiter wenigstens zwei Jahre brauchen, um sich in ihrem Gebrauch auszukennen. Mit den anderen Dingen, zum Beispiel dem Angebot hinsichtlich der Sprache, geht es mir ähnlich. Da gibt es so viele Möglichkeiten, das Gleiche auf verschiedenste Weise anzugehen! Für jede Lernstrategie, für jede Logik, Entwicklungsphase, für jedes persönliche Interesse und jede ästhetische Vorliebe gibt es etwas zum Aussuchen. Da stecken unzählige Arbeitsstunden drin!«

»Daran seht ihr einen wichtigen Aspekt der vorbereiteten Umgebung, so wie wir sie verstehen. Wir glauben, dass eine wirklich menschliche Entwicklung stattfindet, wenn schon von klein auf von Augenblick zu Augenblick und auf verschiedensten Stufen *Entscheidungen* getroffen werden. Dafür ist eben eine große Auswahl von zu wählenden Gelegenheiten notwendig.«

»Aber bedeutet das nicht übermäßige Stimulation für die Kinder? Wie sollen sie sich in diesem ungeheuren Spektrum von Möglichkeiten zurechtfinden?«

»Vielleicht sollten wir erst einmal die Worte Stimulation und Überstimulierung definieren. Im Allgemeinen kann man sich kaum vorstellen, dass Kinder aufwachsen können, ohne durch andere Menschen von außen angeregt, angetrieben oder wenigstens durch liebevolle Hinweise geführt zu werden. In den letzten Tagen haben wir mehrmals erwähnt, wie sich dieses in unserer Kultur als normal empfundene Verhalten auf die Entwicklung der Kinder auswirkt, die ja von den Erwachsenen abhängig sind, da sie ihrer Liebe unbedingt bedürfen. Es muss also festgestellt werden, dass alle Dinge und Situationen als *neutrale* Angebote frei zur Verfügung stehen. So werden Kinder von ihrem eigenen inneren Entwicklungstrieb zum Handeln motiviert und nicht dadurch, dass Erwachsene, an die sie durch das Bedürfnis nach Zuwendung gebunden sind, sie locken. Damit wird das Grundprinzip lebendiger Organismen respektiert: dass jede Interaktion nämlich von innen nach außen, durch Unterscheiden, Bewerten und Wählen geschieht.

Überstimulierung liegt nach unserer Ansicht bei solchen Interaktionen vor, die nicht dem Entwicklungsstand des Kindes entsprechen: wenn wir zum Beispiel seine Bewegungsentwicklung beschleunigen und es zu Leistungen ermuntern wollen, die es von sich aus noch nicht ausführen kann; wenn wir es in eine Umgebung bringen, die ›überreizt‹ ist und in der es sich nicht gegen das Eindringen ungeeigneter Stimuli schützen kann; wenn wir ihm Dinge erklären wollen, für die es noch keine eigenen Verständnisstrukturen aufgebaut hat. All das wäre für uns Überstimulierung und kann schwer wiegende Folgen, einschließlich eine Tendenz zur Krebsbildung nach sich ziehen. Dass Kinder aber aus einer Vielzahl von Möglichkeiten das herausfinden, was zu ihnen passt, und so lange und so intensiv damit umgehen, wie es ihrem Interesse entspricht, passt zu unserer Definition des ›relativen Chaos‹, in dem Lebensprozesse von Anfang an stattgefunden haben.«

»Kannst du ein Beispiel für Überstimulierung der Motorik erwähnen? Ehrlich gesagt, kann ich wenig mit diesem Ausdruck anfangen.«

»Zum Beispiel wenn ein Vater, der sein Kind wirklich liebt, es auf eine Schaukel hebt und dann anschaukelt.«

»Aber wenn das Kind doch auf die Schaukel will und es ihn darum bittet? Sagt ihr nicht, dass der Wille der Kinder respektiert werden sollte?«

»Das ist ein gutes Beispiel, um wichtige Unterschiede aufzuzeigen. Der Wille eines Kindes wird gestärkt, wenn es das, was es möchte, *selbst tun* kann, nicht indem wir seine Handlung ersetzen. Stellen wir uns vor, dass ein Zweijähriger zur Schaukel kommt, auf die niemand ihn ›draufsetzt‹. Wahrscheinlich würde er sich irgendwie mit dem Bauch draufhängen und mit den Füßen am Boden ein bisschen hin- und herschwingen. Nach und nach, vielleicht durch Nachahmung oder eigenes Ausprobieren, käme er mit der Zeit auf alle Schliche, wie man sich auf die Schaukel setzen kann und allmählich Bewegungen bewirkt. Nach langem Probieren würde er Kunststücke hervorbringen, bei deren Anblick Erwachsene lieber auf die andere Seite schauen.«

»Vielleicht hast du Recht, aber es geht gegen unsere Art, mit Kindern liebevoll umzugehen. Wenn ich meine Tochter nicht auf die Schaukel hebe, bekomme ich großen Krach mit ihr.«

»Ganz bestimmt. Aber kommen wir zurück zu den Qualitäten der *vorbereiteten Umgebung*. Nehmen wir an, dass wir fürs Erste die Sache mit der Stimulierung geklärt haben. Die nächste grundsätzliche Frage, die wir uns gestellt haben, lautet: *Wofür* wollen wir die Umgebung überhaupt vorbereiten? Dabei fällt uns auf, dass vorbereitete Umgebungen eine ganz normale Angelegenheit in unserer Gesellschaft sind. Wir benutzen sie ständig, zum Beispiel beim Autofahren, beim Einkaufen, wenn wir ins Theater, auf den Fußballplatz oder in ein Konzert gehen. Vorbereitete Umgebungen für Kinder sind in unserer Gesellschaft vorrangig dazu da, um sie zu ›betreuen‹ – was leider oft bedeutet, dass sie den sehr beschäftigten Erwachsenen aus dem Weg geschafft werden sollen – und allmählich dahin zu konditionieren, dass sie Sachen lernen, die andere für ›ihr Bestes‹ – das heißt zur Eingliederung in die Produktionsgesellschaft – vorbestimmt haben.

Wie ihr wisst, war unsere Entscheidung, *Lebensprozesse* zu respektieren. Wir wünschen uns nicht nur, dass Kinder in unserer problematischen Welt mehr oder weniger unbeschädigt überleben, sondern dass sie ihrer eigenen Natur entsprechend reifen können.

Wie schon erwähnt, haben dabei innere Prozesse immer Vorrang vor äußeren Situationen. Um zu überleben, passen sich Kinder so wie alle Lebewesen an, blockieren für kurze oder lange Zeit ihre inneren Bedürfnisse – so wie wir es mit voller Blase aushalten, bis wir sie endlich entleeren können. Doch früher oder später werden die authentischen Bedürfnisse auf irgendeine Weise zum Vorschein kommen. Darum wollen wir, dass unsere vorbereitete Umgebung von vornherein für echte Reifungsprozesse geeignet ist. Daraus entsteht unser Wunsch, die Umgebung *entspannt* zu halten, denn nur unter dieser Bedingung kann sich der kindliche Organismus den Luxus leisten, seinen inneren Bedürfnissen nachzugehen.«

»Ja, diese Qualität ist uns außer der Vielzahl von Angeboten am meisten aufgefallen. Wir haben lange darüber geredet, konnten uns aber nicht einigen, wie ihr es fertig bringt, dass die Atmosphäre jeden Morgen so entspannt bleibt. Man merkt es an den Bewegungen der Kinder, an ihrem Gesichtsausdruck, dem Ton ihrer Stimmen, an der Art, wie sie miteinander umgehen und wie Erwachsene und Kinder Kontakt miteinander aufnehmen! Was uns am meisten erstaunt, ist das Fehlen von Aggressionen, selbst wenn es hier und da kleine Konflikte gibt!«

»Die Vielzahl der Elemente, die zu einer entspannten Umgebung beitragen, lassen sich in wenigen Kategorien zusammenfassen. Die Erste ist, dass es keine *aktiven Gefahren* in der Umgebung geben darf, also Gefahren, die Kinder in einem bestimmten Entwicklungsstadium und ihrem genetischen Programm entsprechend nicht beurteilen und bewältigen können: Mauern, die einstürzen, Äste, die abbrechen, Leitern mit morschen Sprossen, rostige Nägel in Holzlatten, Glasflaschen, die splittern, giftige Chemikalien, gefährliche elektrische Installationen – solche Dinge wären für uns aktive Gefahren, denn in ihrem Drang, alles auszuprobieren, können besonders Kinder ohne Erfahrung in eigenständigem Tun solche Dinge schwerlich einschätzen.

Gewisse Dinge sind aktive Gefahren für kleinere, aber bereits Anreiz zu Abenteuern für größere Kinder. Das ist einer der Gründe, warum bei uns die Kinder unter sechs Jahren noch nicht hinüber zur Primarstufe dürfen. In ihrem eigenen Bereich haben die Kleinen Klettergelegenheiten bis zu etwa zwei Metern. Der sechs Meter hohe Kletterturm in der Primarstufe wäre noch *zu hoch* für sie, und es müsste immer ein Erwachsener nahe dabeistehen, um zu verhindern, dass gerade solche, die noch zu wenig Erfahrung in eigenständiger Interaktion gesammelt haben, dort hinaufklettern.

Es fällt den meisten Leuten nicht schwer, diese erste Kategorie der entspannten Umgebung anzunehmen. Doch in der Praxis fehlt vielen Leuten die Fähigkeit zum vernetzten Denken, mit Varianten bekannter Situationen umzugehen, die unerwartet auftauchen. Wenn zum Beispiel nach einer Regennacht das Holz auf dem hohen Kletterturm schlüpfrig ist, kann das auch für erfahrene Kinder zu einer aktiven Gefahr werden. So wird dieser Aspekt uns Erwachsenen immer wieder zum Anlass, uns darüber zu verständigen, wie wir die verschiedenen Situationen beurteilen.

Auch die nächste Kategorie ist noch ziemlich leicht zu identifizieren: Wir behaupten, dass die entspannte Umgebung keine Forderungen enthalten sollte, denn Kinder müssten entweder sich ihnen unterwerfen oder gegen sie rebellieren, also Verteidigungsstrategien anwenden, die dem Überleben, aber nicht der Entfaltung dienen.

Darum sind Kinder bei uns grundsätzlich frei, das zu tun – das heißt auch ›nichts zu tun‹ –, was ihrem jeweiligen Zustand entspricht. Und in der entspannten Umgebung sollte alles so organisiert sein, dass die Dinge den Kindern leicht zugänglich sind und sie nicht erst um sie betteln oder feilschen müssen, damit die Erwachsenen sie ihnen reichen.

Der nächste Punkt ist schon etwas schwieriger. Wir Erwachsenen meinen immer, ein Anrecht auf Erwartungen, sogar auf höchste Erwartungen an unsere Kinder zu haben. Natürlich hoffen wir, dass sie glücklich, geschickt, gescheit, sozial integriert und erfolgreich in allem sind. Jedoch sollten – und das ist unsere Folgerung für eine entspannte Umgebung – diese gerechtfertigten Erwartungen nicht unsere Beziehung zum Kind bestimmen! Wenn ein Kind also traurig oder wütend ist, versuchen wir es so anzunehmen, wie es ist. Wenn es sich ungeschickt oder dumm anstellt, bemühen wir uns, es nicht zu kritisieren oder zu belehren. Wenn es Probleme mit seiner besten Freundin hat, hören wir ihm lediglich zu und vermeiden es, mit Ratschlägen aufzuwarten, wie es seine traurige Situation lösen könnte. Wenn ihm die Sachen, die es sich vornimmt, nicht gelingen, bieten wir mit unserer Gegenwart Zuflucht an, geben aber keine Anweisungen.

Aus den beiden letztgenannten Bedingungen für eine entspannte Umgebung wird ersichtlich, dass wir Erwachsenen leicht zur ›aktivsten Gefahr‹ für die entspannte Umgebung der Kinder werden können. Doch das nicht nur durch unser Eingreifen, Vorgreifen oder unseren Drang, Kinder ›zu ihrem Besten‹ führen zu wollen. Bei Leuten, die gerne eigenständige Kinder haben möchten, kann auch das Gegenteil einreißen, dass sie nämlich die Kinder sich selbst überlassen und ihre eigenen Wege gehen lassen. Aufgrund vieler Erlebnisse und Gespräche sind wir zu dem Schluss gekommen, dass Kinder die liebevolle und respektvolle *Gegenwart* der Erwachsenen brauchen, damit die Grundbedingungen der Entspannung für sie erfüllt sind. Erst die Gegenwart interessierter Erwachsener gibt den Kindern die Garantie, dass ihre Überlebensbedürfnisse befriedigt werden und sie sich in Sicherheit ihren Entwicklungsbedürfnissen widmen können.«

»Über all diese Dinge müssen wir natürlich nachdenken und sie mit unseren eigenen Erlebnissen irgendwie auf die Reihe bringen. Gibt es noch andere Elemente, die notwendig sind, damit – wie ihr sagt – die Umgebung ›entspannt‹ bleibt?«

»Das Nächste, was allerdings nach unserer Erfahrung den Erwachsenen nicht geringe Schwierigkeiten bereitet, ist die *Notwendigkeit von Grenzen*. Ich sehe schon, ihr runzelt die Stirne! Wahrscheinlich fragt ihr euch, wie Grenzen die Umgebung entspannt halten können, wenn wir selbst sie doch als das genaue Gegenteil erlebt haben: als Erziehungsmittel, die uns dahin bringen sollten, zu tun oder zu lassen, was wir eigentlich nicht wollten?«

»Das mag wohl stimmen. Allerdings haben wir auch gesehen, wie bei euch Kinder und Erwachsene mit Grenzen auf andere Weise umgehen. Zum Beispiel die Grenze zwischen dem Kindergarten und der Primarstufe: Anscheinend akzeptieren die Kleinen sie ohne Protest, als ob sie ›einfach dazu gehörte‹. Oder dass Kinder andere nicht schlagen dürfen und das, was sie gebraucht haben wieder aufräumen. Wie kriegt ihr das übrigens fertig?«

»Falls euch dieses Thema interessiert, können wir euch zeigen, was wir darüber veröffentlicht haben, gerade weil Grenzen ein so heikles und schwieriges Thema für viele Erwachsene sind. In Bezug auf die vorbereitete Umgebung möchte ich nur kurz andeuten, dass Grenzen ganz schlicht zum Leben selbst gehören. Alles Leben, selbst der gesamte Kosmos funktioniert mit Grenzen. Darum nehmen wir sie als ›natürlich‹ an und müssen nicht lange Entschuldigungen für sie erfinden.

Das Wichtigste aber ist, niemals Grenzen und Regeln zu missbrauchen und mit ihrer Hilfe Kinder *erziehen* zu wollen, sondern sie einzig und allein einzusetzen, um die Umgebung entspannt zu halten. Wenn wir Grenzen setzen, versuchen wir, damit niemals Vorwürfe oder Belehrungen einhergehen zu lassen. Auch gestehen wir den Kindern das Recht zu, sich durch eine Grenze verletzt oder traurig zu fühlen. Wir lenken sie auch nicht ab, wenn sie an eine Grenze gestoßen sind, und nehmen ihnen auch nicht die Aufgabe ab, sich selbst für eine andere Interaktion entscheiden zu müssen. Das Setzen von Grenzen sollte nie mit Liebesentzug verbunden sein oder als Gelegenheit zur Direktivität, zu Empfehlungen und Hinweisen, genutzt werden.«

»Das alles ist mir noch sehr fremd. Vielleicht könnt ihr das mit einigen Beispielen illustrieren?«

»Gut, ich will euch für jeden dieser Aspekte ein Beispiel geben.

Das Erste ist leicht zu entdecken, wenn ihr genauer darauf seht, wie die Umgebung strukturiert ist. Da gibt es großräumige Bereiche, in denen Kinder und Jugendliche laut sein und sich stürmisch bewegen können, ohne dass es andere stört. In anderen Bereichen sind zwar bewegte, aber weniger störende Tätigkeiten möglich. Wieder andere gehören zu den ruhigen Zonen, in denen konzentrierte, stille Arbeit möglich und die Gelegenheit, sich zurückzuziehen und auszuruhen, besteht. Da die Türen immer offen sind und in allen Bereichen sich Erwachsene aufhalten, die Zuwendung geben können und garantieren, dass die Qualität jedes Bereiches erhalten bleibt, werden Spannungen abgebaut. Denn jeder weiß, dass er sich an demjenigen Ort aufhalten kann, der seinem momentanen Bedürfnis entspricht.

Auch die Umgebungen für ›schmutzige‹ und ›saubere‹ Beschäftigungen sind voneinander getrennt. Es gilt die Regel, dass jeder so gut wie möglich aufräumt und säubert, falls seine Beschäftigung deutlich Spuren hinterlassen hat. So können die Kinder zu jeder Zeit essen, was sie von zu Hause mitgebracht haben – aber in dafür bestimmten Bereichen, in denen es dann auch Besen, Schaufeln und Wischlappen gibt. Jeder Winkel ist so ausgerüstet, dass Tätigkeiten und das Herstellen von Ordnung Hand in Hand gehen können und die Kinder, ohne lange suchen zu müssen, alles Nötige finden. Aus dem gleichen Grund – nicht um Kinder zur Ordnung zu erziehen – hat jeder Gegenstand seinen Platz, und auch nur darum gibt es die Regel, dass das, was gebraucht wurde, wieder an seinen Ort zurückgebracht werden soll.

In diesem Sinne sind auch die Grenzen zwischen dem Kindergarten und der Primarstufe und den für die Jugendlichen reservierten Teilbereichen zu verstehen. Für die größeren Kinder und Jugendlichen gibt es im Mathematikbereich Tausende bunter Kugeln. Wenn dort die Kleinen, von denen manche noch kaum verstehen, was eine Hausregel ist, mit ihren sensomotorischen Bedürfnissen frei agieren dürften, müssten ihnen dauernd Grenzen gesetzt werden. Das würde die entspannte Umgebung für alle beeinträchtigen. Umgekehrt gibt es auch Hausregeln für Besucher, die über Respekt oft andere Vorstellungen als wir haben. Auch sie dürfen in der Umgebung der Kinder nicht alles tun, was ihnen einfällt – aber das habt ihr ja am eigenen Leib erlebt …

Die anderen Aspekte beziehen sich vor allem auf die Haltung der Erwachsenen, wenn sie eine Grenze setzen. Ihre Aufgabe ist es, so gegenwärtig zu sein, dass sie nicht erst dann, wenn es irgendwo brennt oder kracht, aufmerksam werden. Zum Beispiel versuchen wir schon am Morgen zu erspüren, in welchem Zustand die Kinder bei uns ankommen. Mit der Zeit entwickeln wir ein Gespür, in welcher Verfassung Kinder dazu neigen, in der entspannten Umgebung ihren inneren Druck herauszulassen. Wenn dann ein offenbar gespanntes Kind mit anderen spielt, versucht der zuständige Erwachsene ein wenig näher zu rücken. So kann er womöglich Signale geben oder notfalls dazwischentreten, falls solch ein Kind seine Missstimmung an anderen auszulassen droht.

Wenn für die Erwachsenen – und zunehmend auch für die Kinder – kein Zweifel mehr besteht, dass Grenzen zum Leben gehören, dann wird es auch möglich, beim Grenzensetzen fest, aber gelassen zu sein. Das schafft eine wichtige Voraussetzung dafür, dass wir Grenzen mit klaren Zeichen und wenigen Worten, die sich genau auf die Situation beziehen, setzen und nicht in Vorwürfe und Belehrungen umkippen. Und diese gelassene Haltung gibt dem Erwachsenen auch die Stärke, womöglich negative Gefühlsausbrüche der Kinder aufzufangen, ohne in Versuchung zu kommen, sich wortreich zu verteidigen, sie abzulenken oder auf andere Aktivitäten hinzuweisen.«

»Also gehört zur entspannten Umgebung, dass alles da sein muss, was die Kinder brauchen und dass die Erwachsenen sich ihrer Sache einigermaßen sicher sind?«

»Wir gehen sogar so weit zu behaupten, dass alles, was Kinder unter Umständen brauchen *könnten,* vorhanden sein sollte. Es könnte ja sein, dass Kinder in unserer Umgebung erst allmählich sicher in der Wahrnehmung ihrer authentischen Bedürfnisse werden. Wenn sie am Nachmittag mit anderen Kindern zusammenkommen, die in eine normale Schule gehen, fragen sie uns vielleicht am nächsten Tag, ob wir auch Grammatik haben. So reichern wir die Umgebung mit vielen Dingen an, nach denen die Kinder verlangen könnten, auch wenn sie in Wirklichkeit noch gar nicht reif dafür sind. Darum gibt es bei uns so viele Materialien und so viele Regale, aus denen Kleine und Große sich heraussuchen, was sie interessiert. Es dauert meist nicht lange, bis jeder ein Gespür dafür bekommt, was für seine Entwicklungsstufe wirklich geeignet ist.«

»Aber wir haben nirgends einen Fernseher gesehen. Fragen die Kinder nicht danach? Wäre es nicht gut, wenn sie lernten, auch mit diesem Medium ordentlich umzugehen?«

»Unserer Ansicht nach gehört das Fernsehen zu den aktiven Gefahren für Kinder. Das zu erwähnen habe ich vorhin, als wir über diese Kategorie sprachen, vergessen. Jetzt ist nicht genug Zeit, tiefer auf dieses heikle Thema einzugehen. Wenn ihr möchtet, könnt ihr euch eine Serie von Artikeln durchlesen, die wir zur Information der Eltern verfasst haben. Es gibt auch ein paar Bücher zu diesem Thema, die euch vielleicht interessieren könnten.«

»Gibt es, bevor wir für heute abschließen, noch Dringendes zu erwähnen, das wichtig für die Qualität der vorbereiteten Umgebung ist?«

»Etwas Grundsätzliches, was eigentlich plausibel ist, sich aber leider nicht immer leicht in die Praxis umsetzen lässt: Wie uns die Erfahrung lehrt, brauchen Kindergartenkinder wenige, aber zuverlässige Regeln und Erwachsene, die diese Regeln mit Gelassenheit, aber Festigkeit vertreten. Dem entspricht, dass Kinder in diesem Alter, um sich entspannt fühlen zu können, eine Mindestzahl von Ereignissen brauchen, die in zuverlässigem Rhythmus Tag für Tag wiederkehren. So bieten wir jeden Vormittag nach den ersten eineinhalb Stunden, in denen ihnen ›nur‹ die vorbereitete Umgebung zur Verfügung steht, eine Folge von Aktivitäten an: etwas zu essen und zu trinken, dann Basteln, abwechselnd Musik oder Bewegung mit Musik, und am Ende wird immer eine Geschichte erzählt. Obwohl all diese Offerten nicht verpflichtend sind, geben sie den Kleinen doch feste Anhaltspunkte für den täglichen Zeitablauf.

Kinder in der nächsten Entwicklungsphase haben aufgrund dieser Qualität der Umgebung bereits die Fähigkeit entwickelt, Regeln und Regelmäßigkeiten zu erfassen. Nun muss ihnen die Gelegenheit gegeben werden, selbst ›Regeln zu machen‹. Möglichkeiten hierfür gibt es im Pesta überall. Eine Einrichtung, in der das Woche für Woche zum Wohl des Zusammenlebens geübt werden kann, ist die Versammlung der Kinder vom siebten Lebensjahr aufwärts. In diesen Versammlungen merken wir, wie sie anfangen, mit dem Aufstellen von Regeln zu spielen. Die Jugendlichen hingegen gewinnen zunehmend Respekt vor vereinbarten Regeln und erwarten voneinander, dass jeder diese Regeln zu seinem persönlichen Anliegen macht. Vor allem ältere Kinder und Jugendliche schaffen auch ihre eigene Zeitstruktur für Gruppenaktivitäten zusammen mit den Spielregeln, die in diesen Tätigkeiten gültig sind.

Während Primarschulkindern regelmäßig wiederkehrende Erlebnisse angeboten werden – zum Beispiel Schwimmen, Ausflüge, praktische Arbeiten außerhalb der Schule –, organisieren die Jugendlichen gerne Exkursionen, Reisen oder sonstige praktische Aktivitäten außerhalb der Schule über längere Zeiträume, die bis zu Wochen und Monaten dauern, aber nicht den Charakter fester Einrichtungen haben.«

»Da haben wir wieder genug zum Bedenken und Bereden. Was mich am meisten verblüfft, ist dieses Wechselspiel von Festigkeit und Flexibilität. Ehrlich gesagt, mir ist noch nicht ganz klar, welches die Grundelemente sind, die das auf jeder Stufe ermöglichen.«

»Dazu fällt mir wieder das Buch ›Complexity‹ ein, das ich vorhin erwähnte. Dort wird an einer Stelle die Frage erörtert, welche Elemente eigentlich notwendig sind, damit ein Schwarm Insekten, ein Zug Vögel oder sonstige Lebewesen sich ohne Anweisungen von außen und doch harmonisch miteinander in einer Richtung bewegen können. Die verblüffende Antwort, auf die jemand durch Computersimulation kam, ist die, dass es nur drei Faktoren sind: Jedes Individuum bewegt sich so nah wie möglich beim gemeinsamen Zentrum, bewahrt ein Minimum an Abstand, ohne jedoch mit anderen zusammenzustoßen, und hält mit den anderen die gleiche Richtung ein.«

»Wenn ich euch zuhöre, kommt mir alles einfach und natürlich vor. Aber ich weiß jetzt schon, dass sich das ändert, sobald wir es mit unseren Kollegen in der Schule, mit den Eltern oder gar mit den Behörden zu tun haben. Ich kann mir jetzt schon ihre Zweifel vorstellen: Ihr wollt doch nicht, dass eure Kinder auf ei-

ner Insel heranwachsen! Das wirkliche Leben ist doch keine entspannte Umgebung. Da gelten doch andere Prinzipien, dass die
Kinder für den Konkurrenzkampf vorbereitet werden müssen,
dass sie handfestes Wissen und Handfertigkeiten mitbringen
und sich notfalls mit Gewalt gegen Gewalt verteidigen können.«

So endet dieses Gespräch mit wichtigen Fragen: Glauben wir,
dass unsere Kinder sich auf diese Art von Welt besser vorbereiten, wenn wir sie heute schon dafür ertüchtigen? Und wollen
wir überhaupt, dass die Welt sich immer weiter in der gleichen
Besorgnis erregenden Richtung entwickelt, nur weil zu wenige
Menschen andere Möglichkeiten wagen?

6. Kapitel

Das Abenteuer, Kind zu sein

Die Frage, ob Kinder ohne Druck genug und genau das lernen, was sie »im wirklichen Leben« einmal brauchen werden, wird oft zum zentralen Thema der Diskussion, wo immer wir von unseren Erfahrungen mit alternativer Erziehung berichten.

Und Kernproblem ist diese Frage nicht nur dort. So bildeten sich über die Jahre nicht wenige »Ableger« unserer Arbeit, die anfangs »alles so wie im Pesta« machen wollten. Doch vorsichtshalber versprachen sie den Eltern und Behörden, auf die offiziellen Lernziele Rücksicht nehmen zu wollen. Es dauerte nicht lange, da regulierten sie die Aktivitäten der Kinder mit Schulglocke, Hausaufgaben und verschiedenen Kontrollsystemen, obwohl sie anfangs versucht hatten, freiheitlichen Prinzipien den Vorrang zu geben oder sie wenigstens zur Hälfte beizubehalten. Doch dieses Verhältnis veränderte sich immer mehr zugunsten traditioneller Methoden. Zunehmend wuchs dabei auch der Bedarf an therapeutischen Maßnahmen, um Kinder, die nicht so wollten oder nicht so konnten, wie es der Lehrplan verlangte, doch noch den vorgeschriebenen Lernzielen anzunähern.

Auch im Pesta hatten wir es immer wieder mit Eltern zu tun, die zwar mit großer Erleichterung von den gesundheitlichen, emotionalen und sozialen Fortschritten ihrer Kinder berichteten und mit Stolz erzählten, wie bisweilen ihre Sprösslinge in schwierigen Situationen sogar mehr Sicherheit, Mut oder Geistesgegenwart an den Tag legten als sie selbst. Doch nicht selten hörten wir von denselben Leuten das altbekannte »Ja-Aber«, das so typisch ist für Erwachsene, die zwar eine andere Lebensqualität erstreben, auf dem Weg dahin aber immer wieder zaudern und von außen Rückversicherungen und Bürgschaften erwarten: »Aber was ist, wenn mein Kind nicht alles weiß und kann, was von ihm später einmal erwartet wird?«

Tatsächlich hätten auch wir unsere klare Linie nur schwer beibehalten können, wenn wir uns nicht ernstlich mit dem Thema »Lernen« auseinander gesetzt hätten.

In unseren Gesprächen bei Teamsitzungen, an Elternabenden, in Seminaren und beim Nachdenken über persönliche Erlebnisse werden wir regelmäßig mit der grundsätzlichen Frage konfrontiert: »Was wollen wir eigentlich erreichen?«

Unsere Entscheidung, Lebensprozesse respektieren zu wollen, lässt keinen Zweifel daran, dass es echte *Reifungsprozesse* sind, die uns am Herzen liegen. Aus dieser Entscheidung ergibt sich in jeder neuen Situation die Aufgabe, über die Verbindung zwischen *Reifungsprozessen* und *Lernprozessen* Rechenschaft abzulegen.

Wissen und Verstehen

Wenn es um das Verhältnis von Lernen und Reifen geht, sind zwei Begriffe von entscheidender Bedeutung: »Wissen« und »Verstehen«. Sie werden häufig so verwendet, als bedeuteten sie das Gleiche. Ist das der Fall? Einige Fragen lassen deutlich werden, dass sie grundsätzlich Verschiedenes meinen.

Zuverlässiges Wissen: Das lässt sich vorstellen. Aber gibt es *zuverlässiges* Verständnis? Kann Wissen das Verständnis ersetzen? Beinhaltet Verständnis auch Wissen? Angenommen wir *verstünden* tatsächlich uns selbst und unsere Welt: Gingen wir dann wirklich so mit ihr um, wie wir es zu tun gewohnt sind? Und:

Ließe uns das *Verstehen* lebendiger Zusammenhänge nicht vor Handlungen zurückschrecken, zu denen uns *bloßes Wissen* angeleitet hat?

Unsere Entscheidung, äußerlich vorgegebenen Lernzielen und Schulprogrammen und damit allen Vorgaben, was man *wissen* sollte, nicht folgen zu wollen, ist eine Entscheidung *gegen* die Aneignung bloßen Wissens und *für* das Verstehen. Wir sind uns dessen bewusst, dass wir damit ein Wagnis eingehen. Ohne klare Beweise für die Gültigkeit unserer Überzeugungen schlagen wir eine Richtung ein, die eher von unserem Gefühl als von einem sicheren Urteil bestimmt ist. Doch der »Sprung ins kalte Wasser«, nämlich die Aktivitäten der Kinder nicht zu regulieren, auf Belehrung und Wissensvermittlung um seiner selbst willen und auf anerkannte Reifezeugnisse mit Benotungen zu verzichten, ermöglichte es erst, neuartige Erfahrungen zu machen, auf deren Grundlage wir dann immer von neuem die Umgebung mit wirklichen Reifungsprozessen in Einklang zu bringen vermochten. So können sich die Kinder von innen her bilden, »selbst machen« und sich dadurch zu dem entwickeln, was ihrer wahren menschlichen Natur entspricht.

Aber was meinen wir eigentlich, wenn wir von »menschlicher Natur« sprechen?

Uns jedenfalls erscheint die Hypothese plausibel, dass der Mensch die genetischen Programme aller Lebewesen enthält. Und es ist dieses menschliche genetische Programm, das Kinder von innen her in ihrer Entwicklung leitet – wenn *wir* dies nicht verhindern.

Unser Glaube an solche Lebensprozesse gab uns den Mut, Bedingungen dafür zu schaffen, dass Kinder tatsächlich ins Abenteuer einsteigen können, sich dem Kindsein und Erwachsenwerden nach eigener Fasson zu widmen, statt sich von außen zu dem formen und bilden zu lassen, was Erwachsene für ihr Wohl oder für die Interessen der Gesellschaft festlegen. Das heißt aller-

dings nicht, dass wir die Kinder auf dieser Reise sich selbst überlassen, sondern wir teilen mit ihnen dieses Abenteuer.

Und trotz des Glaubens an den von innen geleiteten Lebensprozess:

Gemischte Gefühle bleiben auch den Eltern nicht erspart, die
sich nichts sehnlicher wünschen, als ein eigenes Kind zu bekommen, und ihm die allerbesten Chancen bieten wollen. Trotz Ul-
traschall und medizinischem Fortschritt aller Art weiß doch
schließlich keiner, »was er da bekommt«, wie die Krise der Geburt eines Kindes bewältigt und wie dieses Ereignis das eigene
Leben verändern wird. Auch bei einem Wunschkind geht es
nicht ab ohne die Entscheidung, es mit seinen Besonderheiten
zu akzeptieren und zu lieben, nicht nur, wenn es ruhig und entspannt ist, sondern auch, wenn es aufgebracht, nervös oder wütend auf seine Umwelt reagiert. Und dies immer wieder von
neuem, auch in unerwarteten Situationen, in ungünstigen Au-
genblicken und wenn das Kind sich von einer Entwicklungsphase zur anderen verändert.

Diese oft unerwartete Weise, in der unsere Kinder sich uns
darstellen, steht in direktem Bezug zu der Art, wie Kinder sich
in dieser Welt zurechtfinden müssen. Die einen mit Vorsicht,
andere draufgängerisch, folgen sie einem für uns oft unverständlichen Drang gerade das zu tun, was sie noch nicht können. Erst
durch den Gebrauch bilden sie die Instrumente für diese Welt
aus, die ihnen noch nicht zur Verfügung stehen. Ohne das Wofür und Warum zu verstehen, müssen sie sich dabei auf das einlassen, was sie umgibt. Wie können sich Kinder aber solch einer
unerhörten Aufgabe stellen, wenn sie sich nicht als angenommen und geliebt erleben und sich in diesem Chaos, aus dem sie
erst ihre eigene Wahrnehmung, Handhabung und Ordnung
schaffen müssen, allein gelassen, missverstanden oder sogar zurückgewiesen vorkommen?

Vom Fötus zum Kleinkind

Von Anfang an ist jedes menschliche Leben Unsicherheiten und unbekannten Faktoren ausgesetzt. Es gibt viele Hinweise darauf, dass durch eine liebevolle Annahme seitens der Mutter schon das Ungeborene so geschützt wird, dass selbst schwer wiegende Ereignisse ihm keinen Schaden zufügen können. Abgesehen von den Haltungen, Gefühlen und Gedanken der Mutter ist die schützende Umgebung in ihrem Leib so fein vorbereitet, dass das innere Programm des Fötus sich Schritt für Schritt nach uralten Gesetzmäßigkeiten mit großen Chancen auf Erfolg vollziehen kann.

Selbst das risikobehaftete Ereignis der Geburt ist von der Natur durch eine Vielzahl konstanter Ablaufregelmäßigkeiten und Sicherheitsmaßnahmen abgefedert. Doch der Krisencharakter dieses Geschehens dient heute zunehmend als Anlass, auch die Geburt dem herrschenden Kontroll- und Manipulationsdrang zu unterwerfen. Ein modernes Baby kann schon von Glück reden, wenn es durch eine natürliche und sein inneres Programm respektierende Geburt auf die Welt gekommen ist. All die anderen, die diesen Vorteil nicht genossen haben, müssen schon vom ersten Tag an Notprogramme einsetzen, um ihren Weg dennoch zu finden.

Allgemein können wir sagen, dass je jünger das Kind ist, desto bestimmender für sein Überleben diejenigen Programme werden, die sich in der langen Zeit der Evolution unserer Art als erfolgreich erwiesen haben und in der Gestalt »fester Regelkreise« in seinem Stammhirn niedergelegt sind. So ist zum Beispiel das Saugen des Neugeborenen auf die Brust der Mutter abgestimmt, auch wenn das Kind sich dieser Form nun anpassen und sich beim instinktiven Saugen nicht wenig anstrengen muss, nachdem ihm im Mutterleib die notwendige Nahrung ohne solch anspruchsvolle Arbeit zufloss. Sein eigener Organismus verwandelt die Milch der Mutter dann so, dass sie vollkommen seinen inneren Bedürfnissen entspricht. Und was sich beim Saugen als zu viel erweist, wird großzügig ausgeschieden. Geschähe dies nicht, würde das Kind krank und nicht lebensfähig sein!

Aus dieser lebenswichtigen, sozusagen automatischen Ankoppelung an äußere Bedingungen entsteht bereits nach kurzer Zeit ein zusätzlicher Prozess, der nicht dem *Überleben,* sondern einem innewohnenden Drang nach *Entfaltung* dient. Mit dem gleichen Instrument, das ihm hilft, »den Bauch zu füllen«, macht das Kind seine ersten »Eskapaden« in verschiedenste sensomotorische Experimente. Es probiert neue Arten des Saugens, es untersucht alles, was seine Lippen berührt, hinsichtlich seiner Qualitäten, ob es weich oder hart, zart oder rau, kühl oder warm ist. Das Kind spürt Hunger nicht nur nach physischer Nahrung, sondern auch nach geeigneten Erfahrungen!

Selbst ein Liegebaby ist nicht nur innerlich in Bewegung, wenn es atmet, verdaut, wenn sein neurologisches System tätig ist. Auch äußerlich bewegt es sich, indem es unaufhörlich seine Lage zu verändern sucht. Es erarbeitet sich sein Gleichgewicht, wenn eine genügend feste Unterlage ihm dies erlaubt, es übt seine Gliedmaßen, verändert den Tonus seiner Muskeln, erforscht auf seine Weise seine Umgebung. In Ecuador gibt es ein Militärcamp gleich neben einem Kinderhort. Dort werden die Soldaten aufgefordert, alle Bewegungen der Babys nachzuahmen. Die Soldaten sind nach kurzer Zeit erschöpft – während die Babys munter weitermachen, bis sie irgendwann einschlafen.

In diesem »Perpetuum mobile« der Kindheit, das wir Erwachsenen eher dulden als schätzen, geschehen die unwahrscheinlichsten Verwandlungen direkt vor unseren – meist unwissenden – Augen. Da fahren zum Beispiel die Arme des Babys vor seinen Augen hin und her, aber irgendwann kommt der Moment, in dem es für den Bruchteil einer Sekunde innehält und die Tatsache gewahr wird, dass diese Arme *ihm* gehören! Auch wenn wir nichts davon merken, ist dies der erste Schritt zur Selbstwahrnehmung, Introspektion und Unterscheidung zwischen Innen und Außen! Und dann wiederholt das Baby immer wieder diesen *insight*, genau so, wie wir Erwachsenen immer wieder versuchen, uns einen wichtigen Gedanken, vielleicht eine Art Erleuchtung, in Erinnerung zu rufen und zu erforschen, welchen *Sinn* er zum Verständnis unseres Lebens beiträgt.

Irgendwann, früher oder später, merkt das Baby, dass es mit diesen Armen Gegenstände an seinen Mund führen kann und dieser dann *entscheidet*, ob der Gegenstand essbar oder nicht essbar, angenehm oder nicht angenehm ist. Daraus entsteht eine neue Stufe der Wahrnehmung von *Wohlgefühl* und *Schmerz*, den Gefühlsgrundlagen des Lebens!

Nach und nach, wenn abgesichert ist, dass man auch dann noch geliebt wird, wenn man sich nicht immer lieb und nett, sondern auch manchmal unmöglich benimmt, den Erwachsenen einmal begriffsstutzig, ein anderes Mal hochintelligent erscheint, erwächst dem Baby der Mut, Sachen auszuprobieren, die »anständige Menschen« eigentlich nicht tun. Sagen wir, dass ein Kind gerade gelernt hat, sich selbst zu füttern, also einen Riesenschritt in Richtung Selbstständigkeit getan hat. Sobald es nur einigermaßen den ersten Hunger gestillt hat, leert es vielleicht einen Löffel voll Brei auf den Boden, nicht ohne einen viel sagenden Blick auf die Mutter zu werfen, ob sie dieses unerhörte Experiment auch wirklich bemerkt hat! Wenn ich an all die Szenen denke, die sich in den Beziehungen zwischen Kindern und Eltern abspielen, kommt es mir vor, als bestehe die größte Leistung kleiner Kinder darin, trotz aller schiefen Interpretationen ihres Verhaltens und der entsprechenden Reaktionen der Erwachsenen doch noch die Liebe aus der empfangenen Zuwendung zu filtern, die sie zu ihrem Überleben benötigen.

Jede neue Nuance in der Interaktion des kleinen Kindes mit seiner Umwelt beinhaltet unerwartete Entdeckungen über die Fähigkeiten des eigenen Körpers und gleichzeitig die Beschaffenheit der äußeren Wirklichkeit. Als Anna Tardos vom Emmi-Pik-ler-Institut in Budapest einer Gruppe von Erwachsenen einen Film zeigte, in dem ein Baby sich zum ersten Mal in seinem Leben von der Rücken- in die Bauchlage drehte, waren alle betroffen und berührt. Es bestand kein Zweifel: Das Kind folgte einem inneren Drang, als es mit starken Arm- und Beinbewegungen darauf zusteuerte, seine sichere Lage aufzugeben und sich in etwas Neues zu stürzen. Es war kein Spielzeug in der Nähe, das es vielleicht angezogen, und kein Mensch, der es gelockt hätte. Doch dann geschah das Unerhörte: Das Baby drehte sich völlig überraschend in die entgegengesetzte Richtung, in die seine Anstrengungen gegangen waren. Und dann machte es sich an die Arbeit, diesen Effekt zu wiederholen, aber jedes Mal erlebte es neue Varianten, die ihm neue Perspektiven und ungewohnte Berührungen mit seiner Umgebung bescherten.

Wenn wir Babys gestatten, unter dafür geeigneten Bedingungen »sich selbst zu machen«, ihre Bewegung und ihre sinnliche Auseinandersetzung mit der Welt von innen gesteuert aufzubauen, dann zeigt sich, dass sie auf jeder Stufe eben erlangte Sicherheiten und Bequemlichkeiten aufgeben und sich auf neue Abenteuer einlassen, deren Ausgang und Ziel sie nicht kennen. Doch das erleben wir nur, wenn wir Vertrauen in den Entwicklungsdrang des Kindes aufbringen, seinen persönlichen Rhythmus respektieren und genügend aufmerksam dabei sind, um die innere Intention und die daraus folgenden Versuche überhaupt wahrzunehmen und zu verfolgen. Diese interessierte Beteiligung entschädigt uns reich dafür, dass wir unseren eigenen, fast unwiderstehlichen Drang, das Baby anzuleiten, zu führen, zu motivieren, seine Aufmerksamkeit hier- und dorthin zu lenken, zügeln und stattdessen die kindlichen Bedürfnisse und Absichten wahrzunehmen versuchen.

Wie in einem 3-D-Bild erkennen wir dann Zusammenhänge von inneren und äußeren Prozessen, die über die Jahre hinweg sich immer wieder zu neuen Mustern ordnen, Wechselbeziehungen zwischen dem Wachsen eines Kindes und unseren eigenen Reifungsprozessen. Denn wie sich schon ein kleines Kind vor unseren Augen in immer neuen Variationen selbst macht, hat das geheimnisvolle Entsprechungen in unseren eigenen Metamorphosen.

Je mehr neue Bewegungsformen ein kleines Kind ausprobiert und für sich erobert, umso reicheren Zugang hat es zum Gebrauch seiner Sinne und umso komplexer werden seine eigenen, für uns oft kaum erkennbaren Zielsetzungen. Mit neuen Möglichkeiten zur Bewegung ziehen seine Entscheidungen immer mehr Faktoren in Betracht: Oben und Unten, Links und Rechts, Weit oder Nah, Abwarten oder Sichanstrengen sind nur einige der Kategorien, mit denen es sich auseinander setzt. Sein eigener Wille übt sich dabei gleichzeitig mit seinen Muskeln und seiner Koordination, seinem Gleichgewichtssinn und seiner Unterscheidungsfähigkeit. Innerliches und äußerliches Spüren vereinigen sich in der Wahrnehmung großer und immer feiner werdender Nuancen der Qualitäten der Wirklichkeit: groß und klein, dick und dünn, hoch und niedrig, schwer und leicht, laut und leise, grob und fein, rau und glatt, hart und weich, warm und kalt, hell und dunkel, beweglich und unbeweglich, angenehm und unangenehm. Das sind Extreme, zwischen denen Welten von feinen Unterschieden erfasst werden können.

Im normalen Umfeld eines kleines Kindes sind diese Qualitäten fast immer vermischt. Etwas Weiches kann zum Beispiel groß oder klein und zugleich von verschiedenster Farbe sein. Ist es nicht erstaunlich, dass schon ein Baby aus diesem relativen Chaos spezifische Eigenschaften wahrnimmt und denjenigen besondere Aufmerksamkeit widmet, die gerade seinem momentanen Zustand und Interesse entsprechen?

Aber auch für einen Erwachsenen ist es eine anspruchsvolle Aufgabe wahrzunehmen, was gerade für das Kind besonders wichtig ist. Wenn ein Betreuer in dieser aufmerksamen und neugierigen Haltung beim Kind ist, bekommt seine Gegenwart für das Kind eine andere Qualität, als wenn er mit ihm nach seiner eigenen Lust und Laune spielte.

Selbst Liebe und Respekt können also unterschiedliche Qualitäten annehmen. Wenn diese beiden nicht zusammen auftreten, kann schon einem ganz kleinen Kind das Abenteuer seines Lebens verdorben oder gestohlen werden. Es trifft ja von Situation zu Situation persönliche Entschlüsse, wie es sich auf seine Umwelt einlassen will. Wenn es auf einen unbekannten Gegenstand, eine Pflanze, ein Tier oder eine fremde Person stößt, kann es noch nicht beurteilen, wie diese Erscheinungen geartet sind. Selbst die alltäglichsten Dinge, ein Kochlöffel oder eine Bürste, sind voller Geheimnisse und – wer weiß – sogar voller Tücken für ein Wesen, das »erst frisch bei uns angekommen« ist. Wenn wir also die inneren Zustände eines Kindes und die Prozesse, die ihm erlauben, sich der Welt zu öffnen, nicht in Betracht ziehen, kann es leicht geschehen, ja, ist es schnell passiert, dass wir uns einem Kind gegenüber taktlos benehmen.

Kindliche Selbstorganisation

Es war sicher aus solcher inneren Beteiligung heraus, dass Maria Montessori Sinnesmaterialien entwickelte, die wichtige Eigenschaften der konkreten Wirklichkeit isolierten und die damals in Rom eine ganz besondere Wirkung auf kleine Kinder ausübten, was wiederum Montessori zum Staunen brachte und sie zu immer neuem Hinschauen anregte. Jene Kinder, die noch nicht mit strukturierten Spielsachen übersättigt waren, die sich auf der Straße herumtrieben und die sicher zu Hause noch mit vielen praktischen Tätigkeiten wie Waschen und Spülen, Schrubben, Fegen, Wassertragen und ähnlichen an Sinneseindrücken reichen Prozessen in Berührung kamen, waren offenbar hungrig auf solche Art Erfahrungen. Diese verhalfen ihrer alltäglichen

Auseinandersetzung mit dem relativen Chaos zu einer höheren Ordnung, zum Erkennen von Gleichheiten, Unterschieden und Kategorien und zu einem differenzierteren Wahrnehmungsvermögen. Eine ebenso überragende Entdeckung Montessoris war, dass dieser Prozess eng mit der *spontanen Aktivität* des Kindes verknüpft und von ihr reguliert ist und sich Manipulationen von außen entzieht.

Fast hundert Jahre später stellen wir im Pesta immer wieder fest, dass Kinder sich erst dann in strukturierte Sinnesmaterialien vertiefen können, wenn sie durch freies Spiel und den Umgang mit unzähligen unstrukturierten Elementen vollkommen gesättigt sind. Das geschieht bei anderen, die in einer ländlichen und nicht mit fertigen Produkten angereicherten Umgebung aufwachsen, schneller als bei Kindern, die wenig Umgang mit der Natur, dafür aber viel Erfahrung mit von Menschen ausgedachten und angefertigten Dingen gesammelt haben. Selbst solche, die wenigstens Zugang zu einem gepflegten Grundstück haben, sind im Vergleich zu den wirklichen Landbewohnern so etwas wie »Gartenzwerge«: schön anzusehen, aber ziemlich unbeweglich. Wenn sie bei uns ankommen, sind ihre ersten und wichtigsten authentischen Interessen Wasser, Erde, der Umgang mit Tieren und das Entdecken ihrer grobmotorischen Fähigkeiten. Erst wenn sie sich satt gespielt und immer wieder mit unstrukturierten Dingen ihre eigenen Ideen verwirklicht haben, erreichen sie eine neue Schwelle, an der das nachdenkliche Erspüren isolierter Qualitäten für sie zu einem echten Erlebnis wird, das sich immer aufs Neue zu wiederholen lohnt.

Früher noch, aber eng verbunden mit dem Aufbau dieser komplexen Fähigkeiten, tritt das Begreifen von sozialen Erscheinungen und Zusammenhängen in den Vordergrund. Schon ein kleines Baby entziffert die sich wandelnden Stimmungen seiner Betreuer, betrachtet hochinteressiert Gesichtsausdruck, Gestik und Körperhaltung der sich ihm nähernden Menschen, folgt ihren Bewegungen, dem Klang von Fußtritten und der Melodie ihrer Stimmen. Es koordiniert sein Sicherheitbedürfnis mit ihrem Standort und stimmt sein eigenes Verhalten auf all diese oft überaus subtilen Faktoren ein.

Was für uns womöglich bloßer Alltag ist, verwandelt sich für das kleine Kind in eine Kette nie endender Neuentdeckungen. Mit jedem Erlebnis wird nach einem geheimnisvollen inneren Plan sein eigenes Potenzial aktiviert: Erfährt es Liebe, entwickelt es seine Fähigkeit zu lieben, erfährt es Respekt, seine Fähigkeit zu respektieren, hört es Sprache, seine Fähigkeit zuzuhören und zu sprechen. Ist seine Umgebung reich an sinnlichen Eindrücken und Bewegungsmöglichkeiten, die mit seinem Entwicklungsstand stimmig sind, dann stärkt und verfeinert es seine Fähigkeit, Qualitäten wahrzunehmen und zu unterscheiden und sich in Raum und Zeit auszukennen, Hindernisse zu bewältigen und Gefahren zu beurteilen.

Körpereigene Proteine, die Myeline, sorgen dafür, dass jede Erfahrung, die dem Entwicklungsplan entspricht, Nervenbahnen durchlässig macht, wodurch immer reichere innere Verbindungen hergestellt, so zum Beispiel Gehörtes und mit Händen und Augen Erfasstes in Zusammenhang gebracht und allmählich zu eigenen Bildern verarbeitet werden können. In den ersten sieben Lebensjahren ist das wichtigste innere Anliegen, das eigene Fühlen zusammen mit den Bewegungen auszubilden, die mit zunehmender Meisterschaft vollzogen werden. Doch all dies Geschick und diese Tüchtigkeit bilden schon Inhalt und Grundlage für die nächste Stufe, in der die dringendste innere Motivation nicht nur dem Aufbau einer eigenen Logik von Beziehungen, Quantitäten und Messbarem, sondern gleichzeitig der voranschreitenden Aktivierung des persönlichen Willens gilt.

Für den »Homo educandus« unserer Epoche ist es kaum fassbar, *dass letztendlich niemand einem andern etwas beibringen kann,* schon gar nicht die wichtigen Dinge des Lebens, sondern dass jeder sich selbst und seine eigene Wirklichkeit erschaffen muss. Ein besonders eindrückliches Beispiel hierfür ist die intensive und vielschichtige Arbeit eines kleinen Kindes, die auf den ersten Blick wie Wiederholungen von gleichen Handlungen erscheinen mag, während es doch durch sein Tun die Beständigkeit und Konsistenz von Objekten in immer neuen Varianten erprobt, beweist und für sich real macht.

Dem ahnungslosen Erwachsenen mag dieses Unternehmen einmal als ein kindlicher Scherz, ein anderes Mal als eine Dummheit oder Ungezogenheit, in manchen Fällen sogar als regelrechter Angriff auf die Bedürfnisse der Eltern erscheinen. Unsere Enkelin benutzte wochenlang Tücher aller Art, mit denen sie ihr Gesicht bedeckte und dann mit großer Erwartung von sich wegzog. Ihre eigenen Hände und die verschiedensten Gegenstände dienten dem gleichen Zweck, ihre Umwelt verschwinden zu lassen und dann wieder hervorzuzaubern. Sie gab deutliche Zeichen von Vergnügen, wenn andere Leute mit dem eigenen Gesicht das Gleiche taten, wenn sie hinter einem Rücken oder einem Kissen verschwanden und wieder auftauchten, oder ihr durch gespreizte Finger zulächelten. Beim Essen versteckte sie ein Stückchen Brot unter der Tischdecke, betastete von oben die Wölbung mit Genugtuung und spähte mit Spannung durch die Öffnung, um dann triumphierend und mit Glückslauten ihre Beute wieder herauszuholen.

Jede neue Bewegungsentwicklung erschließt weitere Möglichkeiten, dieses »beständige Objekt« zu erfassen, es mit neuen Situationen in Beziehung zu setzen, zu üben und abzusichern. Da diese Arbeit in der frühen Kindheit geleistet wird, ist sie mit starken Gefühlsbewegungen, manchmal sogar mit Gefühlsausbrüchen verbunden, so zum Beispiel, wenn die Mutter nicht mehr ohne Protestgeschrei aus dem Zimmer gehen kann. Doch Eltern, die, so oft sie weggingen, ihrem Baby schon von klein auf mit klaren Zeichen und Worten Meldung gaben und damit sein Orientierungsbedürfnis respektierten, haben es auf dieser Stufe wohl leichter. Statt zu verzweifeln, können sie das Kind unterstützen und verwandeln so schwierige Momente in Anlässe, sich gegenseitig besser kennen zu lernen.

Ebenso wesentlich wie die Bildung von Gefühls- und Denkstrukturen sind aber die Vorkehrungen des Organismus, sein Inneres vor dem Eindringen ungeeigneter Erfahrungen zu schützen und nur so viel Neues hereinzulassen, wie es die eigene Integrität und Sicherheit erlauben. Schon Kleinkinder reduzieren oder vermeiden abenteuerliches Erforschen der Umwelt, wenn sie sich gesundheitlich oder emotional nicht stark fühlen, und beschränken ihre Interaktionen weitgehend auf ihr bekanntes Repertoire.

Wenn ein Erlebnis nicht dem eigenen Interesse und der momentanen Reife entspricht, kann es »umgeleitet« und so in etwas verwandelt werden, was auch jetzt schon für das Kind von Bedeutung ist. Nicht nur Kinder, sondern auch Erwachsene nehmen aus Ereignissen oder Gesprächen das heraus, was »ihnen passt«, hören etwas anderes oder hören nicht richtig hin. Schließlich interpretiert jeder die Dinge nach seinem eigenen Bedürfnis und seiner Auffassungsmöglichkeit.

Der kindliche Organismus, der noch nicht mit kulturellen Vorurteilen oder lang erprobten Gedankenschemata funktioniert, verfügt über zwei grundsätzliche Fähigkeiten, die ihm erlauben, sich relativ ungefährdet mit seiner Umwelt auseinander zu setzen, ohne dabei Schaden zu erleiden: Erlebnisse, die mit seinen echten Entwicklungsbedürfnissen stimmig sind, bewirken Wohlgefühl und werden zur Verarbeitung hereingelassen; Erlebnisse, die dem eigenen Plan und dem momentanen Zustand nicht entsprechen, werden ausgesperrt und, falls das nicht möglich ist, im Körper abgekapselt und aufgehoben. Dieser Prozess ist mit Energieaufwand und körpereigenen Stoffen verbunden und wird öfters als »Blockade« bezeichnet.

Lösendes Weinen und befreiendes Lachen sind die natürlichen Mittel, von innen her Blockaden abzubauen, Spannungen loszuwerden, körpereigene »Drogen« auszuscheiden und dadurch zur geeigneten Zeit Zugang zu ursprünglichen schmerzlichen Erlebnissen zu finden, um sie womöglich zu integrieren und daran zu reifen. Wenn diese Wege durch Verbot, Mangel an Vertrauen, bewusste oder unbewusste Ablenkungen nicht oder nur teilweise offen sind, sucht der Körper Schleichwege, um »Dampf abzulassen«. Das können unkontrollierte Zuckungen oder Ticks sein, vielleicht Nägelkauen, vieles Reden, vorzeitige Aktivierung des abstrakten Denkens, sportliche oder kulturelle Leistungen, womöglich Wutausbrüche, Aggressionen oder Hyperaktivität, regelmäßiges Onanieren, bis hin zu epileptischen Anfällen oder sonstigen pathologischen Symptomen. Doch diese »Sicherheitsventile«, die den Organismus vor dem »Platzen« bewahren, gewähren keinen direkten Zugang zum Ursprung dieses Zustands. Häufig öffnen sie stattdessen die Tür für ein Leben voller Umwege und Ersatzbefriedigungen für das eigentliche Bedürfnis: durch *langsames Reifen* nämlich zu dem Menschen zu werden, der man potenziell ist.

Die Kindheit ist also das Treibhaus der Gefühle, die fürs ganze Leben unsere Haltungen, unser Verhalten und unser Denken beeinflussen. Für uns ergab sich aus dieser Einsicht die grundsätzliche Fragestellung: Wie können wir die kindlichen Prozesse besser verstehen lernen und dadurch eine für ihre echten Entwicklungsbedürfnisse geeignete Umgebung und Begleitung ermöglichen?

Kindergarten und Primarstufe

Dieses Fragen und entsprechendes Handeln oder Abwarten hat uns immer wieder Einblicke in die Strategien des kindlichen Organismus gewährt, mit denen er aus den unscheinbarsten Ereignissen immer neue Stufen der Interaktion, der Gefühlskraft, der

Suche nach Sinn und sozialer Kompetenz erwirkt. Aus dieser Perspektive betrachtet könnten die folgenden Szenen neue Gefühle und Denkanstöße auslösen:

Ein Kindergartenkind lässt genussvoll frischen Sand durch seine Finger rinnen, streicht ihn glatt, formt ihn zu einem Hügel, füllt am nahe liegenden Wassertisch Gefäße verschiedener Größen und Formen, trägt sie schnaufend zum Sand, hinterlässt dabei eine Wasserspur und gießt das restliche Wasser auf seinen Hügel. Es muss aufpassen, dass es dabei einen anderen Sandspieler nicht nass macht: Es beobachtet fasziniert, wie sich das Wasser im Sand einen Weg sucht und versickert, spürt neue Begeisterung, um diese Handlung mit kleinen Abwandlungen immer aufs Neue zu wiederholen. Es spricht dazu, gestikuliert und erklärt einer interessierten Betreuerin, was es tut, sieht und spürt.

Dies alles ist »nur ein Spiel«, doch in der inneren Welt des Kindes schafft es Lebensfreude, aktiviert Millionen Jahre alte Programme, die dem Überleben und der Entwicklung dienen. Selbst die Anlagen zum moralischen Urteil, für das, was recht und nicht recht, was für friedliche soziale Beziehungen geeignet oder nicht geeignet ist, haben schon in unseren Vorfahren aus dem Tierreich ihren Ursprung und warten darauf, aktiviert und auf die menschliche Ebene gehoben zu werden!

Spiele wie dieses schaffen ein neuronales Netz, das das Verständnis für alles auffangen wird, was hinsichtlich der körperlichen, emotionalen und sozialen Reife von zunehmender Wichtigkeit wird. Sie vermitteln also Körpergefühl und psychisches Gleichgewicht, Feingefühl ebenso wie die Fähigkeit, konkrete Probleme zu lösen, Intuition, die Grundlagen für Abstraktionsfähigkeit und logisches und vernetztes Denken.

Spielerische Aktivitäten sind also Vorbedingungen für das Erfassen von mathematischen, physikalischen, chemischen, philosophischen und all den Inhalten, die im Allgemeinen als Curriculum bezeichnet werden und in denen der Gebrauch einer geeigneten Sprache verankert sein sollte.

Am Curriculum wird aus dem Grund meist hoffnungslos herumgedoktert, weil die biologischen, psychischen und sozialen Wurzeln für echtes Verständnis nur durch eigenständige, selbst gewollte und selbst gesteuerte Interaktion in einer geeigneten Umgebung von innen nach außen entstehen so wie alles Lebendige, das seinem eigenen Bauplan folgen muss. Ohne dieses persönliche Verständnis kann als Ersatz für Verstehen nur Wissen beigebracht, gelehrt oder unterrichtet werden. Und Wissen ohne Verständnis kann bekannterweise Unfug treiben, Menschen bis zum Platzen aufblähen und einen ganzen Planeten in Gefahr bringen.

Ein Phänomen, das sich von Generation zu Generation wiederholt, ist die Entwicklung des Rollenspiels aus dem kindlichen Nachahmungsdrang. Schon Babys sind in ihrer Beobachtung gewisser Bewegungen zu erstaunlicher Konzentration fähig. Mit großer Ernsthaftigkeit wiederholen sie das Gesehene mehrmals und variieren diese Tätigkeit dann auf verschiedene Weise. Wie die Überlebensreflexe, so ist auch die Imitation von Modellen mit dem Drang zum Experimentieren gekoppelt: Es dauert nicht lange, bis das gesättigte Kind beginnt, mit der Brust zu spielen oder an allem zu saugen, was in seine Nähe kommt. Auch die Art, wie die Mutter ihre Arbeit tut, wird von ihrem Kind nicht nur nachgeahmt, sondern in immer neue Spielvarianten einbezogen.

Der unmittelbaren Nachahmung folgt nach einiger Zeit eine wachsende Tendenz, »aus der Erinnerung« Eindrücke zu imitieren, also frische und vergangene Erlebnisse zu wiederholen. Es ist eine Art Vorstufe des echten Rollenspiels: wenn ein Kind einen Stock, ein Blatt oder irgendeinen Gegenstand hernimmt und ihn nach seinem Belieben zu einem Auto, einem Flugzeug, zu einem Tier oder Menschen macht. Diese äußerlich erkennbare Verwandlung entspricht der inneren Schaffung des Symbols, wohl einer der beachtenswertesten Leistungen des menschlichen Kindes, die für gewöhnlich auch mit der sensiblen Phase zum Sprechenlernen verbunden ist.

Dieses Rollenspiel nimmt mit der Zeit immer komplexere Formen an. Obwohl es noch immer gewisse Elemente der Nachahmung enthält, hat es doch tiefere Bedeutung auf verschiedenen Ebenen. So entdecken wir, dass Kinder vergangene Erlebnisse, insbesondere solche, die ihnen Schmerzen oder Schwierigkeiten verursacht haben oder für die sie noch nicht reif waren, aus ihrer Abkapselung zu befreien und irgendwie zu verarbeiten suchen: Die fünfjährige Maria war vor einigen Monaten in ihrem Garten beim Zitronenpflücken vom Baum auf eine harte Wegschwelle gefallen und hatte sich eine schmerzhafte Kopfverletzung zugezogen. Nach dem Unfall selbst und bei der folgenden Behandlung war sie tapfer gewesen. Als das Schlimmste vorüber war, ging sie durch eine Phase, in der jeder kleinste Anlass genügte, um sie zu gründlichem Weinen zu bringen. Einige Wochen später wurde sie dann zur unermüdlichen Ärztin, die ihrer Lieblingspuppe Verbände anlegte und ihr alle Pflege angedeihen ließ, die sie selbst als Patientin genossen hatte.

Neben der zunehmenden Fähigkeit, Ereignisfolgen zu einem sich ständig wandelnden Spiel zu verbinden und mit ihnen nicht selten ganz andere Szenen zu symbolisieren, erhält das Kind im Rollenspiel also die Möglichkeit, sich immer von neuem mit unverarbeiteten Erfahrungen auseinander zu setzen, sie allmählich zu meistern und sich so zu einem psychischen Gleichgewicht durchzuringen, gerade so, wie das Kind sich sein körperliches Gleichgewicht beim Kriechen, Krabbeln, Sitzen, Aufstehen und Gehenlernen stufenweise erworben hat.

Ist die Umgebung liebevoll und reich vorbereitet, öffnen sich weitere Gelegenheiten, die verschiedenen Erfahrungsmöglichkeiten zu verknüpfen.

In unserem Kindergarten wird wie überall auf der Welt »Familie« gespielt. Es wird mit Teig, Früchten und Gemüsen »gekocht«, der Tisch gedeckt, zusammen gespeist, abgewaschen und abgetrocknet. In einem Markt und Laden wird mit Spielgeld eingekauft; in einer Verkleidungsecke kann man sich für den Ausgang herausputzen und im Frisörladen Locken drehen. Eine Waschmöglichkeit lädt zum altmodischen Schrubben der verschmutzten Kleider ein. Wer, wie die Frauen vom Land, das Wasser aus dem Bach holen möchte, kann dazu einen Flaschenzug benutzen. Die Wäsche kommt dann auch gleich auf die Leine, wo sie in der Morgensonne schnell trocknet, und kann dann auf Wunsch gebügelt werden. Wer sich überessen oder von der schweren Hausarbeit übermüdet fühlt, kann sich in der Arztecke von einem Freund liebevoll behandeln lassen.

Puppen sind unkomplizierte Spielpartner, wenn ein Kind häusliche Szenen, die ihm noch im Magen liegen, mit Inbrunst ausspielen will. Sie lassen sich lieb oder ungeduldig zu Bett bringen, müssen essen, was für sie gekocht wurde, bekommen Schelte, wenn sie sich bei Tisch nicht ordentlich benehmen. Mit ihnen kann man Ehekrach neu inszenieren, kann sie wütend aus dem Zimmer schicken; sie lassen sich sogar, ohne zu klagen, Spritzen in den Po jagen und dann widerspruchslos mit Küssen trösten, lauter Lebenssituationen, an denen Kinder normalerweise, wenn sie die »Opfer« sind, nicht viel ändern können.

Im Rollenspiel werden Kinder vom Dulder zum Meister der Situation. Gleichzeitig sind mit ihm unablässig Bewegung und Orientierung in Raum und Zeit verbunden, der Umgang mit Gegenständen aller Art, das Herstellen von Unordnung und Ordnung, in zunehmendem Maß auch der Umgang mit anderen Kindern, die ihre eigenen Vorstellungen und ihren eigenen Willen haben. So verteilen Kinder die Rollen untereinander, was oft nicht ohne Konflikte geschieht, und nehmen in jeder Rolle den ihr entsprechenden Standpunkt und die Eigenarten anderer

Menschen an, erleben also die gleiche Situation aus verschiedenen Perspektiven.

Die Lust am Spielen bildet den Antrieb dafür, dass ein Kind gewillt ist, Konflikte zu lösen, für eine kurze Zeit seinen Blickwinkel zu ändern, den Willen eines anderen zu akzeptieren. Hier sehen wir bereits wichtige Zusammenhänge, die »Muster« über Jahre hinaus bilden können. Ein Kind, das sich der Liebe seiner wichtigsten Bezugspersonen nicht ganz sicher ist, kann dazu neigen, ständig nachzugeben, nur um einen Freund nicht zu verlieren. Ein anderes flippt vielleicht bei jeder schwierigen Situation aus oder zieht es vor, sich zu isolieren.

Schon in den einfachsten Spielen dieser Art erfinden und formulieren kleine Kinder einfache Regeln, zum Beispiel, wer zuerst Mutter und dann Baby spielen soll und wer als Nächstes drankommt. Diese Fähigkeit zum Regelnmachen erwächst wiederum daraus, dass Regelmäßigkeiten erlebt wurden, und nicht zuletzt aus der Erfahrung der eigene Grenzen und solcher, die von anderen festgelegt wurden.

Die Regeln kleiner Kinder sind anfangs noch starr. Wenn sie von Erwachsenen herrühren, neigen sie dazu, diese Regeln »gottgegeben« hinzunehmen, wenngleich sie oft genug heimlich dagegen verstoßen. Kinder, die sich geliebt fühlen, experimentieren auch im Umgang mit Erwachsenen, wie weit sie eine Regel oder Grenze ausdehnen oder zu ihrem Vorteil verändern können. Kinder hingegen, die immer gehorsam genau das tun, was von ihnen erwartet wird, geben uns Anlass zu der Befürchtung, dass sie uns nicht ganz vertrauen, wie andererseits diejenigen, die ständig Regeln brechen, uns damit zeigen, dass es ihnen an liebevoller Zuwendung und wahrscheinlich auch an der Möglichkeit, sich an klaren Grenzen orientieren zu können, mangelt.

Hin und wieder werden wir Zeugen von Rollenspielen, die sich nicht nur mit alltäglichen Erlebnissen auseinander setzen, sondern so tief gehen, dass sie auch uns sehr berühren: Eine Gruppe von vier Sechs- bis Neunjährigen war schon zwei Vormittage lang in ein angeregtes und friedliches Puppenspiel vertieft, zu dem sie von zu Hause an jedem Tag neue Requisiten mitgebracht hatten. Am zweiten Vormittag, nach drei Stunden ununterbrochener Tätigkeit, die mit viel Reden einhergegangen war, brachten die drei Größeren das kleinere Mädchen zu mir und sagten: »Kannst du bei ihr bleiben? Andrea weint, weil sie keinen Vater hat.« Und dann Andrea: »Mein Vater lebt irgendwo, aber ich kenne ihn nicht. Und auch meine Mutter weiß nicht, wo er ist.« Mit diesen Worten landete sie in meinen Armen und weinte sich lange aus.

Am nächsten Morgen kamen alle vier Kinder mit noch mehr Puppenzeug bepackt zur Schule. Nach ein paar Minuten heulten alle so entsetzlich, dass es uns durch Mark und Bein ging. Sie schluchzten und jammerten, schrien und plärrten, und dabei rannen ihnen Bäche von Tränen über die Wangen und ihre Gesichter liefen rot an. Sie trugen die Puppen von einem Ort zum andern, einmal mitten auf den Fußballplatz, setzten sie an den Rand von Regenpfützen, dann wieder in den Wald. Mit immer neuen Wehrufen und Klagen behandelten sie die Puppen auf verschiedenste Weise, trösteten, wickelten und fütterten sie und fanden kein Ende in ihrem Tun. Ich versuchte herauszufinden, wie weit ich mich diesem Geschehen nähern konnte, ohne dass die Kinder sich gestört, sich aber doch begleitet fühlten. Sobald ich zu nah war oder schüchtern versuchte, das Geschehen mit Worten zu reflektieren, bekam ich unmissverständliche Rückmeldungen. Die Kinder wiederholten mit großer Entschiedenheit: »Das sind keine Puppen! Das sind wir!« Dann fertigten sie sich kleine rote Schilder mit der Aufschrift »VISITA« an, so wie die Eltern sie tragen, wenn sie in der Schule hospitieren. Und damit bekam das Rollenspiel neue Impulse: Die Kinder waren gleichzeitig die Eltern, die sie besuchten, dann wieder die Kinder, die besucht wurden, und das Weinen wurde herzzerreißend. Was half es mir, dass ich verstand, was hier passierte, dass ihre

Eltern ja ständig damit beschäftigt sind, das Leben armer Leute zu verbessern, oft verreisen und dass es ihnen schwer fällt, schlicht und einfach bei den Kindern zu sein, wenn sie tatsächlich mal zu Hause sind. Obwohl ich diese häusliche Situation mit dem Geschehen in der Schule in Verbindung setzen konnte, drehte es mir – und allen andern – doch den Magen um.

Die verzweifelten »Weinspiele« dauerten zwei Schulwochen. Zwischendurch gesellten sich für kurze Zeit andere Kinder zu den Vieren, um auch ein bisschen mitzuspielen und mitzuweinen. Doch keines von ihnen konnte sich mit dem Geschehen so identifizieren wie sie. Allmählich unterbrachen sie das Puppenspiel für kurze Augenblicke, und ich war tief davon berührt, was sie als Erstes taten: Sie stiegen auf die in verschiedenen Höhen platzierten Balancierbalken; zuerst kriechend, dann krabbelnd und schließlich aufrecht gehend eroberten sie sich nach und nach ihr physisches und psychisches Gleichgewicht zurück. Das Puppenspiel flackerte später weniger eindringlich wieder auf, wurde aber immer mehr durch neue kreative Spiele, Schiffebauen und verschiedene praktische Arbeiten, Malen und Schreiben verdrängt. Das Leben mit seinen – nicht so spektakulären – Entwicklungsprozessen ging weiter.

Mit zunehmender Erfahrung – und nur Kinder mit sicherer emotionaler Grundlage haben den Mut zu neuen Abenteuern und Forschungen – werden die frühen starren Regeln nach und nach flexibler. Doch oft kommt es mir so vor, als werde in dieser Zeit des Übergangs in das Alter, in dem wirklich »Regeln gemacht« werden, das Bedürfnis stark, Früheres noch einmal zu erleben, noch einmal wie ein Baby zu krabbeln, an einer Flasche oder sogar an der Mutterbrust zu saugen, wie ein Kleinkind zu reden oder zu jammern. In dieser »Restukturierungsphase« kann es geschehen, dass Kinder, die uns wegen ihrer erstaunlichen Fortschritte begeistert hatten, mit häufigem, scheinbar unerklärlichem Weinen unsere Geduld auf die Probe stellen, gerade als wir darauf warteten, dass sie nun wirklich groß und vernünftig würden!

Doch der »Fortschritt« in Lebensprozessen gleicht offenbar nicht einem Fließband, das ein von Anfang bis Ende geplantes Produkt hervorbringt. Kinder zeigen uns, dass sie aus dem, was wir ihnen zur Verfügung stellen, das Beste zu machen verstehen. Sie können zurückgreifen, sich selbst heilen und rekonstruieren, wenn auf dem Weg eine Unsicherheit aufgekommen ist. Sie geben uns feine oder grobe Zeichen, wenn ihre echten Bedürfnisse nicht wahrgenommen werden, sodass es uns an Gelegenheiten nicht fehlt, unser eigenes Verhalten an ihrem Verhalten zu kontrollieren.

Manchmal dauert es Jahre, bis sie stark genug sind, um ihre wahren Bedürfnisse zu zeigen. Vielleicht aus Angst vor Liebesentzug oder weil wir Erwachsenen so unsicher, belastet oder besetzt waren, dass sie immer wieder auf uns Rücksicht nehmen mussten, haben sie sich womöglich tage-, wochen-, monate- oder jahrelang angepasst, ihren Drang nach Selbsterfüllung aufgeschoben, sich lernbegierig, ordentlich oder einfach lieb gegeben und ihre Bedürfnisse den unseren untergeordnet, um dafür Lob und Zuwendung zu ergattern.

Der Eintritt in die Primarstufe

Auch der Übergang vom Kindergarten in die Primarstufe ist Sache der Kinder. Ihre Bedürfnisse bestimmen, wann es Zeit ist, ihn zu vollziehen. So steht es Kindern zwischen sechs und sieben Jahren frei, jederzeit zwischen dem Kindergarten und dem Bereich der Primarstufe hin- und herzupendeln, wenn auch ihr persönliches Fach noch im Kindergarten beibehalten wird. Diesen allmählichen selbst gesteuerten Übergang möchte ich am Beispiel von drei Sechsjährigen illustrieren, die von der Hecke des Kindergartens aus erst einmal kritisch und ausdauernd das

Treiben auf der anderen Seite beobachteten und dann allmählich, von Tag zu Tag ein wenig mehr, im Schulbereich Fuß fassten.

Wir sahen sie wochenlang, fast versteckt unter dem Geäst eines umgefallenen Baumes, wie sie sich – ähnlich den frühen Siedlern unserer Vorgeschichte – »in dieser gefährlichen Welt« einen Stützpunkt und Lebensraum schufen. Mit ein paar morschen Latten, zerbrochenen Ziegelsteinen, einem Stück Wellblech und einer durchlöcherten Strohmatte, bauten sie sich einen primitiven Unterschlupf, der mit einer winzigen natürlichen Höhle zu vergleichen wäre. Am nächsten Tag brachten sie von zu Hause ein wenig altes Geschirr; aus Eukalyptussamen, Blättern und Blüten, die sie eifrig im Wäldchen sammelten, wurde dann das erste Mittagessen im neuen Heim zubereitet. Nach dieser gemeinsamen Mahlzeit, die mit Joghurt und Früchten aus der Schultasche aufgebessert und von fröhlichem Reden und Lachen begleitet wurde, legten sich die drei »Erstklässler« erst einmal zu einem luxuriösen Verdauungsschlaf in die Sonne.

Doch ihr Ruhebedürfnis wurde bald von neuem Tatendrang abgelöst. Sie verteilten häusliche Aufgaben. Zuerst musste das Geschirr im rasch fließenden Bächlein gewaschen werden. Doch da ein Löffel weggeschwemmt wurde, erwuchsen daraus bald unerwartete Betätigungen. Mit Stöcken wurde gefischt, über den Bach gesprungen, Brücken und eine Flusssperre gebaut und darüber beinahe die Suche nach dem Löffel vergessen. Dabei verschlammten ihre Schuhe und Kleider, und neue Pflichten wurden vorrangig: Die Wäsche musste gewaschen werden. Dazu brauchten sie Seife, die eines der Kinder mit Erlaubnis einer Betreuerin vom Waschstein der Primaria entführte. Eine Wäscheleine wurde von Baum zu Baum gespannt, die tropfenden Kleider aufgehängt, und weil sich die Kinder in der Unterwäsche frei und unbeschwert fühlten, erfanden sie ein Fangspiel, das sie bis auf die höchste Plattform des Kletterturms führte, von wo aus sie das Schulgelände, die Baumwipfel und die Schlucht aus einer ganz neuen Perspektive wahrnahmen.

An den folgenden Tagen fügten sie ihrem Heim immer neue Elemente hinzu. Puppenwäsche in allen Farben hing auf der Leine, ein kleiner Vorgarten wurde angelegt, um die wachsende Familie ernähren zu helfen, eine Schnur wurde um das Grundstück gespannt und mit Pinsel und Farben Steine markiert, um das Territorium zu umgrenzen. Es dauerte nicht lange, da war die einfache Heimstatt nicht mehr vornehm genug. Bei einer kritischen Umschau im Wäldchen bemerkten die drei Kleinen, dass eine Gruppe größerer Kinder mit Schlamm eine Art Mörtel anmachte und damit Ziegelsteine zu einem richtigen Häuschen zusammenklebte. Baumaterialien wurden auf einem Holzkarren über das holprige Gelände mit großem Hallo von schweißtriefenden Kindern herangeschafft und mit viel Gelächter und Gerede abgeladen.

Die drei schauten lange aufmerksam zu, bevor sie sich selbst an die aufwendige Arbeit machten, einen Teil ihres Geländes, das aus harter felsiger Vulkanerde besteht, mit Wasser aufzuweichen. Viele Techniken wurden erfunden, um das mühsame Wassertragen vom Bach durch raffinierte Verbindungen mit Schläuchen zu ersetzen. Tag für Tag wurde nun Schlamm gestampft und geknetet (warum sollte man nicht gleich Gefäße und Figuren aus dem herrlichen Schlamm formen?). Auf vielen Umwegen und nach einer Vielzahl neuer Entdeckungen entstand eine kleine Wand. Sie wurde Anlass zu einem Fest mit besonderem, von zu Hause mitgebrachtem Essen, Blumendekorationen und schön verzierten Einladungen an die Nachbarn. Fürs Erste waren die Kräfte erschöpft. An der Wand wurde eine Plastikfolie befestigt, die zum nächsten Baum reichte, und damit war dieser Bau- und Lebensabschnitt erst einmal beendet.

Eine ganze Serie von neuen Entdeckungen im Außenbereich der Primaria folgte dieser ersten Phase. Mit großer Vorsicht versuchten sie am Tarzanseil, das aus acht Meter Höhe von einem hohen Baumast herabhängt, ihre ersten kleinen Schwingungen. Eine Variante dieses neuen Abenteuers bot die Seilbahn. Hier schauten sie zuerst lange den größeren Kindern zu, bevor sie ihre erste Reise ins Ungewisse wagten. Nach und nach testeten sie, zuerst für kurze Augenblicke, alle anderen Geräte, bis sie stundenlang auf den Balancierbalken so lange herumprobierten, bis sie ohne Abspringen vom niedrigsten bis hin zum höchsten Punkt und von dort auf einen hohen Holzpfahl gelangten, von dem sie dann blass, aber mutig herunterrutschten.

Am Kletterturm verbrachten sie mehrere Tage, experimentierten mit verschiedenen Leitern, dem schiefen Balken, dem Kletternetz, der Strickleiter und prüften die Grenzen ihres eigenen Mutes. Doch als sie an einem Morgen eine Schar von Jungen und Mädchen in einem lauten und komplizierten Fangspiel auf dem Turm vorfanden, wagten sie nicht, sich der Gruppe zu nähern und kehrten für eine Woche wieder in den Kindergarten zurück.

Bei ihrem nächsten Streifzug ins Primaria-Gelände trauten sie sich ein wenig näher an das große weiße Haus und waren tief beeindruckt von einer Gruppe von Jugendlichen, die zusammen mit viel jüngeren Jungen und Mädchen in ein für sie schwer entzifferbares Spiel mit einem zehn Meter langen Springseil verwickelt waren. In ihrem Dreierbund fühlten sie sich sicher genug, um rund um das Gebäude verschiedene Angebote zu betrachten. Beim Sandtisch konnten sie nicht den bunten Plastiktieren widerstehen, die in einem Korb einsam ein neues Spiel erwarteten. Eine riesige schwarze Spinne, eine bunt schillernde Schlange und ein Löwe mit wilder Mähne passten zu ihrer immer noch etwas ängstlichen Stimmung und halfen ihnen, ihrer eigenen Bangigkeit in der ungewohnten Umgebung Ausdruck zu geben.

Jeder ihrer Ausflüge in die Primaria zog einen kürzeren oder längeren Rückzug in den altbekannten Kindergarten nach sich. Doch eines Tages erklärten sie einer Betreuerin, dass ihnen das Kindergartenhaus und sein Garten »viel zu klein« seien. Von diesem Moment an drangen sie wagemutig in alle Innenbereiche der Primaria ein. Überrascht entdeckten sie viel Vertrautes, das ähnlich, aber doch wieder anders und meistens größer und mit anderen Elementen angereichert war als im Kindergarten. Mit Hochgenuss vertieften sie sich in die Geheimnisse des zweistöckigen Puppenhauses, spielten Laden, Frisör, Doktor, Reisebüro. Dann merkten sie, dass im Haus gegenüber ein geräumiges Zimmer mit Bauelementen, Gesellschaftsspielen und ein Dachboden mit Puppen und kleinen Möbeln zu so vielen neuen Betätigungen einlud, dass es ihnen schien, sie könnten hier den Rest ihres Lebens verbringen.

Bis zum Ende des Schuljahrs hatten sie es geschafft, sich mit einer kleinen Auswahl der Angebote in der Primaria intensiv auseinander zu setzen. Ihr »Haus« im Wäldchen hatten sie großzügig an andere Kinder vererbt, die einen Bauplatz suchten. Auf ihren Streifzügen drinnen und draußen hatten sie ein Grundgefühl dafür bekommen, wo die Sachen zu finden waren, die sie interessierten. Sie konnten sich in den Räumlichkeiten zurechtfinden, die Erwachsenen, die auch hier von Woche zu Woche die Bereiche wechseln, beäugen, ein paar von ihnen beim Namen nennen und sich davon überzeugen, dass selbst die größten Jugendlichen, welche die Erwachsenen um einen Kopf überragen, sich zuvorkommend zu ihnen herunterbeugten und sie mit Respekt behandelten. An einem Montagmorgen hatten sie sogar einen Vorstoß in die Versammlung der Primarschüler gewagt. Doch das meiste, was da besprochen wurde, war nichts als böhmische Dörfer für sie. Schließlich erklärten sie, dass sie »nie mehr im Leben« an dieser Sitzung teilnehmen würden.

Im nächsten Oktober bekamen sie ihr Fach im Bereich der Primaria. Von nun an galt für sie die Regel, jedes Mal, wenn sie in den Kindergarten zurückwollten, am Eingang ihren Namen einzutragen und ihn beim Hinausgehen wieder auszustreichen. Zu dieser Zeit hatten sie herausbekommen, dass in der Primaria nur einmal in der Woche, am Freitag in der letzten halben Stunde, »Geschichtenerzählen« offiziell angeboten wurde. Darum erschienen sie fast jeden Vormittag zur Erzählzeit im Kindergarten. Doch monatelang waren sie die übrige Zeit voll mit dem Erkunden unbekannter Möglichkeiten in der Primaria ausgebucht.

Die drei waren immer noch gut miteinander befreundet, aber sie bildeten nun keine hermetisch abgeschlossene Gruppe mehr, in der allein sich jeder von ihnen sicher fühlte. Sie schlossen sich anderen Kindern an, ließen andere an ihren Spielen teilnehmen, und mit der Zeit sah man jedes von ihnen hin und wieder allein in irgendeine Tätigkeit vertieft oder in Begleitung anderer Kameraden.

Sie akzeptierten – zunächst ohne besonderen Enthusiasmus –, dass sie von jetzt ab am Montagmorgen an der Versammlung teilzunehmen hatten, wo alle gemeinsam die Regeln für das Zusammenleben aufstellten. Doch allmählich verstanden sie ein wenig mehr, worum es da ging, vor allem, wenn sie daraus einen Vorteil ziehen konnten. Zum Beispiel, wenn besprochen wurde, dass andere Kinder sie nicht anbetteln durften, wenn sie in der Küche eine leckere Pizza zustande gebracht hatten. Wenn die »Präsidenten« ihnen ein kleines Amt auftrugen, zum Beispiel eine Woche lang die Fische zu füttern, fühlten sie sich stolz, auch wenn sie dazu einen Betreuer als Beistand brauchten.

Sie wurden von einem Erwachsenen auch eingeladen, einmal in der Woche, zusammen mit zwölf ungefähr Gleichaltrigen, an einer Freinet-Gruppe teilzunehmen. Als sie sichergestellt hatten, dass ihre Anwesenheit hier freiwillig war, dass sie selbst mitbestimmen konnten, was in der Gruppe unternommen werden sollte, und dass die Kinder selbst die Regeln aufstellten, wurde dieses Angebot für sie zu einem angenehmen Haltepunkt im Zeitablauf, in dem sie von Minute zu Minute und von Tag zu Tag ständig jede ihrer Aktivitäten selbst entschieden. Verglichen mit ihrer Kindergartenzeit, in der tagtäglich eine gleiche Folge von Angeboten für Orientierung sorgte, gab es jetzt nur noch wenige äußere Anhaltspunkte: einmal in der Woche die Einladung zum Schwimmen im nahen Thermalbad, die Freinet-Gruppe und die Geschichte; zweimal im Monat einen Ausflug.

Doch offenbar entsprach dieser Rahmen ihren sich jetzt deutlich verändernden Bedürfnissen. Für ihre Experimente mit Balsaflugzeugen, mit Feuer, Wasser, Luft und Erde, für die Pflege eines Stückchen Bodens im Garten, zum Werken, Malen, Kochen, zum immer wieder freien Spielen und Bauen, für die vielen Bilderbücher, Sinnesmaterialien und das gemächliche Ausfindigmachen und Enträtseln einer Vielzahl von Materialien, die Schritt für Schritt zum eigenständigen Begreifen von logischen Beziehungen, Rechenkünsten und dem Erarbeiten von Kulturtechniken dienen – für all das brauchten sie Muße und die Sicherheit, ungestört dem eigenen Rhythmus folgen zu können. Eindeutig fühlten sie sich sicherer bei allen Beschäftigungen, die ihnen Kreativität und einen freien Umgang mit verschiedenen Kindern und Erwachsenen erlaubten. Bei Spielen mit festen Regeln waren sie schüchtern und zeigten wenig Ausdauer.

Für uns Erwachsene, die über Jahre hinweg die Entwicklung der Kinder begleiten, bieten sich bei dieser Aufgabe jeden Tag neue Perspektiven und Einsichten. Wir brauchen uns ja, Gott sei Dank, nicht darum zu sorgen, ob die Kinder »das Klassenziel erreichen«, ob sie das Einmaleins auswendig hersagen, mit lauter Stimme Gedichte vortragen oder so lange still sitzen können, bis die Schulglocke sie in die Pause entlässt. Stattdessen versuchen wir ein Gefühl für ihre Reifungsprozesse zu bekommen und wahrzunehmen, ob auch noch das »Schulkind« mit der gleichen Neugierde und der gleichen Bereitschaft, Hindernisse zu überwinden und Neues zu entdecken, auf seine Welt zugeht.

Je vertrauter ihm die Dinge sind und je kompetenter es seinen eigenen Körper gebrauchen kann, umso weitläufiger und reicher muss auch seine Umgebung werden, damit neue Entdeckungen gemacht und neue Türen aufgestoßen werden können. Ernsthaftigkeit und Spaß, Freud und Leid, Unzufriedenheit und genussvolle Erfüllung von echten Wachstumsbedürfnissen sind die Pole, zwischen denen sich in jeder neuen Phase echtes Leben manifestiert. Beim Übergang von einem Lebensabschnitt zum anderen sind Krisen nicht selten, doch ob sie zur Gefahr oder zu einer neuen Chance werden, hängt davon ab, ob ein Kind liebe- und respektvolle Begleiter hat.

Die operative Phase

Der Einstieg in die »operative« Phase ist solch eine Krisenzeit, in welcher der Organismus die Tendenz hat, alte Unsicherheiten aufzuarbeiten, um den Sprung in das neue Abenteuer wagen zu können. Da kann es wohl vorkommen, dass Kinder mehr als gewöhnlich weinen, wie Babys reden, sich an- und auskleiden lassen wollen. Und wenn wenigstens ein Erwachsener merkt, dass es sich nicht um Manipulationen, sondern um das Bedürfnis zum Restrukturieren handelt, bleiben Harmonie und Lebensqualität gewahrt und das Kind findet festen Boden, um sich zur nächsten Stufe aufzuschwingen.

Bei Kindern zwischen etwa dem siebten und dem zwölften Lebensjahr versuchen wir immer wieder zu erspüren, ob sie sich den Anforderungen ihrer Entwicklungsphase stellen, ob sie tatsächlich *operativ* sind, ihre Tätigkeiten also ihrer Entfaltung dienen oder sie auf Seitenwege locken, aus denen das Zurückfinden zu den eigenen echten Bedürfnissen schwierig werden könnte.

Was heißt aber »*operativ* sein« in diesem Alter? Kurz definiert bedeutet dieser Begriff, den Jean Piaget in seinen Studien verwendet hat: spontanes Handeln mit konkreten Gegenständen, freies Experimentieren, ohne dass Resultate vorherzusehen oder Ziele vorgegeben wären. Durch diese Tätigkeiten, die unter günstigen Umständen beliebigen Wandlungen unterliegen und sich immer wieder neu durch sich selbst motivieren, baut sich das

Kind mit der Zeit sein persönliches Verständnis von Ursache und Wirkung, von Beziehungen aller Art, mess- und zählbaren Wirklichkeiten und den Regelmäßigkeiten der physischen und sozialen Realitäten auf, kurz: das *innere Netz*, in dem echtes Verstehen und ein persönliches Urteil es davor bewahren, dass Kenntnisse ohne wahren Zusammenhang gespeichert, beziehungslos angewendet oder schnell wieder verloren werden.

Echte Operativität hat ihren Ursprung in Neugierde, Betätigungsdrang und nicht selten in einer Art »Ziellosigkeit«, die bei Erwachsenen häufig Unsicherheit hervorruft. Doch wenn wir damit rechnen, dass der Körper seinen Erfahrungen gerade diejenigen Elemente entnimmt, die seinem eigenen Reifen dienen (so wie wir ja bei der Nahrungsaufnahme auch nicht vorherbestimmen, welche Stoffe verdaut und welche ausgeschieden werden sollen), dann können wir hinsichtlich unseres Wohlbefindens ganz beruhigt sein: *Innere* Auslesevorgänge ersetzen hinreichend irgendwelche *äußeren* Programme.

Da ist zum Beispiel der zehnjährige José. Sein Vater war Berufssportler und ist seit ein paar Jahren für ein Sportzentrum verantwortlich. Wenn er sich seinem Sohn widmen wollte, nahm er ihn zum Training der Fußballer mit. Auch zu Hause hatte er seinen Garten in ein kleines Fußballfeld verwandelt. Viel anderes wurde zu Hause nicht angeboten. Die Familie war nicht durch eigene Suche, sondern auf Empfehlung von Verwandten zum Pesta gestoßen. In vielen Elterngesprächen versuchten wir dahinter zu kommen, warum José so große Schwierigkeiten hatte, zu einer eigenständigen, operativen Tätigkeit zu gelangen. Im Kindergarten hatte er noch einigermaßen die verschiedenen Angebote der vorbereiteten Umgebung wahrgenommen. Doch seit er in der Primaria war, verbrachte er die meiste Zeit auf dem Fußballplatz und hatte für andere Entdeckungen kaum etwas übrig. Nicht nur das: Beim Fußballspielen folgte er den strengen Regeln und Schemata professioneller Sportler und rügte andere

Kinder, die sich immer wieder eigene Regeln erfanden und es zudem noch toll fanden, dass Hunde mit ihnen hinter dem Ball herliefen. Außerdem trieb er seine Kameraden zu ständigem Wettstreit an. Wir Erwachsenen mussten auch immer wieder Grenzen setzen, wenn er das Spiel der anderen kritisierte.

In vielen Gesprächsstunden überlegten wir gemeinsam mit Josés Eltern, ob nicht ein Zusammenhang bestehen könnte zwischen seinem Charakter, der von ihnen als »schwierig« empfunden wurde, und der von uns vermuteten ungenügenden Befriedigung seiner echten Entwicklungsbedürfnisse aufgrund ungeeigneter Umstände zu Hause. In geringem Umfang, ihren Möglichkeiten entsprechend, führten sie gewisse Veränderungen in ihrer häuslichen Umgebung, der Freizeitgestaltung und in ihrer Beziehung zu den Kindern ein. Es dauerte nicht lange, bis wir auch in der Schule den Wechsel spürten. José öffnete sich langsam neuen Betätigungen, anfangs noch solchen mit festen Regeln wie Tischtennis, Basketball oder Gesellschaftsspielen. Nach einer Weile fand er Freude an Stelzen, Sand und Wasser, Murmeln und verschiedenen Geschicklichkeitsspielen. Er entdeckte das ganze Arsenal von Turn- und Spielgeräten, doch wenn er strukturierte Materialien in die Hand nahm, fiel er zurück in sein schematisches Verhalten und verlangte nach genauen Anleitungen für ihren Gebrauch.

Wir waren immer wieder Zeugen von Schlüsselerlebnissen, die wegweisend für Josés Entwicklung wurden. Einmal rannte er mit ein paar Freunden vom Fußballspielen den Hang zum Primaria-Haus herauf und setzte sich kurz, mit dem Ball auf dem Schoß, auf eine Schaukel. Es hatte die ganze Nacht geregnet. Der Ball fiel herunter, gerade in eine Pfütze, die sich unter der Schaukel gebildet hatte, und rollte den Hügel hinab. Ein Kind, das zufällig vorbeikam, kickte den Ball zurück. Josés Freund, auf der Schaukel nebenan, bekam ihn unter die Füße und schoss ihn José an die Brust. In wenigen Minuten wurde daraus ein ganz neues Spiel. Mehr Kinder gesellten sich, zuerst nur neugierig zuschauend, hinzu, beteiligten sich dann aber mit Enthusiasmus und erfanden verschiedene Regeln, die für mich als interessierten Zuschauer kaum noch nachzuvollziehen waren. Es wurde hochgeschaukelt, versucht, den Schaukelnden abzuschießen, der sich durch geschicktes Abspringen irgendwie retten konnte. Die zweite Schaukel übernahm Ablenkungsmanöver. Erst als alles Wasser und aller Schlamm verbraucht und alle Kleider vollkommen bespritzt waren, klangen das Gelächter und die allgemeine Aufregung ab. Am nächsten Morgen rannte dieselbe Gruppe sofort nach der Ankunft zur selben Stelle, sorgte dafür, dass wieder gehörig Wasser unter die Schaukeln kam und erfand neue Spielvarianten und die dazugehörenden Regeln. Erst als alle vollkommen erschöpft waren, löste sich das Spiel in Wohlgefallen auf. Niemand hatte verloren und niemand gewonnen, aber alle waren voll befriedigt und landeten in verschiedenen Bereichen, in denen sie sich mit Hingabe ruhigen Tätigkeiten widmeten.

Bei anderen Gelegenheiten experimentieren Kinder in diesem Alter so lange herum, bis sie endlich Ergebnisse erzielen, die ihren Vorstellungen entsprechen. Dabei wechseln Nachahmung und sorgfältiges Ausprobieren einander ab. Zum Beispiel beim Bauen eines Seifenautos oder eines Balsaflugzeugs werden Ideen von anderen abgeschaut, eigene Erfindungen angepriesen. Doch was letztendlich gilt, ist eine lustige Fahrt den Hang hinunter oder der erfolgreiche Flug, auch wenn das prachtvolle Flugzeug in der Schlucht ein heldenhaftes Ende findet.

Auch das Rollenspiel floriert noch während dieser Entwicklungsphase. Die Tage über, an denen ich an diesem Kapitel schrieb, war ich für die Spielräume unserer Primaria zuständig. Die ganze Woche lang kam gleich am Morgen eine Gruppe Acht- und Neunjähriger in den Bereich, wo Bauelemente aller Art, wie Bauklötze, Schienen, Legos, Fischertechnik, Murmelbahnen, Holzfiguren, Plastiktiere und ähnliche Dinge zur freien Verfügung stehen. Drei Stunden lang – mehrmals ließen sie sogar die Saftzeit unbeachtet – waren vier Jungen und Mädchen intensiv mit etwas beschäftigt, was Erwachsene als »Spiel« bezeichnen.

Doch wenn der Erwachsene dabeiblieb und aufpasste, was da eigentlich geschah, enthüllte es sich ihm als die kreativste Tätigkeit, die man sich nur vorstellen kann. Unentwegt wurden Objekte bewegt, Bauten angelegt, Elemente auf unerwartete Art miteinander verbunden. Dabei bewegten sich die Kinder unermüdlich, oft auf »unbequeme Weise« zwischen den Dingen, die sie schufen, und begleiteten jede neue Handlung mit Reden oder viel sagenden Lauten. Da im gleichen Raum auch noch andere Kinder auf verschiedene Weise beschäftigt waren und immer wieder meine Aufmerksamkeit in Anspruch nahmen, konnte ich immer nur Gesprächsfetzen dieser »Bauherren« aufschnappen: »Hier wohne ich heute. Es ist Nacht.« – »Stell dir vor, ich komm zu dir und bekomm einen Schreck.« – »Im Dunkeln habe ich dich nicht gesehen.« – »Hier kommt der fliegende Dinosaurier!« – »Er landet an deiner Hintertür!« – »Ich habe keine Angst vor Dinosauriern.« – »Machen wir einen Tunnel und fliehen, komm weg von hier!« – »Wenn du willst, flieh nur. Ich hab keine Angst im Dunkeln.« – »Hilfe! Etwas packt mich von hinten!« – »Dreh dich nicht um, das sind Außerirdische!« – »Ich steh dir bei. Wenn wir zu zweit sind, können sie uns nichts tun.«

Ein Büchsendeckel wird als Schiff angefahren. »Hier kommt die Rettung! Steigt alle ein …«

An dieser Stelle wird ein Achtjähriger zum Geschichtenerzähler. Mit großen Augen und unerschöpflicher Phantasie und Beredsamkeit erfindet er einen abenteuerlichen Verlauf der Seereise, die mit dem Büchsendeckel kreuz und quer auf dem Teppich von Abenteuer zu Abenteuer führt. Wie in einem magischen Kreis hocken die anderen mit weit aufgerissenem Mund um ihren Kameraden. Aus der anderen Ecke des Zimmers kommen andere Kinder, legen sich auf den Bauch, werden aber dringend angehalten, die »Hafenanlagen« nicht zu zerstören, die jetzt von großer Wichtigkeit sind. Nach einer Viertelstunde ist der Bann um den Erzähler gebrochen. Wie Fledermäuse fliegen alle auf, frisch entfacht, ihre eigenen Geschichten auf wunderbare Weise zu erfinden und in die Tat umzusetzen ...

In den ersten Jahren der operativen Phase sind Kinder meistens so sehr mit ihren eigenen Entdeckungen beschäftigt, dass sie wenig Zeit zum Stillsitzen finden. Ist der erste Hunger nach experimentellen Erfahrungen gestillt, gewinnt auch dieser Aspekt zunehmend an Wichtigkeit. Mit der gleichen Konzentration und Hingabe wie beim Bauen eines Vulkans im Sandhaufen erforschen solche Kinder all die Muster und Problemlösungen, die aus dem weiten Angebot an strukturierten Materialien herauszufiltern sind.

Leute, die nichts anderes kennen als die traditionelle Erziehung, bei der Kinder »Schüler« sind und die meiste Zeit das tun und lassen müssen, was sie nicht selbst gewählt haben, entsetzen sich bei dem Gedanken an solche Freiheit in der Schule. »Die lernen ja niemals Schwierigkeiten bewältigen (stillsitzen und die Lehren weiser Menschen sich zu Eigen machen?), wenn sie immer nur das tun, was ihnen passt«, ist ihr Einwand.

Für uns sieht die Sache freilich anders aus. In ihren selbst gestellten Aufgaben – auch wenn sie uns oft nichts als phantastische Spielereien scheinen mögen – überwinden sie Hindernisse aller Art. Sie konzentrieren sich so in ihrem Tun, dass sie durch beinahe nichts abzulenken sind. Sie achten weder auf Hitze, Kälte noch Ermüdung, bis sie das zu Ende gebracht haben, wofür sie einen Drang in sich fühlten. Im Umgang mit Menschen verschiedenen Alters und in der ständigen Auseinandersetzung mit unvorhergesehenen Umständen üben sie sich unaufhörlich darin, sich auf andere Menschen einzustellen, ihr Umfeld zu erspüren, sich dem zu öffnen, was zu ihnen passt, und das draußen zu lassen, was für ihre Entwicklung im Augenblick nicht wichtig ist. Ständig kommen sie mit den verschiedensten Meinungen und Gesichtspunkten in Berührung und müssen sich in dieser Vielfalt ein Urteil bilden, das ihrer eigenen Erfahrung entspricht. Wenn sie echtes Interesse an einer Sache gefunden haben, bleiben sie so lange – manchmal bis zur Erschöpfung – dabei, bis sie sich sicher und vollkommen befriedigt fühlen. In diesem Zustand einer angenehmen Müdigkeit, die Folge eines »vollen Tagwerks«, nicht aber von Langeweile oder Überdruss ist, genießen es die Kinder, ganz nahe bei einem Erwachsenen zu sein. Es ist die wunderbare Zeit fürs Erzählen und für ruhiges Zusammensein: Unzählige solcher Begegnungen sorgen über die Jahre hinweg dafür, dass sich im Gemüt und der inneren Vorstellung der Kinder ein unermesslicher Schatz von Bildern, Musik, Geschichten und sprachlichen Verbindungen ansammelt.

Kinder, die in einer für ihre Entwicklung geeigneten Umgebung aufwachsen, sind in den ersten Jahren ihrer operativen Zeit noch so sehr vom eigenen Entwicklungsdrang angefeuert, dass sie schier unermüdlich in Bewegung sind. Wenn sie morgens ankommen, nehmen sie in ihrer Suche nach kognitiver Nahrung fast instinktiv ihre Fährten auf und verlieren erst dann ihren Volldampf, wenn sie eine Ruhepause brauchen. Wenn dieser erste Hunger nach immer neuen psychomotorischen Interaktionen, die zum Vernetzen von Erfahrungen dienen, gestillt ist, werden die Perioden stillerer Aktivitäten allmählich länger und das größere Kind geht zu einer systematischeren, kontemplativeren Auseinandersetzung mit konkreten Dingen über. In dieser Zeit bekommen konkrete, strukturierte Materialien, zum Beispiel im Bereich der Mathematik, eine neue und »höhere« Bedeutung im Aufbau des eigenen Denkens und Verstehens.

Es ist zu dieser Zeit, dass die »Wochenversammlung«, die einzige obligatorische Gruppenaktivität von sieben aufwärts, »echt interessant und toll« wird. Da sind die Kinder ganz dabei, wenn es darum geht, eine Tagesordnung zu definieren, bei jedem Punkt zu unterscheiden, ob jetzt Vorschläge entgegengenommen werden, ob man über eine Idee diskutiert oder darüber, auf welche Weise abgestimmt werden soll. Kinder in diesem Zustand sind sehr genau beim Ausklügeln von Verantwortlichkeiten, die dafür sorgen, dass die Entschlüsse der Versammlung nicht nur Gerede bleiben, sondern in die Praxis umgesetzt werden. Und nicht nur das. Sie kümmern sich auch darum, was passiert, wenn Entscheidungen oder Regeln, die von allen angenommen wurden, nicht eingehalten werden. Sie haben außerdem genügend Erfahrung in der Eigenverantwortung, um sich die Frage zu stellen, wer letztendlich dafür einsteht, dass auch solche Konsequenzen nicht zum leeren Gerede werden, sondern ihre konkreten Folgen haben.

So werden wir zu Zeugen, wie zwischen reichen und vielgestaltigen Erfahrungen und der Kommunikation des Erlebten auch die *moralische* Entwicklung allmählich zu ihrer Erfüllung gelangt. Wie Franz de Waal in seinem Buch »The Origin of Right and Wrong in Humans and Other Animals« darstellt, ist dieses Potenzial keineswegs eine »menschliche Erfindung«. Schon Tiere, so zeigt er uns anhand von bewegenden Forschungen, entwickeln überraschende Fähigkeiten von Mitgefühl und Mitverantwortung, von Geben und Nehmen, Miteinanderauskommen und Experimentieren mit verschiedenen gesellschaftlichen Ordnungen und Möglichkeiten zur Kooperation. Nicht durch Predigen und Belehrungen, sondern durch konkrete Erfahrungen verwandelt sich dieses unser »tierisches Erbe« in all jene Charaktereigenschaften und Fähigkeiten, die zu einer menschlichen Moral und Sozialisierung werden können.

Diese feineren Übergänge innerhalb der gleichen Entwicklungsphase sollten von uns Erwachsenen beachtet und entsprechend geachtet werden. Es könnte ja sein, dass Kinder sich dieser neuen Stufe der Bildung eines eigenen Urteils entziehen oder ihr vorgreifen, bevor sie genügend reiche Erfahrungen mit dem »äußeren Chaos« gemacht haben. Von Jahr zu Jahr übernehmen

wir Betreuer darum eine besondere Verantwortung für eine kleinere Anzahl von Kindern verschiedenen Alters. Besser gesagt,
wir gehen eine engere Beziehung mit ihnen ein, achten aufmerksam auf ihre Prozesse und haben so oft wie möglich Kontakt
mit den Eltern, um die häusliche Situation besser zu kennen.
Für diese Kinder schreiben wir dann auch zweimal im Jahr einen
Bericht, der an die Eltern geht (obwohl der ursprüngliche Anlass
eine Art Verteidigungsmaßnahme in Bezug auf die Anforderungen der Behörden war, die auf Zeugnissen bestanden). So geschieht es, dass trotz der beachtlichen Anzahl von Kindern und
Jugendlichen, mit denen wir täglich zusammenkommen, persönliche Beziehungen nicht zu kurz kommen und jedes Kind
sich beachtet fühlt.

Besuchern im Pesta fällt meistens als Erstes auf, wie friedlich,
arm an Konflikten und praktisch ohne Aggressionen es hier zugeht, obwohl so viele Menschen verschiedener Altersstufen, verschiedener sozialer Schichten und kultureller Hintergründe, jeder seinen eigenen Bedürfnissen folgend, aktiv sind. Wir können
dieses Phänomen nur damit erklären, dass jeder *er selbst* sein,
sich selbst erfüllen kann, dass ihm das Abenteuer, Kind oder Jugendlicher zu sein, nicht durch fremde Programmierungen ge-
raubt wird und dass selbst die Schwierigkeiten, die er zu überwinden hat, zu seiner frohen Lebensstimmung beitragen.

Auch die häufige Anklage, Kinder würden hier isoliert von
der wirklichen Welt aufwachsen und später draußen nicht zurechtkommen, kann nur aus einer Unkenntnis der Tatsachen
herrühren:

Aus der behüteten und vorbereiteten Umgebung kehren alle
am Mittag in ihre Familien zurück. Sie verbringen die Nachmittage mit Eltern, Nachbarn oder Verwandten, die mitten im Exis-
tenzkampf stehen oder normale Schulen besuchen. Auch den
Pesta verlassen sie häufig, stürzen sich in kleinere und größere
Abenteuer, erkunden die umliegenden Schluchten, klettern auf

Berge, fahren mit Rädern durch umliegende Dörfer und Landschaften oder besuchen Betriebe, wo die Dinge, die sie täglich
benutzen, hergestellt werden.

Sobald sie zehn Jahre alt sind, *dürfen* sie drei Tage im Monat
in Unternehmen mithelfen, in Läden, Kunstbetrieben, Restaurants, Farmen oder auch einer Tierklinik. Dabei verdienen sie
kein Geld, aber dennoch sind diese Angebote seit vielen Jahren
so beliebt, dass wir ständig auf der Suche nach neuen geeigneten
Arbeitsplätzen sind. Die Kinder haben sich darauf geeinigt, dass
jeder nach den drei Tagen einen Bericht zu schreiben hat, damit
alle sich über diese Erfahrungen informieren können. Dadurch
entsteht eine ganz natürliche Grenze: Wer sich noch nicht hinreichend um das Erlernen der wichtigsten Kulturtechniken ge-
kümmert hat, darf nicht hinaus, bis er diese Verantwortung auf
sich genommen hat.

Nicht Lehrer,
sondern Bezugspersonen und Begleiter

Sich den Anforderungen der operativen Entwicklungsphase zu
stellen, schließt also ein Mehrfaches ein: mit dem eigenen Körper so in Interaktion mit der konkreten Welt zu treten, dass sich
gleichermaßen Selbstgefühl, eigenes Spüren und selbstständiges
Denken entwickeln, gleichzeitig aber die Fähigkeit, mit anderen
zurechtzukommen und so weit wie möglich mit ihnen zu kooperieren, Konflikte so zu lösen, dass Verletzungen vermieden
und weiteres Zusammenleben möglich werden. Anpassungen an
kulturelle Formen und das Erlernen von Techniken stehen *nicht*
an erster Stelle. Doch in dem Maße, wie ein Kind mit sich selbst
und seiner Umwelt in Eintracht ist, wird es auch zunehmend
neugierig auf alles, was die Älteren tun und können. Ohne Ver-
krampfungen oder das Bedürfnis, sich gegen andere verteidigen
zu müssen, schauen sie ab, wie geschrieben, wie geackert, ge-

schreinert, gemalt oder Musik gespielt wird. In zunehmendem Maße organisieren sie sich zu Arbeitsgruppen, in denen sie gemeinsam Theater spielen, musizieren, Geschichten schreiben, eine Sprache erlernen oder die nahe und weite Welt erforschen wollen.

Wir Erwachsenen, dafür verantwortlich, dass Kinder die notwendigen Rahmenbedingungen geboten bekommen, um diesen abenteuerlichen Weg gehen zu können, versuchen wahrzunehmen, ob »die Sache noch stimmt« oder ob sich da irgend ein Wurm eingefressen hat. In unserem Umgang mit Kindern und Jugendlichen stellen wir uns ständig grundsätzliche Fragen:

- Wie ist die Koordination der Sinne eines Kindes und seiner Motorik?
- Ist seine Sprache mit seinem Handeln gekoppelt oder nicht?
- Kann es Gefühle und seine eigene Meinung frei ausdrücken?
- Wie steht es mit seiner Initiative? Wartet es, bis andere etwas beginnen, um dann mitzumachen?
- Kommandiert es andere herum? Kann es für sich selbst etwas tun oder zeigt es Hordenverhalten?
- Klebt es an Erwachsenen oder meidet es sie? Kann es sich trotz Anwesenheit eines Betreuers unabhängig und unbeeinträchtigt bewegen?
- Ahmt das Kind meistens andere nach, ohne selbst Sachen auszuprobieren? Oder kümmert es sich überhaupt nicht um das, was andere tun, und macht stur nur das, was ihm selbst einfällt?
- Wie gibt sich das Kind in Konfliktsituationen? Kann es schwierige Momente aushalten oder flippt es leicht aus?
- Wie ist seine Beziehung zur äußeren Wirklichkeit? Lebt es häufig in einer Phantasiewelt oder geht sein Bedürfnis nach Rollenspiel allmählich in eine Bewältigung der konkreten Welt über? Kommt das Kind Tag für Tag beladen mit unver-

daulichen Eindrücken, zum Beispiel aus den Medien, in die
Schule?
- Meidet das Kind kleine und größere Hindernisse, die für
seine Entwicklung von Wichtigkeit sind? Schafft es mit unstrukturierten Elementen seine eigenen Strukturen und erkennt es dann allmählich die Bedeutung strukturierter Materialien? Geht es so schnell wie möglich auf Formales und auf
die Welt der Abstraktionen zu, ohne sich seine eigene Logik
und ein persönliches Verständnis zu schaffen?
- Übernimmt ein Kind Verantwortung für seine eigenen
Handlungen, räumt es hinter sich selbst auf und übernimmt
es hin und wieder ohne Murren auch kleine Aufgaben zum
Wohl anderer, erkennt es seine Beteiligung an irgendeinem
Problem an, kann es Gefahren ermessen? Neigt es zum Wettstreit, um sich zu beweisen, oder genügt ihm die Befriedigung, die aus dem eigenen Tun erwächst?
- Und immer fragen wir uns: Wie ist das grundlegende Lebensgefühl eines Kindes?

Aus all diesen Fragestellungen wird wohl klar, dass wir Betreuer
keine *Lehrer*, sondern wichtige Bezugspersonen zu sein versuchen, die mitdenken und mitfühlen, für die Kinder da sind, sie
aber nicht belehren oder dirigieren. Unsere erste Priorität ist, sie
zu unterstützen, wenn sie emotional im Stress sind, ihnen genügend Sicherheit zu geben, wenn sie sich ausweinen möchten, ihren Konflikten beizuwohnen, ohne diese für sie zu lösen, zu garantieren, dass die vereinbarten Grenzen und Regeln eingehalten
werden, damit die Umgebung entspannt bleibt.
Wir haben uns verpflichtet, allmählich mit allen Materialien
so sicher zu werden, dass die Kinder bei uns wahrnehmen können, wie wir sie mit Lust und Liebe gebrauchen. Zudem bemühen wir uns, was wir tun, so präzise zu verbalisieren, dass Kinder
durch unser Reden nicht verwirrt werden.
Doch trotz unserer Bereitschaft, Kinder auf die bestmögliche

Weise zu begleiten, glauben wir nicht, dass wir die Verantwortung der Eltern übernehmen, womöglich über Jahre Zuflucht für solche Kinder sein können, bei denen es zu Hause hinten und vorne nicht stimmt, die zum Beispiel erleben, dass sie für ihre Eltern nicht so wichtig sind wie andere Dinge in deren Leben. Das grundsätzliche Lebensgefühl der Kinder stammt, nach unserer festen Überzeugung, aus ihren häuslichen Umständen und Beziehungen. All unser Nachdenken über die Entwicklung der Kinder hat immer einen direkten Bezug zu dem, was Kinder in der Familie erleben.

Darum halten wir uns die Nachmittage und gewisse Abende frei, um unter uns Betreuern alles zu besprechen, was uns aufgefallen ist, was uns bewegt und neue Fragen aufgeworfen hat, um diese Dinge dann mit den Eltern zu teilen. Die Gespräche werden immer mit beiden Eltern, falls vorhanden, und immer mit zwei Betreuern geführt. Unser erstes Anliegen ist es, genügend Raum und Zeit dafür zu schaffen. Es sind immer zwei Stunden angesetzt, unserer Erfahrung nach das Minimum, um uns gegenseitig besser kennen zu lernen und unter Erwachsenen, ohne Gegenwart der Kinder, über unser eigenes Leben und das Zusammenleben mit ihren Kindern zu reflektieren. Wir versuchen, gemeinsame Anhaltspunkte zu finden, um zu spüren, ob ein Kind zu Hause und im Pesta seiner Entwicklungsstufe entsprechend leben kann.

Im Zweifelsfalle betrachten wir besondere Situationen, auch solche, die für die Eltern Stress bedeuten. Dabei versuchen wir, zusammen herauszufinden, ob die Schwierigkeiten aus einer für kindliche Bedürfnisse unzureichenden Umgebung herrühren oder aus Mangel an notwendiger Zuwendung. Die Umstände können vielfältig sein: Vielleicht ist sich ein Kind der Liebe seiner Eltern nicht sicher; vielleicht sind sie ihm trotz aller Liebe hinderlich in seiner eigenständigen sensomotorischen Auseinandersetzung mit seiner Welt, oder sie lassen nicht zu, dass es sich seine eigene Interpretation der Welt schafft; womöglich geben sie ihm nicht gebührende Unterstützung, damit es ungeeignete Erlebnisse durch lösendes Weinen, Lachen oder Rollenspiel verarbeiten kann; vielleicht ist es das Fernsehen, das den Organismus des Kindes vergiftet; oder die Eltern haben Probleme, mit Grenzen und Regeln auf sinnvolle Weise umzugehen, fassen sie zu weit oder zu eng, wenden sie als Rezept oder als erzieherische Maßnahme an. Die Unsicherheiten oder Scheinsicherheiten der Eltern mögen der Entwicklung der Kinder Steine in den Weg legen, doch gemeinsame Gespräche ohne »Lehrcharakter« geben immer wieder die Möglichkeit zu einer neuen Perspektive und zu dem Mut, wenn auch andere, so doch nicht immer die gleichen Dummheiten zu begehen.

Daraus erwachsen vielerlei Gelegenheiten, das Herz auszuschütten, häusliche Probleme unter neuen Gesichtspunkten zu sehen, kleine Entscheidungen zu treffen und Wege zu suchen, damit für alle Teile das Leben ein wenig glücklicher und weniger anstrengend wird.

An allgemeinen Elternabenden, die jede Woche für eine andere Gruppe, je nach Entwicklungsphase ihrer Kinder, stattfinden, tauschen wir Informationen aus, welche die Entwicklungsbedürfnisse der Kinder betreffen. Die Themen werden meistens von den Eltern selbst vorgeschlagen. Jeweils zwei Betreuer übernehmen für Inhalt und Koordination des Abends die Verantwortung. Doch alle beteiligen sich an den Diskussionen. Das Hauptthema ist dabei eigentlich immer das Gleiche: Ohne die Sicherheit der Kinder, sich von ihren Erzeugern geliebt und respektiert zu erleben, können sie auch eine noch so gut vorbereitete Umgebung nicht für ihre eigene Entwicklung nutzen.

Darum verwenden wir viel Zeit und Energie, um herauszufinden, wie Kinder trotz ungünstiger Faktoren auch zu Hause so weit wie möglich ihre echten Bedürfnisse befriedigen können. Kinder und ihre Eltern gehören zusammen in einem ganz besonderen Lebensprozess. Und tatsächlich haben wir in all diesen

Jahren immer wieder erlebt, dass ein Kind seine Belastungen in die entspannte Umgebung der Schule getragen hat, wenn seine Eltern diese Tatsache nicht ernst genug nahmen. Umgekehrt kennen wir kein Kind, das nicht den freien Flug in sein eigenes Leben genossen hätte, wenn es sich aus einem sicheren Nest allmählich hinauswagen und sich selbst vertrauen durfte.

7. Kapitel

Adoleszenten im Pesta
und die Reise nach Manaus

»Adoleszenten im Pesta« – das sind heute rund 50 Jugendliche zwischen dreizehn und achtzehn Jahren. Mit wenigen Ausnahmen kennen wir sie seit zehn oder mehr Jahren. Als Kindergartenkinder saßen sie auf unserem Schoß, in der Primaria spielten wir zusammen Murmeln, und jetzt sind sie so groß wie wir oder noch ein Stückchen größer. Wenn wir uns umarmen oder miteinander sprechen, sind unsere Augen auf gleicher Höhe. Gestern, nach einer Englisch-Arbeitsgruppe, in der die Teilnehmer wissen wollten, wie man im Englischen Haupt- und Nebensätze mit »obwohl« verbindet, gab ich ihnen ein Beispiel: »I love you even though you don't love me.« Nach der Stunde riefen sie mich noch einmal zurück und protestierten: »Du gibst uns keine guten Beispiele!« – »Warum? Was ist falsch?« – »Wie kommst du auf die Idee, dass wir dich nicht lieben?«, war ihre Antwort.

Der Weg zur Sekundarstufe

Wir waren zunächst entschlossen gewesen, es bei der Primarstufe zu belassen und uns gar nicht erst auf die Problematik einer Sekundarstufe einzulassen. Damals zweifelten wir nicht an Jean Piagets Überzeugung, der Phase der »konkreten Operationen« folge eben die Entwicklung des formalen Denkens. Dies war für uns ein zureichendes Argument, mit dem wir die Eltern der damaligen Primarschüler beruhigten, dass sie ihre Kinder mit zwölf oder dreizehn Jahren ohne weiteres in eine reguläre Sekundarschule schicken könnten. Die Erfahrungen jener Jahre schienen uns dann auch Recht zu geben. Mit ganz wenigen Ausnahmen, an denen uns die Bedeutung des Elternhauses besonders deutlich wurde, fanden wir bestätigt, dass frühere »Pesta-Kinder« Hervorragendes in anderen Schulen, die nach den öffentlichen Plänen unterrichteten, leisten konnten. Im Kultusministerium von Ecuador versuchte man uns sogar zu überreden, unsere abgehenden Schüler ein oder zwei Klassen höher einzustufen (in unserem Abgangszeugnis geben wir die Klasse an, für die wir die Kinder oder Jugendlichen empfehlen). Ihr Argument: »Die sind unterfordert und könnten aus Langeweile Unfug treiben.«

Dass wir uns dann trotzdem auf das neue Abenteuer eingelassen haben, mit Jugendlichen eine »freie Schule« weiterzuführen, geschah auf Drängen eines Vaters, der seine indianische Tochter nicht noch einmal all den Respektlosigkeiten aussetzen wollte, die sie hatte erdulden müssen, bevor sie mit acht oder neun Jahren zum Pesta gekommen war.

Wir waren auf diese Herausforderung nicht vorbereitet. Sie widersprach auch einem Entschluss des damaligen Aufsichtsrats, keine Sekundarstufe zu beginnen, solange wir noch auf gemietetem Gelände arbeiteten, von Jahr zu Jahr mit einer Kündigung des Vertrages zu rechnen hatten und darum keine Erweiterung der Infrastruktur riskieren konnten.

Unsere Entscheidung, das dreizehnjährige Indianermädchen bei uns zu lassen, war natürlich »unverantwortlich«. Tatsächlich hatten wir auch wenig Ahnung, auf was wir uns da einließen. Was Jugendliche anging, kannten wir nichts anderes als Fachunterricht, praktische Ausbildungswege und ein wenig über Erlebnispädagogik und dass es eben eine »problematische Zeit« sei –

»la edad del burro« (»das Eselsalter«), wie man hierzulande sagt. Von den authentischen Entwicklungsbedürfnissen Jugendlicher wussten wir nur wenig. Nur eins stand für uns fest: Wenn wir schon mit ihnen zusammenlebten, wollten wir nicht wiederholen, was es in der Gesellschaft ohnehin schon gab, sondern Wege und Mittel finden, um echten Reifungsprozessen und nicht der gängigen Unterwerfung unter die Forderungen nach Fortschritt und Effizienz den Vorrang zu geben.

Das war damals Neuland und ist auch heute noch immer kein leichter Weg. Dennoch haben wir niemals den Entschluss bereut, Kinder über die Schwelle der Pubertät und der Adoleszenz, oft bis ins Erwachsenenalter zu begleiten. Ohne diese Erfahrungen der letzten fünfzehn Jahre wäre unser Leben wesentlich ärmer an faszinierenden Erlebnissen, wichtigen Einsichten, an Freunden, aber auch Ablösungsprozessen. So werde ich im Folgenden davon berichten, wie wir in Liebe und mit Respekt ohne belehrende, feindliche oder unterwürfige Beziehungen mit Jugendlichen täglich Kontakt haben und wie dabei jeder des anderen Lebensprozess akzeptiert.

Das Ganze begann so ähnlich wie unsere 6.000 km lange Fahrradtour von Quito nach Manaus, von der ich später noch ein wenig mehr erzählen werde. Als wir nämlich 1996 mit einer Gruppe von Jugendlichen einmal an einer Wegkreuzung im ecuadorianischen Amazonasgebiet Rast machten, streckte einer von ihnen die Hand nach Osten und meinte: »Wenn wir hier immer geradeaus fahren würden, kämen wir nach Brasilien!« Aber die anderen lachten nur: »Da führt doch kein Weg hin! Alles ist Dschungel. Es gibt keine Straße!« Doch es gab ein paar, denen die Sache nicht aus dem Kopf ging. Irgendwie müsste man doch mit dem Fahrrad nach Brasilien kommen! Die allgemeine Richtung war gegeben und die Idee attraktiv genug, um Landkarten zu studieren, Routen zu erwägen, wieder zu verwerfen und dann ein Projekt zu entwerfen, dessen Durchführung unwahrscheinlich und ziemlich verrückt schien. Zwei Jahre später aber wurde es auf andere Art und auf anderen Wegen, als wir sie uns anfangs vorgestellt hatten, durchgeführt.

Nicht viel anders also erging es uns mit dem Unternehmen »Sekundarstufe«, in der »niemand jemandem etwas beibringen« und die spontane Aktivität der Jugendlichen ebenso geachtet werden sollte wie im Kindergarten und in der Primarstufe.

Im ersten Jahr kamen zwei ehemalige Schülerinnen gleich zum Pesta zurück, als sie hörten, dass ihre frühere Kameradin Tamia bei uns mit einem Tutor geblieben war. Zu jener Zeit hatten wir für die drei Mädchen noch keine eigene Umgebung, sondern sie teilten mit den Jüngeren das ohnehin überfüllte Primaria-Haus. Einige Dinge konnten sie weiter benutzen und damit neue Entdeckungen machen. Mit viel Hingabe wurden viele zusätzliche konkrete und figurative Materialien für sie bereitgestellt. Mit ihrem Tutor organisierten sie längere Reisen und machten Arbeitserfahrungen. Im kommenden Jahr schlossen sich andere Dreizehnjährige der Gruppe an und es wurde ein eigener Raum für diese Stufe improvisiert.

Auf dem gemieteten Gelände entschlossen wir uns aus Not dazu, für die Jugendlichen keine Werkstätten oder Labors einzurichten, obwohl wir das eigentlich gern getan hätten, um praktisches Tun und Denken eng miteinander zu verbinden. Darum sorgten wir für Gelegenheiten, dass sie Einblick in die »Welt da draußen« gewinnen und auf verschiedenste Weise selbst tätig werden konnten. Als wir im Jahr 1989 auf ein eigenes Gelände umzogen, freuten wir uns, dass die Jugendlichen jetzt eigene, mit den für ihr Alter angemessenen Materialien ausgestattete Räumlichkeiten beziehen konnten. Wir stellten zwei Lehrer ein, die nur für diese Gruppe zuständig sein sollten und gaben ihnen möglichst großen Freiraum, um ihre eigenen Erfahrungen zu sammeln.

Es dauerte fast zwei Jahre, bis wir zu der Überzeugung gelang-

ten, dass die Sache irgendwie nicht stimmte. In »Gesprächsma-
rathons«, die manchmal halbe Nächte dauerten, versuchten wir
dahinter zu kommen, wo der Haken war. Was uns als Erstes auf-
fiel, war eine gewisse Überheblichkeit und Abgehobenheit der
Jugendlichen den Primarschülern gegenüber, mit denen sie noch
im Außengelände zusammentrafen. Das Entwicklungstempo
von Jungen und Mädchen war in dieser Phase meist unterschiedlich. Besonders Jungen tendierten dazu, länger kindlich zu
bleiben. Sie hätten sich eigentlich im Umgang mit Primarschülern viel wohler gefühlt, wollten aber nicht hinter anderen Kameraden zurückstehen und taten erwachsener, als sie wirklich
waren. Andere waren schon eindeutig in der Pubertät und legten
typische Merkmale dieser Entwicklungsstufe an den Tag. Doch
ihre kognitive Entwicklung hielt mit ihren sozialen Interessen
oft nicht Schritt. Dennoch scheuten sie sich vor konkreter Mate-
rialarbeit, die zum Aufbau des Verständnisses von Beziehungen
notwendig gewesen wäre, und drängten nach Wissensaneig-
nung, wofür ihnen wichtige Grundlagen fehlten.

Die zwei für diese Gruppe verantwortlichen Lehrer zogen aus
dieser Konstellation den Schluss, Jugendliche benötigten eben
Fachunterricht und erstellten entsprechende Pläne, anhand deren jeder Schüler Verpflichtungen übernehmen sollte. Die anderen Betreuer vertraten die Meinung, dass es in Ecuador genügend Schulen mit Fachunterricht gebe und dass es sinnlos sei,
unsere Kräfte für etwas herzugeben, was andere wahrscheinlich
besser tun könnten als wir.

Als Bilanz gezogen war, redeten wir mit den Jugendlichen
und ihren Eltern: Wer Unterricht haben wollte, sollte besser eine
Schule suchen, die ihm gefiel. Im Pesta bewerkstelligten wir mit
denen, die bleiben wollten, den Umzug. Wir richteten Räume
für die Jugendlichen ein, in denen sie, von Primarschulkindern
ungestört, gemütlich zusammensitzen, lesen, spielen und Gespräche führen konnten. Doch mit Ausnahme einer Auswahl
von Büchern, die der Grundstock der Bibliothek für die Großen

wurde, kehrten wir mit allen didaktischen Materialien ins Primarschulhaus zurück. Dort erweiterten wir das vorhandene Mathematik- und Sprachlabor, den Bereich für die so genannten »Fächer« wie Geographie, Geschichte, Naturkunde und Fremdsprachen, sodass nun alles Material vom einfachsten bis zum fortgeschrittensten in logischer Anordnung zu finden, aber doch im gleichen Raum vereint war. Hohe und niedrigere Tische und Stühle wurden in diesem Bereichen so platziert, dass jeder es sich seiner Körpergröße entsprechend bequem machen konnte. Auch die Bereiche für praktische und künstlerische Tätigkeiten wurden vereint und erweitert. Und mit dieser »neuen Ordnung« begann ein neuer Abschnitt in unserem Zusammenleben mit Kindern und Jugendlichen, der uns neue Erlebnisse und Einsichten ermöglicht und nach und nach zu dem geführt hat, was im Jahr 2000 unsere Wirklichkeit bildet:

Wenn ihre Kinder zwölf Jahre alt werden, müssen seit einigen Jahren ihre Eltern an drei besonderen Abenden einen »Kurs« mitmachen, ohne den – so wie beim Übergang in die Primarstufe – die Kinder im nächsten Schuljahr nicht weiter bei uns eingeschrieben werden dürfen.

Auch das ist wieder eine Art »Abschreckungskurs«, darauf abzielend, dass die Eltern eine klare Entscheidung treffen und abschätzen, ob sie es sich zutrauen, ihre Kinder auch noch auf dieser Stufe verantwortlich zu begleiten, trotz des Risikos, dass es immer noch keine »Sicherheiten« für allgemein anerkannte Resultate gibt. Am ersten »Kursabend« kommen die alten Secundaria-Eltern mit den neuen zusammen und teilen ihre Erfahrungen, Unsicherheiten und Erfolge mit. Die neuen Eltern stellen ihre Fragen und gehen wahrscheinlich nachdenklich nach Hause. Am zweiten Abend organisieren die Betreuer eine Ausstellung von Materialien, die den Jugendlichen in dieser Stufe zur Verfügung stehen. Dabei zeigen sie, wie jedes Kind, jeder Jugendliche, für sich selbst und auf Wunsch mit Beistand der Erwachsenen, Schritt für Schritt seine eigene Entwicklung vom

Konkreten zum Abstrakten, von operativer Interaktion zur Verallgemeinerung und zum so genannten Allgemeinwissen vollziehen kann. Das ist ein schwieriger Abend für die meisten Erwachsenen, die selbst im Nebel unverstandenen Wissens, des Zweifels an sich selbst oder des Versteckspielens mit dem eigenen Unverständnis gelebt haben.

Am letzten Abend sprechen wir dann über unser so genanntes Konzept, also über das, was wir bis zu diesem Augenblick über die echten Reifungsprozesse der Jugendlichen wissen. Manchmal laden wir auch ältere oder ehemalige Schüler ein, die dann über ihre persönlichen Erfahrungen und Reflexionen berichten.

Nach dieser Prozedur können die Eltern dann ihre Kinder fürs nächste Schuljahr in die »Presecundaria« einschreiben – aber nur unter der Bedingung, dass auch ihre Kinder damit einverstanden sind. Denn von diesem Zeitpunkt an sind es nicht mehr ausschließlich die Eltern, die für die geeignete Umgebung ihrer Kinder verantwortlich sind.

Es fängt nämlich eine neue Phase an, in der als zentrale Motivation für die weitere Entwicklung die Frage dringend wird: »Wer bin ich in dieser Welt?« In dieser Phase ist die Entscheidung der Jugendlichen, wie sie sich selbst empfinden und welche Welt sie für sich selbst schaffen wollen von tiefer Bedeutung. Darum ist es von jetzt ab nicht genug, dass allein die Eltern, so wie bisher, den Vertrag mit der Schule unterschreiben und sich mit der »Methode der nichtdirektiven Erziehung« einverstanden erklären. Auch die Jugendlichen selbst unterschreiben nun in jedem neuen Schuljahr, dass sie im Pesta sein wollen.

Dieser Umstand gibt uns Erwachsenen und den Jugendlichen eine gesunde Basis für klare und offene Beziehungen. Auch auf dieser Stufe ist die wöchentliche Versammlung die einzige verpflichtende Gruppenaktivität. Wenn es notwendig wird, in ihr über Regeln zu diskutieren, ist dies nun nicht mehr so wie früher eine spielerische Angelegenheit, sondern es wird als Notwen-

digkeit angesehen, die mit möglichst wenig Zeitaufwand abge-
klärt wird, damit jeder in Ruhe seinen eigenen Interessen nachgehen kann. Statt mit Regeln zu experimentieren, gehen die
Jugendlichen davon aus, dass von jedem der Wunsch für
respektvolles Zusammensein vorausgesetzt werden kann. Bei
Schwierigkeiten ist es *ihr* Anliegen, miteinander zu beraten, wie
sie sich gegenseitig unterstützen können, damit man trotzdem
friedlich zusammenleben und jeder seine Bedürfnisse befriedigen kann.

Im Unterschied zur Primarstufe gibt es noch zwei weitere
Verpflichtungen für die Jugendlichen: Erstens suchen sie sich für
je ein Schuljahr unter den vorhandenen Erwachsenen die Person
aus, zu der sie am meisten Vertrauen haben. Dieser Erwachsene
ist dann ihr Tutor, mit dem sie ihre Wünsche, Ideen, Bedürfnisse und Pläne besprechen. Außerdem verpflichten sie sich,
eine Art Tagebuch über ihre Aktivitäten in der Schule zu führen
und es ihrem Tutor in gewissen Abständen zugänglich zu machen. Das bedeutet, dass nun nicht mehr der Erwachsene allein
zweimal im Jahr einen pädagogischen Bericht *über* ein Kind
schreibt, sondern dass die Jugendlichen sich für den Bericht mit-
verantwortlich machen.

Übergänge zur Adoleszenz

Bevor ich weiter davon berichte, wie die Adoleszenten ihr Leben
im Pesta gestalten, möchte ich doch noch auf die vielfältigen
Formen hinweisen, die die Übergänge annehmen, so wie wir sie
wahrnehmen, weil sich hier jeder, seiner Individualität, seiner
persönlichen Geschichte und seinem Reifungsprozess entsprechend geben und mitteilen kann.

Wenn wir bedenken, wie unterschiedlich die Bedingungen für
Kinder während ihrer Wachstumsjahre sein können, wie man-
nigfaltig ihre häuslichen Umstände und die Entscheidungskraft

ihrer Eltern, sie in ihrer Entwicklung ohne Direktivität und doch voll verantwortlich zu begleiten, sollte uns nicht erstaunen, dass selbst in einer »aktiven Schule« Kinder auf verschiedene Weise an die Schwelle der Adoleszenz kommen.

Allgemein können wir bestätigen, dass Kinder bei uns länger Kinder bleiben, wenn sie ihre operative Phase voll erleben konnten. Da gibt es noch viele Dinge aus immer neuen Perspektiven neu zu entdecken, so viele unbekannte Materialien auszuprobieren, so viele Abenteuer zu planen, für die man vorher vielleicht noch nicht genügend Mut aufbrachte! Und da die Erwachsenen bereit sind, nicht nur mitzuplanen, sondern sie zu begleiten, auch wenn sie vielleicht dabei ihre Bequemlichkeit opfern, und bei diesem Begleiten den Interessen der Jugendlichen nicht vorzugreifen, nicht mit Belehrungen und Besserwissen »unreife« Denkprozesse umzuleiten, haben die Kinder nicht das Bedürfnis, so schnell wie möglich ohne uns ihre eigenen Wege zu gehen.

Es ist deutlich zu spüren, dass in dieser Phase der alte Widerspruch zwischen Eigenständigkeit und Abhängigkeit an einen besonders kritischen Punkt kommt. Eigentlich wären die Kinder ja groß genug, notfalls auch ohne uns auszukommen. Sie könnten sich in Cliquen oder Banden zusammentun und die Welt der Erwachsenen auf viele Arten herausfordern und infrage stellen. Notfalls könnten sie sich ihren Unterhalt selbst verdienen, in extremen Fällen sogar mit dunklen Geschäften, um endlich nicht mehr »ihre Beine unter unseren Tisch tun zu müssen«. Körperlich sind sie vielleicht so entwickelt, dass sie uns mit trotzigem Blick direkt in die Augen starren, mit uns kämpfen oder auf den Kopf spucken könnten.

In dieser Zeit können Eltern, die sich einigermaßen bemüht haben, ihren Kindern von klein auf mit Liebe und Respekt zu begegnen, ihre erste gute Ernte einbringen. Gewohnt, dicht beisammen zu leben und sich doch nicht in ihrem Entwicklungsprozess gestört, manipuliert und von außen bestimmt zu erle-

ben, haben nun auch pubertierende Kinder ein natürliches Vertrauen zu den gleichen Erwachsenen, gerade jetzt, wo sie spüren,
dass sich vieles in ihnen auf beunruhigende Weise verändert. Sie
sind froh, wenn sie einmal allein gelassen und dann wieder auf
Wunsch begleitet werden, ohne dass man ihre wechselnden
Stimmungen infrage stellt.

Der Moment des Wandels von der Kindheit zur Pubertät
kommt manchmal fast über Nacht. Kinder, die gestern noch mit
großer Spannkraft im Pesta ankamen, uns mit lachenden Augen
begrüßten und dann sofort etwas Interessantes zu tun fanden,
steigen eines schönen Morgens aus dem Bus, schauen beim Vorbeigehen durch uns durch, als wären wir für sie gar nicht vorhanden, legen sich vielleicht in eine Hängematte, auf einen Kis-
senberg oder in den Schatten eines Baumes, schauen vor sich
hin und in sich hinein, um nach geraumer Zeit ins Hier und
Jetzt zurückzukehren und wieder so aktiv wie ehedem zu werden.

Ich erinnere mich, dass unsere Söhne in dieser Zeit manchmal
stunden-, tagelang »herumhingen«, auf dem Sofa lagen, nachts
im Garten unter freiem Himmel schliefen und sozusagen »nichts
taten«, als mit sich selbst zu sein. Anfangs waren wir unsicher,
ob es nicht unsere elterliche Pflicht sei, sie zu nützlicher Tätigkeit anzutreiben, besonders wenn wir selbst im Stress waren und
dringend jemanden zum Ausleeren des Mülleimers brauchten.

Allmählich merkten wir, dass es auf Dauer für alle Teile angenehmer und harmonischer war, wenn wir diese besonderen
Zeiten achteten und sie ebenso wichtig nahmen wie die anderen
»sensiblen Phasen«, die wir im Lauf der Jahre schätzen gelernt
hatten. So entschieden wir uns, sie nicht in ihrer Schau nach innen zu unterbrechen, sondern in den Momenten unsere Bedürfnisse bei ihnen anzumelden, wenn sie offen für die Welt und gut
ansprechbar waren und auch genug Zeit für einen ruhigen Mei-
nungsaustausch zur Verfügung stand. Am Vorabend eines mit

Verpflichtungen voll gestopften Tages war es leichter zu erwähnen, dass wir am nächsten Morgen froh über ihre Mithilfe sein würden, als mitten im Trubel, wenn wir bereits im Stress waren. Und wir hatten noch genügend Muße, um verschiedene Vorschläge zu unterbreiten, verschiedene Gesichtspunkte zu berücksichtigen, Gefühlen und Wünschen Raum zu geben und womöglich Zeitgrenzen festzulegen, innerhalb deren wir die versprochene Hilfeleistung benötigten.

Aus solchen Erwägungen heraus erwuchs ein neues Verhältnis zu unseren Söhnen. Wir lernten verstehen, dass sie, die sich bisher so intensiv mit der äußeren Welt auseinander gesetzt hatten, nun dabei waren, ihre innere Welt wichtig zu nehmen und sich allmählich an die Frage »Wer bin ich eigentlich in dieser Welt?« heranzupirschen. Sie merkten, dass wir bereit waren, auch diese neue Lebenshaltung zu respektieren und auch dieses Abenteuer zu begleiten, obwohl keiner wissen konnte, wie es ausgehen würde. So schien die Zeit des Übergangs weniger nervend oder weniger von täglichen Krisen geprägt. Die »Kinder« nahmen uns gerne als Gefährten auf ihre Reise ins Unbekannte an und hatten es gern, wenn wir, von unserer eigenen Geschichte, unseren Idealen, Fehlentscheidungen und positiven Erfahrungen, vor allem davon erzählten, wie wir selbst unsere Meinungen bilden und immer wieder revidieren. Daraus entstanden dann eine neuartige Beziehung und die Möglichkeit, trotz aller Generationsunterschiede einander zu vertrauen und aneinander Freude zu haben.

Es war unser Glück, dass solche Prozesse im Zusammenleben mit den eigenen Kindern parallel zu den Entscheidungen liefen, die wir mit unseren Mitarbeitern im Aufbau der Sekundarstufe im Pesta zu treffen hatten. Bald merkten wir, dass der Dialog mit den Eltern der Großen auf keinen Fall abreißen durfte, auch wenn sie schon seit acht oder zehn Jahren Pesta-Eltern waren. Wenn Kinder uns in der Übergangszeit Sorge machen, beraten wir uns mit den Eltern mit neuer Intensität. Anfangs waren die Anzeichen, die uns heute schon relativ früh ins Auge springen, noch nicht so klar: dass nämlich Kinder, die aus irgendeinem Grund ihre operative Phase nicht voll erlebt und nicht die Kraft aufgebracht hatten, zwischen freudiger Interaktion und mühevoller Bewältigung von Hindernissen, zwischen Alleinsein und Miteinandersein »sich selbst zu machen«, dahin tendierten, sich vor der Zeit den Herausforderungen ihrer gegenwärtigen Stufe zu entziehen und Zuflucht in der nächsten Lebensphase zu suchen.

Wir haben Kinder erlebt, die schon mit neun, zehn oder elf Jahren das Gehabe von Adoleszenten an den Tag legten. Sie hörten auf, authentisch zu spielen, scheuten körperliche Anstrengungen und Unbequemlichkeiten und reduzierten solche Tätigkeiten, die zum Aufbau eines persönlichen Urteils dienen konnten, auf ein Minimum. Stattdessen redeten sie stundenlang über Filmstars, moderne Musik und übers Verlieben. Oft machten sie einen großen Bogen um Erwachsene, bildeten abgeschlossene Gruppen, die Kameraden mit anderen Interessen ausschlossen, und benutzten die Schule als Treffpunkt, um sich für Kinobesuche, Feste oder zum Herumtrödeln in der Stadt zu verabreden.

Tendenzen zur Frühreife finden wir nicht nur bei Menschen, sondern bereits im Tier- und Pflanzenreich. Wenn es bei uns während der normalen Regenzeit eine längere Trockenperiode gibt, bleiben die Maispflanzen klein und unansehnlich. Dennoch entwickeln sie Kolben. Doch sie sind klein und haben wenige Reihen schmächtiger Körner. Ist das nicht eine Notmaßnahme der Natur, wenigstens das Fortbestehen der Art zu garantieren, wenn schon ein optimaler Reifungsprozess der einzelnen Pflanze oder einer Generation nicht mehr zu erwarten ist?

Frühreife – in verschiedenen Varianten und Graden – fällt uns aufgrund verschiedenster Erfahrungen jetzt eher auf als in früheren Jahren, und wir versuchen, unsere Wahrnehmungen mit den Eltern zu besprechen. Nicht immer erlaubt es ihre persönliche Situation, die notwendigen Schritte zu tun, um ihre Kinder in ihrer Entwicklungsstufe wirklich zu unterstützen. Doch selbst kleine Schritte in dieser Richtung bewirken oft positive Veränderungen. So zum Beispiel bei der neunjährigen Carmen, die nur noch einer Gruppe von zwölfjährigen Mädchen nachlief und deren Worte und Gesten nachplapperte. Als ihre Eltern den Mut aufbrachten, ihre Bummeleien in den modernsten Einkaufszentren von Quito und ihre nie aufhörenden Besuche bei anderen Kindern zu begrenzen, fing Carmen bei uns wieder an, inbrünstig mit Puppen zu spielen!

»Early ripe, early rot«, ein Ausspruch von David Elkind, hat sich auch nach unserer Erfahrung bei Schülern bewahrheitet, die »früh reif und früh faul« ihrer Kindheit entflohen und sich – ohne emotionale Sicherheit, ohne die Fähigkeit, sich ein eigenes Urteil zu bilden und sich selbst einigermaßen kennen zu lernen –, in das für sie gefahrvolle Reich der Adoleszenz flüchteten, Beziehungen ohne echte Verantwortung eingingen und dann schmerzlich gewahr wurden, dass man nicht auf Dauer so tun kann, als sei man erwachsen, wenn man es in Wirklichkeit noch gar nicht ist. Einer von diesen Frühreifen, einer von den wenigen, die schon mit dreizehn Jahren bei uns mit einer Freundin »Händchen hielten«, während seine Kameraden voller Elan und unter erheblichen Anstrengungen wirkliche Abenteuer inszenierten, besuchte uns als Achtzehnjähriger und bestand darauf, mit den »Secundarios« eine Versammlung abzuhalten. Voller Emotionen versuchte er, seine jüngeren Kameraden davor zu warnen, vorzeitig den Pesta zu verlassen, und er forderte sie auf, alles auszunützen, was hier zu ihrer Verfügung stehe. Doch resigniert meinte er dann: »Ich weiß, ich kann euch von nichts überzeugen. Jeder hat das Recht, seine eigenen Fehler zu machen. Aber ich kann jetzt besser schlafen, weil ich euch wenigstens gewarnt habe.«

Erwachsenen, die sich über Jugendliche ernstlich Gedanken machen, bereiten sicher die allgemein wachsende Tendenz zu Drogen, Alkohol und die mit ihnen verbundenen Gefahren Sorgen. In den Gesprächsrunden, die monatlich mit den Eltern der Jugendlichen stattfinden, kommen diese Themen öfter zur Sprache. Die Eltern berichten dabei, wie sie ihre Kinder erleben. Aufgrund dieser Informationen und unseres oft vertraulichen Umgangs mit den Jugendlichen konnten wir so manche Zusammenhänge erkennen, die uns zu einem besseren Verständnis der Vorgänge verholfen haben.

So sehen wir jetzt deutlich Zusammenhänge zwischen der Art, wie kindliche Überlebens- und Entwicklungsbedürfnisse erfüllt worden sind, und der Weise, wie die Heranwachsenden die Pubertät erleben.

Als grundsätzliches Überlebensbedürfnis haben wir das Erfahren von Liebe identifiziert: Liebe als Körperkontakt, als Wahrnehmung von liebevollen Signalen und als Annahme auch des für den Erwachsenen oft absurden kindlichen Denkens. In all diesen Aspekten können die konkreten Erfahrungen von Kindern bis zum zwölften oder vierzehnten Lebensjahr sehr unterschiedlich sein. Wächst ein Kind mit einem Defizit an Körperkontakt auf, so ist zu erwarten, dass es diesen möglichst früh im Zusammensein mit Kameraden, die an einem ähnlichen Mangel leiden, sucht. Die Pubertät bringt natürlich eine neue Dynamik in solche Kontaktaufnahmen, denn Sexualität kann nicht ohne Körperkontakt erlebt werden. So ist der Heranwachsende in Gefahr, Sexualität mit dem alten Bedürfnis nach Liebe zu verwechseln.

Bis er dann, falls überhaupt, den Unterschied merkt, kann er viele schmerzliche Erfahrungen gemacht haben!

Ein weiterer Aspekt dieses Dramas ist der Umstand, dass unbefriedigte Bedürfnisse und dem Entwicklungsstand nicht angemessene Erlebnisse ganz besonders in der Kindheit mit Schmerz verbunden sind. Schmerz wird durch Endorphine, also körpereigene Drogen betäubt, damit ein Mensch weiterleben und, sei es auch nur halbwegs, mit der Umwelt in Interaktion bleiben kann. Lebensenergie wird eingesetzt, um diese Blockaden aufrechtzuerhalten. Zusätzlich werden weitere Endorphine benötigt, um trotz dieses Zustands Interaktionen über die Blockaden hinweg zu ermöglichen. Dadurch ist der Organismus unter Spannung gesetzt, doch das Bedürfnis sich zu entspannen, um echten Entwicklungsprozessen eine Chance zu geben, tritt damit nicht außer Kraft.

Sind Weinen und Lachen, die natürlichen Spannungslöser, nicht ausreichend zugänglich, sucht der Organismus nach Notlösungen. Schon kleine Kinder können so zum Beispiel Entspannung durch das Manipulieren ihrer Genitalien entdecken; schließlich haben sie ja schon als Babys erlebt, wie Wundsein und Schmerz durch die mütterliche Berührung und die Behandlung mit Creme und Puder gelindert worden sind. Wenn solche Kinder zu geschlechtsreifen Jugendlichen heranwachsen, braucht es nicht viel, bis sie im geschlechtlichen Umgang Entspannung und Erleichterung finden und dabei viele andere Aspekte, zum Beispiel ob sie ihren Partner lieben und achten, erst einmal außer Acht lassen.

Das Prinzip von Betäubung und Stimulation, durch das ein Organismus sich trotz Blockaden doch lebendig und einigermaßen erfüllt erfährt, gilt für den Konsum von Drogen verschiedener Art ebenso wie für die Suche nach starken, nervenkitzelnden oder einlullenden Erlebnissen. Ein Organismus, der trotz vieler ungünstiger Situationen versuchen muss zu überleben, ist in sich selbst bereits »drogensüchtig« geworden. Er ist daran gewöhnt, solche Endorphine zu produzieren, die seinen Lebensschmerz eindämmen, wie auch weitere, die ihn trotz solcher Blockaden aufputschen, damit er auf einer anderen Schwelle doch noch etwas mit sich selbst und seiner Welt anfangen kann. Wächst solch ein Mensch heran und bietet sich ihm die Gelegenheit, an betäubende und stimulierende Drogen von außen zu gelangen, dann empfindet er dies als Erleichterung. Dagegen mag ein anderer, der noch nicht endorphinsüchtig ist, eine Droge vielleicht aus Geselligkeit mal probieren, er empfindet sie aber als unangenehmen Fremdkörper und lässt von ihr ab.

Die Jugendlichen im Pesta

Ich versuchte darzustellen, dass es nicht hinreicht, Umgebungen anzureichern, damit die operative Phase voll erlebt und dadurch Lebensfreude, Spannkraft und Urteilsfähigkeit genügend gestärkt werden, sondern dass Kinder nur dann genug Selbstvertrauen für eine intensive Interaktion mit ihrem Umfeld aufbringen, wenn sie ausreichend Liebe erfahren haben. Denn ohne diese Grundlage hätten sie nicht die Kraft, das Abenteuer einer unbekannten Welt voll zu genießen und auch die Hindernisse zu bewältigen, die damit verbunden sind.

Wenn »alles einigermaßen gut ging«, dann glauben sie an der Schwelle zur Adoleszenz an ihre eigene emotionale und soziale Kompetenz und ihre Fähigkeit zu denken und bringen den Mut auf, viele Türen nach außen aufzustoßen und alte Sicherheiten aufzugeben. Sie sind genügend entspannt und sehen in sexueller Betätigung nicht ein Mittel, um alte unbefriedigte Liebesbedürfnisse zu erfüllen, um Spannungen zu lösen oder Erfüllung zu suchen, die sie in der Kindheit nicht erfahren konnten. In diesem Zustand wächst in ihnen das Bewusstsein, dass echte Partnerschaft Verantwortung beinhaltet.

Im Pesta erleben wir, wie Kinder länger Kind sein wollen, ohne dabei kindisch oder zurückgeblieben zu sein, und erst dann vollends in die Adoleszenz eintreten, wenn sie voller zufrieden stellender Erfahrungen sind. Liebe und Respekt, die sie selbst erfahren haben, geben sie auch an andere weiter. Sie haben genügend körperliche, emotionale, soziale und kognitive Reife erlangt und ein liebevolles und vertrauensvolles Verhältnis zu den Erwachsenen bewahrt, sodass wir ihnen manchen Beistand beim Entdecken neuer Möglichkeiten leisten können. Auf diesem Hintergrund leben wir im Pesta mit den Jugendlichen, die sich entschlossen haben, bei uns zu bleiben, zusammen.

Einem Besucher, der einen Vormittag im Pesta zubringt, muss es wohl schwer fallen durchzublicken, was hier eigentlich passiert. Manche Jugendlichen kommen zusammen mit den Jüngeren in den Schulbussen an, andere mit dem Rad oder zu Fuß. Ein paar von ihnen bringen erst ein Geschwisterchen in den Kindergarten, bevor sie sich zu ihren Freunden gesellen. Bei denjenigen, die zu Fuß oder per Rad den steilen gepflasterten Weg heraufkeuchen, besteht die erste Handlung des Morgens darin, sich den Schweiß abzuwaschen und das durchnässte T-Shirt durch ein trockenes zu ersetzen. Die meisten Jugendlichen nähern sich gleich beim Ankommen den Erwachsenen, die zum Empfang der Kinder bereit sind. Eine versteckte oder offene Umarmung, ein Kuss auf die Wange oder ein kräftiger Händeschlag, ein liebevoller Gruß, ein Witz oder ein kurzes Gespräch dienen nicht nur zur Kontaktaufnahme, sondern scheinen die Freiwilligkeit ihres Kommens zu symbolisieren. Es ist klar, dass jeder seinen eigenen Interessen nachgehen und gleichzeitig die Gemeinschaft mit den anderen, einschließlich die Gegenwart der Erwachsenen, akzeptieren wird.

Tatsächlich geht nach der Ankunft jeder seines Weges. Doch haben sich die Jugendlichen eine eigene Struktur aufgebaut, die zugleich frei und verbindlich für sie ist: Am Freitagmorgen nehmen alle an der wöchentlichen Besprechung und Planung teil, die wie in der Primaria in Eigenregie stattfindet, hier aber nur von zwei Erwachsenen begleitet wird. Einer von ihnen wurde als feste Bezugsperson für ein Jahr für diesen Zweck gewählt, der andere war in der vorhergehenden Woche in diesem Bereich zuständig.

Im Unterschied zu den jüngeren Kindern in der Primaria besteht für die Jugendlichen kein Zweifel, dass diese Versammlung notwendig ist, damit in einer entspannten Umgebung jeder Einzelne seine Bedürfnisse befriedigen kann.

Alle themenzentrierten Gruppenveranstaltungen sind von den Jugendlichen selbst gewünscht und die Spielregeln zur Teilnahme von ihnen ausgehandelt. Sie selbst haben sich einen Erwachsenen ausgesucht, der in der Lage ist, mit ihnen Gegenstände oder Kulturtechniken zu bearbeiten, die ihnen erstrebenswert erscheinen. Das können Betreuer sein, die für die Dauer der Sitzung ihren Bereich dem »Springer« übergeben, auch Eltern oder Leute von draußen, die gegen Bezahlung in Alternativwährung oder – falls es keine regelmäßige Verpflichtung bedeutet – gratis ihre Erfahrungen, Kenntnisse, Einsichten oder Fertigkeiten zur Verfügung stellen.

Laufende Arbeitsgruppen können sich – je nach Interesse der Beteiligten oder mit Unterbrechungen durch Reisen, über Monate – über ein ganzes oder mehrere Schuljahre erstrecken, von einem Jahr zum anderen variieren oder einander ablösen. Mathematik, Physik, Chemie, Biologie, Philosophie, Geschichte, Geographie, kreatives Schreiben, Fremdsprachen, Grammatik und Orthographie, Theater, Gitarre, Flöte und Trommeln, Kunst- und Kunsthandwerk, Fotografie, Radfahren, Schwimmen und Computertechniken werden von den jungen Leuten verlangt. Da sie ohne Unterricht und ohne die Anforderung, einen äußeren Lehrplan erfüllen zu müssen, aufgewachsen sind, ist ihre Neugier und Offenheit für die Welt und für Kulturprozesse ungebrochen.

Oft haben sie Schwierigkeiten, ihre Zeit für alles, was sie jetzt brennend interessiert, zu organisieren, dabei selbst gewählte Verantwortlichkeiten zu erfüllen und doch noch genügend Muße zum Spielen und Sporttreiben, zum Reden und zur individuellen Auseinandersetzung mit Materialien zu finden. Vor ein paar

Jahren haben die Jugendlichen daher eine Elternversammlung einberufen und vorgeschlagen, eine Stunde länger im Pesta bleiben zu dürfen. Da dies bisher wegen der Busorganisation nicht möglich gewesen war, boten sie an, ihr Transportproblem auf eigene Faust zu lösen. Wenn mindestens zehn Leute länger bleiben wollen, gibt es seitdem die »Extrastunde«, die dann von einem Erwachsenen betreut wird.

Etwa zwei Mal im Monat kommen auf Wunsch der Jugendlichen von draußen Erwachsene, die bereit sind, ihnen aus ihrem Leben und von ihrer Arbeit zu berichten. In den Wochenversammlungen wird festgestellt, wer an solch einem Gespräch teilnehmen will. Wer sich dafür gemeldet hat, ist verpflichtet zu erscheinen.

Auf diese Weise konnten die Sekundarschüler viele Menschen kennen lernen, die ihnen sonst vielleicht schwerlich über den Weg laufen oder Zeit für sie aufbringen würden: Freiheitskämpfer, Pfarrer und Nonnen, Wirtschaftler, Philosophen, Physik- oder Chemieprofessoren, Schamanen, Naturheiler, Geburtshelfer und traditionelle Ärzte, Anthropologen, Politiker, Redakteure, Sprachgenies, Künstler, Geschäftsleute und Leiter wichtiger Unternehmen haben sich mit ihnen zusammengesetzt und über sich selbst und ihr Weltbild geredet.

Dabei halten die Jugendlichen nicht nach formalem Wissen oder einer Richtung für ihren späteren Beruf Ausschau. Im Zentrum ihres Interesses steht vielmehr immer die gleiche Frage: *Wer bist du in dieser Welt?*

Sie wollen erfahren, wie Erwachsene zu dem gekommen sind, was sie heute tun und denken, wie sie sich dabei fühlen, welche Probleme, Ängste und Befriedigungen sie erleben, wie ihr Familienleben aussieht, wie sie aus ihrer Perspektive die Welt interpretieren.

Untereinander diskutieren die Jugendlichen dann, ob ihnen diese Menschen glücklich oder unglücklich, echt oder »künst-

lich«, mutig oder verzagt, egozentrisch oder offen vorgekommen
sind.

Hin und wieder entstehen aus solchen Gesprächsrunden interessante Kontakte, die zu weiteren Aktivitäten führen können:
eine Arbeitsgruppe mit einem Arzt oder einem Schauspieler, ein
Trommelkurs oder eine Reise ins Amazonasgebiet zu einer In-
dianergemeinschaft. Da die Jugendlichen nicht nur – wie die
Zehn- bis Dreizehnjährigen – im Monat drei Tage, sondern so
lange, wie sie wollen, draußen »richtig arbeiten« dürfen, packen
sie manchmal bei diesen Gesprächen die Gelegenheit für neue
Erfahrungen beim Schopf. Das mag Hospitieren in einer Zei-
tungsredaktion, eine Arbeit in einem Hotel, bei einem Tierarzt
oder als Assistent beim Filmen von indianischen Gebräuchen
sein.

Die Heranwachsenden haben also nicht nur durch gemeinsame
Ausflüge, Besichtigungen, Besuche und Reisen reichlich Zugang
zum »normalen Leben« außerhalb der Schule. Ihre zahlreichen
praktischen Erfahrungen beweisen, dass der Pesta, so wie manche glauben, keine künstliche Insel ist und das »wirkliche Leben« den Schülern hier nicht vorenthalten wird. Im Laufe der
Jahre lernen sie viele Situationen aus erster Hand kennen, sei es
an Orten, wo sie nur schnuppern und ohne Bezahlung mithelfen
dürfen, sei es bei bezahlten Jobs an den Nachmittagen oder Wochenenden, die ihnen durch ein Netz von Bekannten und Freunden vermittelt werden. Diese Möglichkeiten geben ihnen nicht
nur Einblick in die Arbeitswelt, sondern erlauben ihnen, trotz
meist prekärer finanzieller Familiensituation zum Beispiel ein
Fahrrad abzustottern und auf ihm wieder neue Abenteuer zu erleben.

Innerhalb dieses Rahmens zunehmender Freiheit und Unab-
hängigkeit kann man vielleicht besser verstehen, warum die jungen Leute im Pesta mit Freude »zur Schule« kommen.

Nicht nur, dass sie auch ohne weiteres zu Hause bleiben

könnten, weil sie gerade etwas Interessanteres vorhaben oder weil sie, einmal angekommen, sich bei ihrem Tutor auch wieder abmelden dürfen, um etwas Wichtiges zu erledigen. Sie bestimmen im Pesta auch jederzeit ihre eigenen Aktivitäten und gehen ihren echten Interessen nach und haben dabei die Muße, über die draußen gewonnenen Erfahrungen ausgiebig zu reflektieren, sie zu verdauen und mit den verschiedensten Wissensgebieten in Verbindung zu bringen.

Die meisten Jugendlichen wollen den Pesta nach den offiziell anerkannten »neun Jahren ecuadorianischer Grunderziehung« (also mit etwa fünfzehn Jahren) nicht verlassen und bleiben oft bis zum siebzehnten, achtzehnten Lebensjahr bei uns, auch wenn sie dafür keinen gültigen »Schein« zu erwarten haben.

Diejenigen, die noch auf eine »normale« Schulbank überwechselten, um das Abitur zu machen, wurden nach jeweils unterschiedlicher Anpassungszeit fast ausnahmslos zu Spitzenschülern. Manche gelangten durch Examen direkt in höhere Klassen und ersparten sich einen Teil der Schuljahre. Andere meldeten sich direkt im Kultusministerium zum Abitur an, sobald sie achtzehn Jahre alt wurden oder Lust zum Studieren hatten. Wieder andere zogen es vor, erst einmal zu reisen oder verschiedene Arbeitserfahrungen im In- oder Ausland zu sammeln und so lange nicht zu studieren, bis ihnen klar geworden war, welche Richtung sie tatsächlich einschlagen wollten.

In diesem offenen Klima stehen Jugendliche nicht unter dem Druck, jetzt schon wissen zu müssen, »was sie einmal werden wollen«. Das tägliche Leben im Pesta verläuft also in entspannter Umgebung. Aus diesen Umständen ist allmählich die Idee eines »Autodidaktischen Netzes« erwachsen, das »statt Universität« vollkommen neue Perspektiven eröffnet. Es nimmt inzwischen immer konkretere Formen an und eigene Räumlichkeiten sind gerade für diesen Zweck in Bau.

Das Autodidaktische Netz »funktioniert« bereits seit Jahren innerhalb der regulären freiwilligen Arbeitsgruppen.

Wenn mindestens fünf Jugendliche über fünfzehn Jahren an ihnen teilnehmen, kann einer von ihnen sich bereit erklären, nach vereinbarter Form das Protokoll zu führen. Dafür wird er oder sie in Alternativwährung »bezahlt« und das Protokoll wird in der Datenbank des Computers der »RA« (Red Autodidacta = Autodidaktisches Netz) abgelegt.

Auch individuelle Aktivitäten in der Schule und beim Arbeiten außerhalb, die dann vom »Arbeitgeber« bestätigt werden, können so eingespeist und dann auf Wunsch für jeden »Studenten« als Beweis ihrer/seiner Erlebnisse, Bemühungen und Interessen bescheinigt werden. Es hat sich bereits erwiesen, dass bei Arbeitsmangel, der in unserem Land immer akuter wird, formale Studien weniger gefragt sind als der Nachweis handfester Erfahrungen mit Eigeninitiative, Eigenverantwortung und der Fähigkeit zur Kooperation in wechselnden Lebensumständen. Schon jetzt haben frühere Pesta-Schüler durch dieses »Zeugnis« selbst gewählter Betätigungen Arbeit erhalten, obwohl sie keine formale Ausbildung dafür gemacht hatten.

Der Umstand, dass praktisch in allen Gruppen jemand Protokoll führt, wirkt sich gleichzeitig positiv auf den Prozess der Arbeit aus. Alle Teilnehmer, die begleitenden Erwachsenen eingeschlossen, einigen sich auf die Regeln, in deren Rahmen sie zusammen sein wollen, und machen ihre Vorschläge, wie sie arbeiten und welche Gebiete sie behandeln möchten. All das wird im Protokoll festgehalten.

Der Koordinator – ein Jugendlicher, der freiwillig diese Aufgabe übernommen hat – führt Buch, wer anwesend oder abwesend ist und wer bei jedem Treffen das Protokoll schreibt. Eine der ältesten Regeln besagt, dass jeder selbst dafür verantwortlich ist, pünktlich zur Gruppe zu kommen. Wer dreimal fehlt, obwohl er in der Schule ist, fliegt hinaus.

Der Koordinator verlangt, dass das Protokoll der letzten Zusammenkunft verlesen und von allen Teilnehmern bestätigt wird. Im letzten Punkt des Protokolls ist die Entscheidung der Gruppe für den Inhalt des nächsten Treffens festgehalten und auch, wer die Verantwortung übernommen hat, einen Beitrag zu leisten.

So kommt der erwachsene Begleiter nicht in Versuchung, den Verlauf der Sitzung zu dirigieren. Er hat bei jedem Treffen zunächst nichts anderes zu tun, als auch pünktlich zu erscheinen. Weder bestimmt er den Anfang noch das Thema. Je nach Beschaffenheit der Arbeit wird von ihm mehr oder weniger direkter Einsatz erwartet, aber auch seine bloße Gegenwart wird schon von der Gruppe als Unterstützung empfunden.

Themen, Rhythmus und Arbeitsstrategien werden immer von allen Beteiligten bestimmt. Je nach den Umständen bekommt der Erwachsene Gelegenheit, auch etwas aus seinem Interessensgebiet beizutragen, oder er wird vielleicht zum Rettungsanker, wenn die Gruppe nicht weiterkommt. Oft bleibt er »nur« mitdenkender oder mithandelnder Begleiter.

Ohne zu dominieren, ist er trotzdem aufmerksam dabei und kann wahrnehmen, wie Jugendliche wirklich denken und was für sie wichtig ist.

So befasst sich eine Arbeitsgruppe mit *kreativem Schreiben*: Alle, auch der Erwachsene, bringen ihre Ideen ein, jeder schreibt seine eigenen Texte, jeder liest vor, hört zu und setzt sich den Kommentaren der anderen aus.

Nicht selten sind die Geschichten der Jugendlichen lebendiger und origineller als die ihres »Lehrers«. Aber wenn er etwas Gutes zustande gebracht hat, kann er dafür auch eine anerkennende Bemerkung von den anderen ernten …

Oder in einer *Arbeitsgruppe Philosophie*: Jede Behauptung gibt dazu Anlass, Bedeutungen nachzuspüren. Auch was man nur gehört oder gelesen hat, wird in Beziehung zu eigenen Problemen gesetzt. Meinungen berühmter Philosophen werden zurate gezogen – aber keiner zweifelt, dass man nur dann etwas von anderen übernehmen kann, wenn es mit den eigenen Erfahrungen übereinstimmt. Der Erwachsene berichtet auf Wunsch der Jugendlichen von seinen eigenen Erfahrungen und bietet an, Kontakte zu Vertretern verschiedener Ideen oder Kulturen herzustellen.

Mathematikgruppen befassen sich mit der Frage, wie Mathematik mit erlebten Wirklichkeiten und anderen Wissensgebieten zusammenhängt, welche Aspekte der Gruppe bekannt oder noch unbekannt sind. Aus diesem »brainstorming« entstehen ein Plan von Prioritäten und eine Wahl der Strategien, an die Arbeit zu gehen.

Jeder Teilnehmer verpflichtet sich, Problemstellungen zur Gruppe beizusteuern. Der Erwachsene sollte dabei auf alles gefasst sein und kann nur hoffen, dass er die Aufgaben, die von den Jugendlichen eingebracht werden, zu lösen vermag.

Sobald ein Problem ausgesprochen ist, wird eine Zeitgrenze festgesetzt. Einzeln oder in kleinen Gruppen, mit viel Reden, Lachen oder Verzweiflungsausbrüchen, werden Lösungen gesucht. Oft sind sie unerwartet, umständlich oder sogar falsch. Der Erwachsene kann sich entschließen, nach langem Hin und Her höflich zu fragen, ob er eine kürzere oder elegantere Lösung vorschlagen darf. Nicht immer wird ihm das gewährt, aber wenn er eine schöne Gleichung zum Besten gibt, wird er dafür auch ohne Neid gelobt …

In *Fremdsprachengruppen* bekommt der Erwachsene eine andere Gewichtigkeit, denn seine Kenntnisse werden zur Nachahmung gebraucht. Dennoch: Wie die Gruppe an den Spracherwerb herangeht, ist ihr eigener Prozess. Der Erwachsene kann Vorschläge machen – so wie alle andern auch. Er beißt sich aber auf die Zunge, wenn er in Gefahr schwebt, dominant zu werden.

Manchmal wünschen die Jugendlichen eine »gepfefferte Prüfung«, um ihren Wissensstand zu testen. Zwei von ihnen erklären sich bereit, ein Examen auszuhecken, und übernehmen dann die Beurteilung. In einer Schule ohne Noten bekommt dieser Vorgang den Platz, der ihm zusteht: Jeder stellt nämlich fest, was ihm fehlt und was er schon kann, und richtet seine weiteren Bemühungen danach aus.

Die »*Geschichtsstunde*« hat wieder einen anderen Charakter. Wir Betreuer wechseln uns beim »Geschichteerzählen« ab. Meist sind es Geschichtsromane, die wir selbst mit Genuss verschlingen und die wir in wöchentlichen Fortsetzungen zum Besten geben. Die Jugendlichen interessiert besonders die persönliche Geschichte der zentralen Figuren, die sich in ihrer Epoche dem eigenen Leben zu stellen suchten.

Zwischenfragen und Kommentare über geschichtliche Zusammenhänge oder menschliche Haltungen werden beim Erzählen mit einbezogen. Manchmal ergeben sich Vergleiche zur Gegenwart, aber oft hören die Jugendlichen auch nur einfach zu.

Sollte es jemandem einfallen zu stören, wird er von den anderen zur Ruhe gemahnt und daran erinnert, dass er die Gruppe jederzeit verlassen darf, wenn er etwas anderes wichtiger findet.

Es wäre schwierig nachzuvollziehen, wie sich diese Gruppen selbst organisieren können, wenn man nicht in Betracht zieht, dass nicht nur die Teilnahme freiwillig, sondern auch sonst die Umgebung so offen und vorbereitet ist, dass jedermann ohne weiteres seinen eigenen Interessen nachgehen, dabei seine Bedürfnisse befriedigen kann und sich nicht rechtfertigen muss, wenn er nicht »mitmacht« oder »das Programm nicht erfüllt«.

Auch die Jugendlichen nutzen noch ausgiebig die vorbereitete Umgebung für die verschiedensten spontanen Aktivitäten. Schauen wir uns also im Pesta um, wo überall sie sich aufhalten und was sie tun und lassen, wenn sie nicht gerade in einer Arbeitsgruppe engagiert sind:

Ein paar halbwüchsige Jungen und Mädchen finden wir auf dem Sportplatz, der kurioserweise im Moment gerade drei

Spielarten auf einmal dient. Die Hälfte der Fläche ist mit einem Fußballspiel belebt, das Primaria-Kinder mit viel Lärm und Begeisterung austragen. Quer über die andere Hälfte des Feldes spielen Sekundarschüler Basketball, doch das hindert eine gemischte Gruppe von Kleinen und Großen nicht daran, zwischendrin und rundherum noch für ein Baseballspiel Platz zu finden.

Es gibt keine Trainer oder Sportlehrer. Anscheinend genügt die Gegenwart eines betreuenden Erwachsenen, sodass die von allen Beteiligten ausgehandelten Regeln respektiert werden und in solch einer selbst gewählten Situation die Älteren auf die Jüngeren Rücksicht nehmen. In einer Wochenversammlung war ausgemacht worden, dass zu bestimmten Zeiten Adoleszenten und Primarschüler getrennt spielen, damit jeder nach seiner Kraft und Fähigkeit agieren kann, und dass zu einer anderen Tageszeit ältere und jüngere Kinder den Sportplatz gemeinsam nutzen.

Weiter oben im Gelände, probieren drei hochgeschossene Jungen an den hohen Stangen und dem Reck ein paar anspruchsvolle Kunststücke aus. Eine kleine Gruppe zierlicher Mädchen schaut ihnen staunend zu und wagt kichernd ungefährliche Varianten auf geringerer Höhe.

An vielen Orten teilen sich Teenager und jüngere Kinder die gleichen Bereiche, auch wenn sie die Angebote an Geräten und Materialien auf unterschiedliche Weise nutzen. In den Räumen für Handwerk und künstlerische Tätigkeiten wie auch in der Küche schafft, gestaltet und erfindet jeder, was er mag, und findet es natürlich, dass jeder seiner Stufe und seinem Geschmack entsprechend verschiedenste Resultate erzielt. Eine einfache Schreinerei steht allen zur Verfügung. Kinder und Jugendliche über zwölf haben auch die Möglichkeit, in einer abseits gelegenen, voll ausgerüsteten Schreinerei mit Unterstützung eines Schreiners anspruchsvollere Projekte, vielleicht eine Hundehütte, ein Snowboard oder ein Möbelstück zu zimmern.

In den Räumlichkeiten, in denen Geographie-, Geschichts-
und naturwissenschaftliche Materialien zur Verfügung stehen,
sehen wir meist mehr Jugendliche beschäftigt als jüngere Kinder.
In der »Spielhölle« ist es umgekehrt. Offenbar ist dort für die
Großen der Lärmpegel zu hoch. Meist ziehen sie es vor, sich ihre
Lieblingsspiele in ruhigere Bereiche mitzunehmen, in denen die
Kleineren nicht zugelassen sind.

Im weitläufigen Mathematik- und Sprachbereich haben die Jugendlichen ihre Stammplätze. Ihr liebster Ort zum Arbeiten ist
auf einem langen Balkon. Sie genießen es, sich dort mit Büchern
und didaktischen Materialien zu beschäftigen – einer mit Mathe,
eine andere mit Geschichte, daneben wieder andere mit Geogra-
phie-, Grammatik- oder Fremdsprachenmaterial.

Zusammen und doch in individueller Auseinandersetzung,
jeder mit seiner persönlichen Problemstellung, gehen sie im eigenen Rhythmus ihren Interessen nach. Beim genaueren Hinschauen bemerken wir, dass Daniela sich gerade abmüht, durch
Handhabung von Materialien fürs Bruchrechnen, der Bruchket-
ten für Proportionen und des Bruchrechenrahmens, die Multi-
plikation und Division mit Brüchen so lange auf verschiedene
Weise zu probieren und zu kombinieren, bis sie ihre Aufgaben
verstanden hat und sie auf dem Papier lösen kann.

Ernesto verbindet den trigonometrischen Würfel aus Holz
mit farbigen Spektra-Würfeln und dem Wurzelbrett und prüft
daran immer wieder das Funktionieren der trigonometrischen
Formeln.

David knobelt an Problemen der Teilbarkeit von großen Zahlen anhand bunter Türme und Perlen und geht danach zu Aufgaben über, die das kleinste gemeinsame Vielfache und den
größten gemeinsamen Teiler behandeln.

Juliana arbeitet mit Ketten von positiven und negativen Zahlen auf der Taptana*, einem indianischen Rechenbrett, und dem doppelten Rechenrahmen, bemüht, hinter die Logik der algebraischen Zeichenregeln zu kommen.

Micaela ist angestrengt dabei, aus einer langen Reihe von Quadrierungen mit vierstelligen Zahlen auf dem japanischen Rechenrahmen die Regelmäßigkeit in den Beziehungen dieser Werte zu entdecken.

Sebastian und José messen die Schatten von Bäumen und Stäben im Gelände, um unter Anwendung ähnlicher Dreiecke die Höhe der Eukalyptusbäume zu errechnen, während Fernanda, Federico und Augusta in der biologischen Wasseranlage nach mathematischen Gesetzmäßigkeiten Ausschau halten.

Unsichtbar für das Auge des Betrachters werden auf verschiedene Weise und je nach Erfahrung und Reife eines jeden Mädchens oder Jungen Entwicklungsschritte vollzogen, die für diese Altersstufe wichtig sind: An konkreten Gegebenheiten und zunehmend komplexen Verbindungen wird die Abstraktionsfähig-

---

* Bei der »Taptana« handelt es sich um ein indianisches Rechenbrett. Es wurde auf Steinen mit 3 mal 9 Vertiefungen von den Spaniern bei den Cañaris-Indianern südlich von Quito gefunden und zuerst als eine Art Kuriosität in ihre Aufzeichnungen übernommen. Erst moderne Anthropologen haben sich die Mühe gemacht herauszufinden, dass diese Gebilde zum Rechnen dienten. Die verschiedenen Kategorien (Einer, Zehner, etc.) wurden dabei wahrscheinlich mit Samen, Bohnen und bunten Steinen dargestellt. Soviel man weiß, ließ sich mit dem Rechenbrett damals nur addieren und subtrahieren. Im Pesta haben wir Modelle der Taptana aus Holz hergestellt und so abgewandelt, dass wir damit bis zu hohen Zahlen und mit Dezimalzahlen rechnen können, zudem malnehmen, teilen, Quadratwurzeln ziehen, Prozente ausrechnen und auch positive und negative Felder darstellen können. Die Taptana ist auch bei den Jugendlichen noch sehr beliebt, um die Logik der algebraischen Zeichenregeln sensomotorisch zu erarbeiten. In unseren Erwachsenenkursen ist die Taptana immer eine große Attraktion.

keit entfaltet und ein persönliches Verständnis für Verallgemeinerungen erarbeitet – und das Ganze geschieht eigenständig und in Eigenverantwortung.

Im Bereich Mathematik sind diese Prozesse durch die ständige Bezugnahme auf konkrete Materialien am eindeutigsten zu erkennen. Die Jugendlichen, die sich heute freiwillig im Pesta der Anforderung stellen, sich ihr eigenes Verständnis logischer Zusammenhänge eigenständig zu erarbeiten, und die bereit sind, auf den »kurzen Weg« der Aneignung von Wissen durch Belehrungen zu verzichten, sind unsere besten Lehrmeister. Hier kann keiner so tun, als ob er alles verstünde, denn die Wirklichkeit lässt sich auch von den schönsten auswendig gelernten Formeln nicht erweichen. Jeder bemüht sich auf seiner Stufe und ist auf der Suche nach seinem eigenen Verständnis. So sind die Antworten niemals so endgültig, dass es sich lohnen würde, sie »auswendig zu lernen«.

Bei allen Nachforschungen, ganz gleich auf welchem Gebiet, erleben wir diese Haltung als grundlegende Einstellung. So lassen wir uns auch nicht von erstaunlichem Wissensdurst zu sehr beeindrucken. Es könnte ja sein, dass »viel zu wissen« zum Ersatz für eigenes Denken wird und den eigenen Verständnisstrukturen noch gar nicht entspricht. Es ist für uns Erwachsene eine Herausforderung, zwischen echter Neugier und dem Verlangen nach Wissen unterscheiden zu müssen. Und diese Aufgabe können wir nur angehen, wenn wir nicht so tun, als hätten wir richtige Antworten und objektives Wissen parat.

Unser Misstrauen gegenüber Wissen ohne Verständnis hat uns über die Jahre hinweg davor bewahrt, doch wenigstens die Jugendlichen an die in Ecuador geltenden Normen anzupassen und sie zu einer Gelehrsamkeit zu ermuntern, die kaum ihrer persönlichen Reife entspricht.

Da kein von außen aufgesetztes Curriculum die jungen Leute von Stoff zu Stoff treibt, sind sie einer schwereren Aufgabe als dem bloßen Erfüllen eines offiziellen Lehrprogramms ausgesetzt.

Sie müssen von Tag zu Tag und von Stunde zu Stunde fühlen, welche Erwartungen und Ziele sie sich selbst stecken. Die Freiheit, selbst über längere Zeit »nichts Besonderes zu tun«, geht Hand in Hand mit der Frage, was sie wirklich interessiert, was sie für sich selbst erreichen wollen, ob sie es wagen, selbst zu denken, oder lieber das Denken und Handeln anderer nachahmen, ob sie sich vor Schwierigkeiten drücken oder sich ihnen stellen, sich zum Handeln und Reflektieren aufraffen oder lieber in einer Phantasiewelt schwelgen, kurz: welche Art von Person sie wirklich sein wollen.

So bewegen sich die Adoleszenten im Pesta zwischen oft hektischer Tätigkeit, einer Vielzahl von Projekten, die sie manchmal kaum zum Durchatmen kommen lassen, und dann wieder Phasen des scheinbaren Nichtstuns oder ruhiger und beschaulicher Beschäftigungen. In der Schulküche schreiben sie sich ein wie die Jüngeren, produzieren oft mit viel Effizienz Gerichte in Riesenmengen, die dem Hunger dieser Altersstufe entspricht, und genießen gemeinsame festliche Mahlzeiten, die von angeregten Gesprächen begleitet sind.

Wenn sie unter sich sein wollen, stehen ihnen mehrere Räumlichkeiten zur Verfügung, die den Jüngeren nicht zugänglich sind. Zum Beispiel sehen wir sie an einem langen Tisch Karten spielen, schreiben, Zeitung lesen und diskutieren. Im Büro sitzen sie an für sie reservierten Computern, die sie vor allem zum Datenverarbeiten und Schreiben benutzen. In einem mit Matten und Kissen ausgestatteten Zimmer, zu dem eine eigene kleine Bibliothek gehört, machen sie es sich mit Büchern gemütlich, spielen Gitarre und singen dazu. In einem besonderen Pavillon versammeln sie sich zu ihrer eigenen hochheiligen Saftzeit, die durch ihr Bedürfnis nach Reden oft erheblich verlängert wird. In der Tauschmarkthalle widmen sie sich ausgedehnten Billardspielen.

Und immer wieder suchen sie sich behagliche Örtlichkeiten,

auf Stufen in der Sonne, an überdachten Picknicktischen, auf
dem obersten Stockwerk des Kletterturms, im Schatten eines
Baumes oder rund um eine Hängematte, wo sie meist in kleinen
Gruppen zum Erzählen und zum Besprechen von Erfahrungen,
von Ideen, Projekten und ihrer Weltanschauung zusammenkommen. Dabei gestikulieren sie heftig, beschreiben mit weit
ausladenden Bewegungen eindrückliche Erlebnisse, haben Lach-
anfälle und führen ernste Gespräche.

Hin und wieder rufen sie einen Erwachsenen herbei und fragen ihn nach seiner Meinung und Erfahrung in einer Sache, die
sie gerade beschäftigt.

Vor kurzem fragte mich ein vierzehnjähriges Mädchen, das
mich als Tutor gewählt hatte, ob ich ihr nicht einmal ausführlich
erzählen könnte, wie ich Mauricio kennen lernte und wie wir
uns verliebt haben. Ich war gerade im Mathe-Bereich beschäftigt
und verabredete mich darum mit ihr für die Saftzeit an einem
sonnigen Platz im Garten.

Wie verblüfft war ich dann, als zur Saftzeit mehr als dreißig
Jugendliche am vereinbarten Ort auf mich warteten, dazu auch
zwei Mütter, die an diesem Morgen gerade die Schule besuchten! Das Fragen und Antworten dauerte über eine Stunde. Inzwischen musste ich dafür sorgen, dass mein Bereich von einem
Kollegen betreut wurde, denn das Interesse an meiner Geschichte hörte nicht auf und führte von den persönlichen
Aspekten immer weiter, über sinnvolle oder enttäuschende Beziehungen bis hin zum »Sinn des Lebens«.

Die entspannte Umgebung macht es möglich, dass Erwachsene und Jugendliche sich in vielen verschiedenartigen Situationen und Gesprächen begegnen. Dieser Umstand brachte uns auf
die Spur der authentischen Bedürfnisse der Adoleszenten, die
wir heute in dem Satz zusammenfassen: *Wer bin ich in dieser
Welt?* Besonders junge Leute, denen formale Religionspraktiken
nicht aufgezwungen und die auch in diesem »Fach« nicht belehrt worden sind, beeindrucken uns oft durch ihr Interesse an

Spiritualität und ihre vielfältigen Ausdrucksformen. Die Fragen nach dem Ursprung und dem Ziel des Lebens, nach der Echtheit oder den Verirrungen spiritueller Suche und den Beziehungen zwischen Weltgeschichte und Religionen hören nicht auf, sie in ihren Gesprächen zu beschäftigen, und motivieren sie, Menschen einzuladen oder aufzusuchen, die bereit sind, ihnen über dieses Thema Auskunft zu geben.

Trotz ihrer Besonderheit hinsichtlich verschiedener Aspekte pflegen fast alle »Pestas« regelmäßige Kontakte zu Altersgenossen außerhalb unserer behüteten Umgebung. Sie treffen sich mit ihnen bei Festen, kulturellen oder sportlichen Anlässen, im British Council oder in der Alliance Française, wo manche nachmittags Englisch oder Französisch üben. Einige von ihnen sind Mitglieder eines Andinistenclubs und klettern an den Wochenenden im Gebirge herum. Andere wirken in Musikgruppen mit oder leisten ihre Beiträge zu sozialen Diensten.

Aktivitäten dieser Art verschaffen ihnen reichlich Gelegenheit, Freundschaften zu schließen, andere Lebensweisen kennen zu lernen und Unterschiede wahrzunehmen. Diese sind immer wieder Anstöße für Entscheidungen, wie weit sie sich auf Angebote, die direktive Beziehungen beinhalten, einlassen sollen.

Nicht alle sind reif genug, sich dem Sog der Direktivität zu widersetzen. Besonders solche mit viel innerem Schmerz, mit der Tendenz, spontane Interaktionen zu vermeiden, da sie in ihnen sich selbst fühlen und auch Hindernisse überwinden müssen, empfinden von anderen geplante Aktivitäten, so wie unsere Gesellschaft sie vorrangig anbietet, womöglich als Erleichterung. Sie sind vielleicht fasziniert von einem Capoira[*]-Kurs, der Un-

---

[*] Der »Capoira« entstammt wohl einer alten brasilianischen Tradition. Es handelt sich dabei um eine Art rituellen Gruppentanz mit Musik, die jeder auf besonderen, selbst gefertigten Instrumenten macht. Ursprünglich diente der »Capoira« offensichtlich der Vorbereitung auf einen Kampf, auch wenn seine »Meister« ihn heute lieber als einen Weg

terrichtung in einer Art rituellem Tanz mit selbst gefertigten
Musikinstrumenten, der für sie eine Brücke zur »weiten Welt«
bedeuten mag, doch fällt es ihnen schwer zu spüren, was bei dieser Übung zur Selbstverwirklichung ganz persönlich zu ihnen
passt bzw. mit ihnen geschieht.

Solche Erlebnisse der Abhängigkeit spiegeln sich nicht selten
auch in der vorbereiteten Umgebung der Schule wider. Die Jungen und Mädchen sind oft weniger »sie selbst«, bringen Einflüsse von außen herein, die sie nicht integrieren können; sie
stören nicht nur andere, sondern auch ihre eigene Fähigkeit,
spontan und intelligent auf die neutralen Offerten der Umgebung einzugehen. Es kann sogar so weit kommen, dass wir Betreuer solch einen Adoleszenten vor die Alternative stellen: entweder Pesta oder Capoira, Fußballclub oder Konservatorium.

Um Missverständnisse zu vermeiden, möchte ich betonen,
dass wir die Jugendlichen nicht in einer »heilen« Welt der Nichtdirektivität einsperren wollen. Wir glauben aber, dass wir sie bei
ihren Abstechern in die weite Welt nicht allein lassen sollten,
mit ihnen über ihre Erfahrungen reflektieren und ihnen auch
notfalls Grenzen setzen sollten. Auf diese Weise wird ihnen die
Frage nicht erspart, wie viel ihnen der Einblick in die Welt direktiver Beziehungen wert ist, ob sie dorthin tendieren, weil es
doch der leichtere Weg ist, oder ob sie sich jener Welt so öffnen,
dass sie sich in ihren persönlichen Entscheidungen nicht beeinflussen lassen.

Als ein Besucher aus dem Ausland eine Gruppe befragte, wie
sie ihre Beziehungen zueinander im Pesta im Vergleich mit de-

---

in die Selbstverwirklichung betrachten. In den Kursen, die hierzulande
populär geworden sind, bestehen die Lehrer darauf, dass diese Praxis
nur zum eigenen Wohlgefühl und zum Austausch mit anderen dienen
soll. Wir haben allerdings bemerkt, dass die Technik, die der Tanz beinhaltet, bei Menschen gefährlich werden kann, die damit ihr eigenes
Potenzial erweitern wollen, ohne die entsprechende Reife dafür zu besitzen.

nen zu anderen Jugendlichen sehen, waren sie sich einig: »Mit Jungen und Mädchen aus anderen Schulen sind wir gut Freund. Aber hier sind wir wie Geschwister. Es ist eine ganz andere Qualität von Beziehung. Wir können einander vertrauen; jeder gibt sich so, wie er wirklich ist. Bei den andern können wir da nie ganz sicher sein.«

Mehrmals wurden Jugendliche, die noch bei uns sind, zusammen mit ehemaligen Schülern zu Elternabenden eingeladen, um zu berichten, wie sie den Pesta aus ihrer Perspektive sehen. Wir Betreuer hörten staunend, mit welcher Sicherheit, Klarheit und Beredsamkeit sie ihre Erinnerungen, Lebensprozesse und Beurteilungen in einer großen Runde von Erwachsenen darstellten:

»Ich wollte mit sechzehn auf eine andere Schule, weil ich mal erleben wollte, wie das eigentlich ist. Mein Vater riet mir ab, aber ich hielt ihm vor, dass er meinen Wunsch nicht richtig einschätzen könne, denn schließlich kenne er ja die formale Erziehung, ich aber nicht. Jetzt habe ich das ein Jahr lang mitgemacht und weiß, wie es ist. Vielleicht wäre es gar nicht schlecht, wenn alle Pestas mal ein Jahr auf eine andere Schule gingen, damit sie besser schätzen, was sie hier haben ...«

»Wenn die Eltern glauben, dass ihre Kinder mit vierzehn oder fünfzehn doch noch auf eine traditionelle Schule gehen sollten, damit sie sich besser an die Gesellschaft anpassen, merken sie wohl nicht, dass sie eine Knospe abbrechen, bevor sie zu einer Blüte wird. Für mich ist die Zeit der ›Secundaria‹ die Blüte von allem, was ich vorher mehr oder weniger unbewusst hier erleben durfte.«

Auf die Frage an einen früheren Pesta-Schüler, ob er beim Übergang in die »normale Welt« nicht bereut habe, sich nicht wie die anderen systematisch Fachwissen angeeignet zu haben, kam zur Antwort: »Das war für mich kein Problem. Die anderen hatten eine Menge auswendig gelernt. Aber ich habe gelernt, der Unternehmer meines eigenen Lebens zu sein!«

Der Vermutung, beim Verlassen des Pesta sei er wohl gegen
die Welt da draußen geprallt, setzte ein Zwanzigjähriger entgegen: »Die Welt ist gegen mich geprallt, nicht ich gegen die
Welt!«

Hinsichtlich der Besorgnis, ob es den jungen Leuten, die immer das tun durften, was sie wirklich wollten, nicht ungeheuer
schwer falle, sich der Routine und den Anforderungen an einem
Arbeitsplatz zu unterwerfen, wurde geantwortet: »Mein Gefühl
von Freiheit ist so stark, ich fühle es wie einen inneren Raum, in
dem ich frei bin – auch dann noch, wenn ich bei der Arbeit im
Megastress bin oder es mit einem unangenehmen Chef zu tun
habe. Außerdem komme ich mit meinen Mitarbeitern gut aus.
Mir fällt es nicht schwer, anderen Grenzen zu setzen, ohne sie
dabei zu beleidigen. Überall, wo ich Erfahrungen sammeln will,
bin ich in kürzester Zeit der beste Arbeiter, weil ich alles, was
anfällt, so gut wie möglich tun will. Das bin ich mir selbst schul-
dig und tut meiner Lebenslust keinen Abbruch.«

»Du bist jetzt schon achtzehn. Weißt du, was du letztendlich
im Leben tun willst?«

»Wenn du damit meinst, ich wüsste, welchen Beruf ich den
Rest meines Lebens ausüben will; also das kann ich jetzt noch
nicht wissen. Ich will die Welt noch mehr kennen lernen, will
reisen, die Probleme der Welt besser verstehen, Verschiedenes
arbeiten und so viel wie möglich lernen. Aber meine Berufung
kenne ich jetzt noch nicht. Ich weiß auch nicht, ob es so einfach
ist, sie zu finden. Ich bin mir aber ganz sicher: Ich will selbstständig sein, eine Familie gründen und auch genügend Zeit für
sie haben.«

In unserer behüteten Umgebung haben Jugendliche noch Muße,
über ihr eigenes Leben und ihre Beziehung zur Welt nachzudenken. Sie machen kurze oder längere Abstecher ins konkrete Ar-
beitsleben oder Erfahrungen außerhalb des Landes. Drei vier-
zehnjährige Mädchen verbrachten zum Beispiel zwei Monate in

Chile und berichteten in einer Schule von ihren Erfahrungen, demonstrierten Lehrern und Kindern Materialien, hielten Elternabende ab und zeigten, dass hier ein echtes persönliches Wachstum, das dieser Entwicklungsphase tatsächlich entspricht, möglich ist.

Die große Reise

In den ersten Monaten des Jahres 1998 erlebten wir auf eindrücklichste Weise, dass Kinder und Jugendliche, die nicht zu früh zur Anpassung an die »reale Welt« vorbereitet und dafür konditioniert worden sind, sich selbst ungewöhnliche Aufgaben stellen und sie auch auf kreative Weise bewältigen können.

Wie oben bereits erwähnt, wurde der Plan für eine Fahrradtour nach Brasilien während einer Fahrt ins Amazonasgebiet von Ecuador geboren.

Anfangs nur eine verrückte Idee, spukte sie doch weiter in den Köpfen einiger Jugendlicher herum. Daraus wurde ein Scherz: »Fahren wir doch mit dem Rad nach Brasilien! Wer kommt mit?« Aus Jux wurde Ernst: Sollte das wirklich nicht möglich sein?

Und es entstand ein Forschungsprojekt: Wenn man mit dem Fahrrad schon nicht auf dem kürzesten Weg nach Brasilien gelangte, welche anderen Straßen kämen sonst noch infrage?

Als Erstes wurde die Südroute unter die Lupe genommen, über Peru, Bolivien und Argentinien nach Brasilien. Aber das bedeutete Radfahren durch 1.500 Kilometer Wüste (wer konnte genügend Wasser transportieren, um das zu überstehen?) und wochenlanges Kämpfen mit dem Gegenwind, der an der Pazifikküste von Süden nach Norden weht.

Jemand schlug eine Nordroute vor: von Ecuador nordwärts durch Kolumbien, weiter durch Venezuela nach Caracas, die Karibik entlang nach Cumaná und dann »gerade hinunter« durch die Gran Sabana Venezolana in das Herz des brasilianischen Urwalds nach Manaus.

Die Sache schien nicht mehr unmöglich. Zahlreiche Erkundigungen über die Route förderten jedoch neue Hindernisse zutage: zuerst die unangenehme Nachricht, dass verschiedene Gegenden, zum Beispiel der Süden Kolumbiens, den wir zuerst durchqueren müssten, von der Guerilla unsicher gemacht würden; dann, dass wir mit steilen und unwegsamen Strecken durch die Anden zu rechnen hätten, wenn wir die verkehrsreichen Straßen meiden wollten. Und schließlich erzählten uns Abenteurer, die mit einem Motorrad nach Manaus gelangt waren, dass die letzten tausend Kilometer in Brasilien nicht nur auf einer unsicheren Naturstraße zu bewältigen seien, sondern dass nicht weit vor Manaus in einem Indianerreservat auch noch Menschenfresser wohnten!

Wer meinte, die Jugendlichen durch diese Informationen von ihrer Idee abzubringen, hatte sich getäuscht. Auch die Tatsache, dass niemand wusste, wo das Geld für solch eine Reise herkommen sollte, schürte ihre Phantasie nur noch mehr. »Irgendwie werden wir es schaffen! Wir werden so lange dafür arbeiten, bis wir genügend für den Start zusammengebracht haben. Und unterwegs werden wir ja weitersehen. Wir werden Mittel und Wege finden. Schließlich ist es auch gar nicht so wichtig, ob wir in Manaus ankommen, aber wir wollen uns eben ein Ziel setzen. Wir haben einen Traum und wollen sehen, ob er zu verwirklichen ist ...«

Anfangs waren es fünfzehn Jugendliche zwischen 15 und 18 Jahren, die das Projekt in verschiedener Hinsicht untersuchten. Sie luden die Erwachsenen ein, die bereits mit ihnen in Ecuador geradelt waren und machten »brainstorming« mit ihnen.

Dabei kristallisierten sich eine mögliche Route, Strategien zur Finanzierung und zur Organisation heraus. Sie planten kürzere

und längere Trainingstouren in die verschiedenen Klimazonen
Ecuadors. An ihnen beteiligten sich auch jüngere Kameradinnen
und Kameraden, vorläufig ohne die Absicht, an der großen Reise
teilzunehmen. Aus den fünfzehn Jungen und Mädchen wurden
bald fünfundzwanzig und aus den ursprünglich drei interessierten Erwachsenen fünf, die – sollte das Projekt zustande kommen – die Gruppe begleiten wollten.

An einer Tour von Tumbaco über einen 4.100 Meter hohen
Pass hinunter auf 500 Meter ins Amazonasgebiet und wieder zurück beteiligten sich Zwölf- und Dreizehnjährige und kamen zu
der Überzeugung, dass sie gerade so fit waren wie ihre älteren
Kameraden. »Wenn die Reise nach Manaus nur so schwierig ist
wie diese Fahrt, dann wollen wir auch mit!«, war ihre Folgerung.
Als sie diesen Entschluss zu Hause mitteilten, gab es einige Fa-
milienkrisen, aber die Kinder ließen sich von den mütterlichen
Ängsten nicht beirren.

Die Zahl der interessierten Jugendlichen stieg auf 38, und es
wurde beschlossen, dass sie von acht Erwachsenen begleitet werden sollten. Sechs von ihnen müssten die gesamte Reise begleiten und mehrere Eltern, die nicht so lange abkömmlich sein
konnten, sollten Teilstrecken mitfahren und einander ablösen.

Ein ganzes Jahr lang dauerten die Vorbereitungen für die große
Fahrt. Es wurden zur Finanzierung Sponsoren gesucht, Feste
und kulturelle Veranstaltungen organisiert, Flohmärkte abgehal-
ten. Viele Jugendliche suchten sich Wochenendjobs, um Geld
für die Ausrüstung zu verdienen. Jeder Erfolg schüttete neues Öl
ins Feuer der Überzeugung, dass das Projekt zu verwirklichen
sei.

Alle vierzehn Tage luden die Jugendlichen ihre Eltern zu einer
Versammlung ein, um mit ihnen Arbeitsgruppen zu bilden und
für alle auftauchenden Probleme gemeinsam Lösungen zu suchen.

Je mehr die Eltern mitdachten und mitarbeiteten, umso mehr

erwärmten sie sich an der Vorstellung, dass das Projekt nicht nur möglich sei, sondern »eine phantastische Erfahrung« für ihre Kinder bedeuten würde. In Wirklichkeit glaubte aber keiner, dass alle Radler Manaus erreichen würden. Darum hatten sie auch wegen der »Menschenfresser« in Brasilien keine akuten Ängste.

Doch es fehlte nicht an Eltern, die schlaflose Nächte wegen der Guerillas in Kolumbien verbrachten und uns rieten, mit dem Schiff nach Venezuela zu fahren, um diese Gefahren zu vermeiden. Doch andere Eltern hatten noch aus früheren Zeiten Kontakte in diese Zone und versicherten, dass *guerrilleros* sich niemals an einer Gruppe von Kindern und Jugendlichen vergreifen, im Gegenteil uns vor Dieben und Räubern schützen würden.

Jede Woche trafen sich alle, die mitfahren wollten, unter ihnen auch ein paar ehemalige Schüler, zu Beratungen. Die Pläne und Strategien zur Verwirklichung der Reise wurden immer konkreter.

Es wurde beschlossen, dass sich jeder Jugendliche im Gebrauch eines didaktischen Materials spezialisieren, illustrierte Anleitungen ausarbeiten und eine leichte und reisetüchtige Ausgabe wichtiger konkreter Materialien erfinden sollte. Wir stellten uns vor, dass wir unterwegs im Tausch für Materialdarbietungen in Schulen gratis übernachten und damit eine Menge Geld sparen könnten. Und so entstanden tolle gestrickte Montessori-, chinesische, japanische Rechenrahmen und solche für andere Rechensysteme.

Bei all diesen Schöpfungen machten die Jungen und Mädchen interessante Erfahrungen. Was sie bisher – spontan und fast natürlich – in konkreter Auseinandersetzung mit dem Material getan hatten, wurde in oft harter Arbeit auf eine neue Ebene der Präzision und Reflexion gehoben.

Mit der Zeit bildeten sich Untergruppen, die auf der Fahrt fähig sein sollten, notfalls auch getrennt von den anderen ihre Probleme zu lösen, denn es war vorauszusehen, dass nicht immer alle 45 Radler im gleichen Rhythmus vorankommen und jede Teilstrecke gemeinsam zurücklegen würden. Jede Untergruppe wählte einen Erwachsenen, der bei ihnen bleiben sollte. Unter sich verteilten sie spezielle Verantwortlichkeiten, die auf der Reise vonnöten sein könnten: Verantwortung für die Route, fürs Geld, für mechanische Probleme, erste Hilfe, Kontakte mit der Öffentlichkeit und Koordination der Darbietungen von Materialien. Jeder Jugendliche tat sich mit einem Kameraden zusammen, der ihn notfalls zurück nach Hause begleiten musste, falls er krank würde oder nicht mehr weiterfahren wollte.

Während dieser Treffen formulierten die Jugendlichen die ersten Regeln, die auf der Reise gültig sein sollten, und deren Konsequenzen, nicht nur was die Disziplin auf der Strecke und in den Quartieren, sondern auch was die Rolle der Erwachsenen anging.

Eine wichtige Bestimmung war zum Beispiel, dass keiner, die Erwachsenen inbegriffen, Extrageld mitnehmen dürfe, sondern dass aus einem gemeinsamen Fond jeder die gleiche Summe bekommen und damit haushalten müsse.

Bei den Versammlungen berichteten sie auch über die Ergebnisse ihrer Bemühungen zur Finanzierung, ihrer Erkundigungen bei den Behörden und Botschaften, über Interviews mit der Presse, im Radio und im Fernsehen und alles, was während der Woche zur Vorbereitung gelaufen war. Eine Gruppe kümmerte sich um das Überholen der Räder, die Herstellung von geeigneten Gepäckträgern und Radtaschen, die hinten und vorne alles aufzunehmen hätten, was auf der Reise gebraucht werde: Zelte, Schlafsäcke, Isomatten, Kochgeschirr und Minikocher, Kleider für verschiedenes Wetter, Toilettenartikel, Werkzeuge, Flickzeug und Ersatzteile, didaktische Materialien, Lesestoff, Schreibutensilien, Fotoausrüstung und kleinere Musikinstrumente.

Die Abreise wurde auf den ersten Januar 1998 festgelegt. Kurz vorher war klar, dass uns nur die Hälfte des veranschlagten Geldes zur Verfügung stand. Doch wir spekulierten, dass schon zwischen Quito und Bogotá die ersten schlapp machen und dadurch das Budget entlastet würden. Nach einem denkwürdigen Silvesterabend – die meisten packten noch bis spät in die Nacht und feierten mit Verwandten und Freunden Abschied – versammelten sich die 46 Radler am Neujahrsmorgen im *Parque Metropolitano* in Quito und wurden vom Bürgermeister der Stadt in einer öffentlichen Zeremonie mit Ansprachen auf die Reise entlassen. Die Radlergruppe setzte sich aus sechzehn Kindern zwischen dreizehn und vierzehn, neunzehn Jugendlichen zwischen fünfzehn und achtzehn, drei ehemaligen Schülern über zwanzig und acht Erwachsenen zusammen.

Hunderte von Verwandten und Bekannten verabschiedeten die Gruppe mit Tränen, Hochrufen und allen guten Wünschen. Mit den Freiwilligen, die uns auf der ersten Tagesstrecke begleiteten, waren wir über hundert Radler. Polizisten auf Motorrädern begleiteten uns mit ihren Sirenen durch die Straßen Quitos zur Stadtausfahrt und halfen uns, indem sie den Verkehr stoppten. Schon in der ersten halben Stunde gab es die ersten platten Reifen. Die Nervosität war enorm, der Zusammenhalt der Gruppe wurde auf die erste Probe gestellt. Auf allen Brücken, an den Wegrändern und allen Dorfeinfahrten standen winkende Freunde und Verwandte und bedrängten uns mit ihren Hochrufen. Die Radler hatten es nicht leicht, mit 30 bis 50 Kilo vorn und hinten beladen, in solchem Gewühl zu manövrieren.

Am ersten Tag legten wir nur 50 Kilometer zurück, doch als wir unter einem strahlenden Sternenhimmel das erste Mal unsere Zelte aufschlugen, waren wir so erschlagen wie wohl sonst kaum auf der ganzen Reise.

In fünf Etappen, zur Hälfte auf schwierigen Naturstraßen und mit erheblichen Höhenunterschieden, erreichten wir die kolumbianische Grenze. Bis hierher wurden wir noch von ein paar El-

tern begleitet. Sie nutzten die Feiertage, um ein Stück mitzura-
deln. Und bis zur Grenze waren auch unsere Quartiere in Schulen vorbestellt. In gewisser Weise waren wir also noch »zu
Hause«, obwohl wir Mühe hatten, uns an die physischen Anforderungen zu gewöhnen, und ausprobieren mussten, ob die Vor-
planung der Teilgruppen und der Zusammenhalt der Gesamt-
gruppe auch funktionierten. Noch war es neu für uns, in
Schlangen vor wenigen Toiletten und Duschen anzustehen, ständig mit so vielen anderen zusammen zu essen und zu schlafen.

In der Grenzstadt Tulcán empfing uns das ecuadorianische
Militär in einem Ehrenspalier mit Fahnen und führte uns zu einer formalen Abschiedszeremonie mit Ansprachen, Strammste-
hen und, die Radhelme vor der Brust, dem Singen der National-
hymne. In dieser Nacht schliefen wir in harten Soldatenbetten,
an die wir später öfter mit Wehmut dachten, wenn wir unsere
müden Glieder auf weniger komfortablen Unterlagen streckten.

In den nächsten Tagen waren unsere Nerven aufs Äußerste gespannt. Wir fuhren durch Putumayo, ein berüchtigtes Guerilla-
Gebiet. Wir hielten zusammen wie die Kletten. Keiner konnte
uns Auskunft geben, wie lange man per Rad auf den schwierigen
Bergstraßen von einem Ort zum andern brauchen würde.

Unser Vorsatz, niemals in der Nacht zu reisen, wurde gegen
unseren Willen über den Haufen geworfen. Mehrmals fuhren
wir bei Mondlicht durch die beeindruckende Berglandschaft
und kamen erst spät in eine Ortschaft, in der wir uns niederle-
gen konnten, wenn auch nur auf dem Steinboden in Schulen, in
unseren Zelten, unter oder auf den Tischen eines Tankstellenre-
staurants – wie wunderbar sauber –, in einem Kloster oder in
ähnlichen Behausungen, wo uns die Nacht einholte.

Unter diesen Umständen fiel es eigentlich niemandem auf, dass
einer der Erwachsenen, ein Vater mit langjährigen Erfahrungen
im Touristikgewerbe und gewandt im Disponieren, Improvisie-

ren, Kalkulieren und Vorhersehen, wie von selbst die Führung übernahm. Die wirklichen und imaginären Gefahren, die langen Stunden des Radfahrens und die chronische Müdigkeit schienen zu rechtfertigen, dass wir uns in Putumayo in einer Art Ausnahmezustand befanden.

Daran gewöhnten wir uns und bemerkten kaum, dass diese Führungsstruktur sich praktisch nicht veränderte, als wir bereits wieder durch lieblichere und weniger gefährliche Gegenden fuhren. Der Ausnahmezustand, dass da nämlich einer Entscheidungen für alle fällte und eine bestimmende Rolle einnahm, wurde zu einer Art Normalzustand.

Doch nach zwei Wochen fiel uns Betreuern, die wir die Jugendlichen seit langem kannten und uns für ihre Autonomie eingesetzt hatten, auf, dass die Stimmung sich verschlechterte. Es gab erste Anzeichen zunehmenden Missmuts, der kleine Streitigkeiten zwischen Kameraden und trotziges Verhalten gegenüber manchen Erwachsenen begünstigte.

Sobald wir die Ursachen durchschauten, schlugen wir vor, von nun an, an jedem Tag bei der Ankunft in einem neuen Quartier sofort eine Versammlung abzuhalten und nicht zu warten, bis sich genügend Probleme angesammelt hatten, die Klärungen und Lösungen erforderten. Dieser Vorschlag wurde angenommen und damit begann ein neuer hochinteressanter Prozess.

So wie im Pesta wechselten sich die Jugendlichen von nun an darin ab, die Versammlung zu koordinieren und zu leiten. Man einigte sich auf Punkte, die als Erste besprochen werden sollten: Gesundheitsprobleme und technische Komplikationen, Vorkommnisse, die im Lauf des Tages oder der Nacht Ärger oder Schwierigkeiten verursacht hatten; die besonderen Gegebenheiten des gegenwärtigen Standortes, notwendige Regeln oder Sicherheitsmaßnahmen für die Räder und das Gepäck, Informationen über die Gefährlichkeit oder Ungefährlichkeit des Ortes, wie viele Jungen und Mädchen bei ihren Erkundungen zusammenbleiben, um welche Zeit sie spätestens zurück in der Unterkunft sein und wann das Licht ausgeschaltet werden müsse. Es wurde die Route des nächsten Tages besprochen, die Reihenfolge festgelegt, in der ein Erwachsener und zwei besonders starke Radler für einen Tag das Schlusslicht der Karawane bilden, um sich derer anzunehmen, die technische oder sonstige Probleme hatten.

Es dauerte nicht lange, da erwuchs aus diesen ständigen Besprechungen und Mitteilungen eine konstruktive Kritik daran, dass Erwachsene dazu tendierten, eine dominierende Rolle zu spielen, dabei Informationen manipulierten, um im entscheidenden Moment den Entscheidungsprozess zu kontrollieren.

Es gab auch konkrete Vorschläge, wie man das ändern könne. Es wurde dann eine Strategie entwickelt, die den Jugendlichen die Verantwortung für ihr Abenteuer zurückgab: Jeweils für zwei Tage übernahm von nun an je eine Untergruppe die gesamte Planung und Organisation. Diese Gruppe leitete die täglichen Versammlungen, präsentierte Vorschläge für die nächste Tagesstrecke, machte Empfehlungen für die Startzeit, für Rastzeiten und für die Organisation der Mahlzeiten. Sobald wir am Tagesziel ankamen, war es ihre Aufgabe, ein Quartier zu suchen.

Dazu begab sich an den meisten Orten eine Abordnung in die Bürgermeisterei und verkündete, dass 45 Ecuadorianer eine kostenlose Schlafgelegenheit brauchten.

Wir übernachteten in Schulen, Sportanlagen, Kulturzentren, in Kirchen, hin und wieder in einem leer stehenden Haus, im Schutz einer Tankstelle, in Kolumbien einmal im Stadtgefängnis, in Brasilien mehrmals in Militärcamps. Vor allem an der Karibik, in der Gran Sabana, auch in Brasilien zelteten wir in der freien Natur. Nur zwei Nächte schliefen wir in einem Hotel, das der Besitzer uns zu einem Sonderpreis zur Verfügung stellte. Nach wenigen Wochen eilte uns die Nachricht von einer »Radlerkarawane aus Ecuador« voraus, und es bedurfte immer weni-

ger Überredungskunst, um solche Übernachtungsmöglichkeiten
zu ergattern.

Hin und wieder gab es für die Organisatoren des Tages zusätzliche Aufgaben: Beim Durchqueren großer Städte ersuchten
sie die Hilfe der Polizei, die der langen Kette von Radlern mit ihren Sirenen Schneisen im Verkehr öffnete. Sie gaben der Presse
und dem Fernsehen Interviews, organisierten Überfahrten auf
Fähren oder erwirkten Spezialgenehmigungen, um am Rand
von Autobahnen oder durch unbeleuchtete Tunnel fahren zu
dürfen.

Auch die Dreizehnjährigen übernahmen all diese Aufgaben
mit einem Hochgefühl ihrer eigenen Kompetenz. Wenn sie mit
Behörden oder der Polizei verhandelten, schauten diese Leute
meist über die Köpfe der Kinder hinweg zu den Erwachsenen
und fragten, wer denn hier das Kommando habe. Die Jungen
und Mädchen verkündeten dann mit Stolz: »Wir sind heute die
Verantwortlichen. Sie können alles mit uns besprechen.«

Wir Erwachsenen übten uns in den Aufgaben, die uns zuka-
men: bei Notfällen die Führung zu übernehmen (es gab zwei
Unfälle, die medizinisch betreut werden mussten), unsere Meinung zu sagen, *wenn wir gefragt wurden,* hin und wieder Fragen
in solchen Situationen aufzuwerfen, die kritisch werden konnten, vor allem aber mit den Jugendlichen Angenehmes und
Schwieriges zu teilen, mit ihnen auf dem harten Boden zu schlafen, die gleiche Kost zu genießen, ihnen die Garantie zu geben,
dass es *ihr* Abenteuer war, sie dabei aber nicht allein gelassen
wurden.

Die 6.000 Kilometer von Quito nach Manaus legten wir in vier-
einhalb Monaten zurück. Dabei radelten wir an neunzig Tagen;
in der übrigen Zeit lernten wir Städte, Dörfer, Landschaften, ihre Sehenswürdigkeiten und Menschen kennen, wuschen unsere
Wäsche, säuberten oder flickten die Räder und die Ausrüstung,
rasteten, schrieben, lasen und reflektierten zunehmend über al-

les, was uns auf dem Weg zustieß. Fast alle führten Tagebuch. Einige Jugendliche machten über zwanzig Stunden Videoaufnahmen, fast alle fotografierten, was ihnen denkwürdig erschien. Die Jüngeren verbrachten fast jede freie Minute mit Spielen. Sie kauften sich kleine Autos oder Plastiktiere und vertieften sich am Straßenrand oder auf einer Wiese in diese kindliche Tätigkeit, um im nächsten Moment wieder voller Verantwortung für sich selbst, für ihre Habseligkeiten, die Verwaltung ihres Geldes und die Kooperation mit der Gruppe da zu sein.

Immer wieder kam zur Sprache, dass es bei dieser Reise nicht um Wettstreit gehe, sondern dass die Rücksichtnahme auf die Schwächeren vorrangig sei. Dabei erlebten wir, dass auch ohne Anfeuern zu höheren Leistungen und ohne Druck eine erstaunliche Effizienz möglich ist.

In den heißen Gegenden standen alle um fünf Uhr früh auf und die Karawane rückte beim ersten Tageslicht aus; in den kühlen Anden war es eine Stunde später. Ein hoher Grad an Selbstdisziplin und Organisationsvermögen paarte sich mit der Fähigkeit, sich in unbekannten und unerwarteten Situationen zurechtzufinden und für jeden Rahmen passende Regeln oder entsprechende Ausnahmen zu formulieren.

Jeder Einzelne machte eine intensive persönliche Entwicklung durch. Keiner konnte dem Anderen dessen persönliche Auseinandersetzung mit nicht selten gefährlichen Situationen abnehmen. Jeder musste selbst die erforderliche Ausdauer aufbringen und auf langen, monotonen Strecken sich in Selbstüberwindung üben. Man lernte, den eigenen Körper und wechselnde emotionale Zustände ernst zu nehmen, mit sich allein und doch im Zusammenhang mit der Gruppe lange Stunden zu verbringen, so nah wie nötig, aber doch mit genügend Abstand zum Hinter- und Vordermann zu radeln.

Anfangs wunderten sich die Jugendlichen, wie wenig man den

Informationen trauen konnte, die Leute uns über die Route gaben.

Tatsächlich hatte kaum einer der Befragten Erfahrung, was eine Strecke für 46 Radler bedeutete, und man musste selbst herausfinden, wie sie wirklich beschaffen war. Die Wochen vergingen und jeder Tag brachte neue Eindrücke, Freuden oder Beschwerden. Die einfachsten Dinge, wie zum Beispiel genügend Wasser zum Duschen für alle, ein frischer Salat oder eine Abwechslung im Essen, wurden hoch geschätzt und dankbar begrüßt.

In Bogotá, in Caracas, Isla Margarita und Ciudad Bolívar wurden die zusätzlichen begleitenden Erwachsenen ausgewechselt. Es waren Eltern, die zwar zu Hause trainiert, aber nun anfangs große Mühe hatten, den Rhythmus der stark gewordenen Gruppe einzuhalten. Bei jedem Wechsel wurde erwähnt, dass es jetzt eine gute Gelegenheit sei, nach Hause zu fahren, falls jemand nicht mehr weiter radeln wolle. Jedes Mal wurde dieses Angebot entschieden abgelehnt. Gegen jede Wette und Voraussage kamen alle in Manaus an. Die einzige Ausnahme war ein Mädchen, das von einem Lastwagen angefahren wurde und mit frisch operierten Knöcheln von Ciudad Bolívar nach Hause fliegen musste.

Mit unzähligen Menschen hatten wir freundschaftlichen Austausch, demonstrierten – wenn auch nicht so oft wie gedacht – unsere Materialien und erzählten auf die häufige Frage, ob denn in Ecuador so lange Schulferien seien, vom Pesta, wo Stillsitzen, Zuhören und Nachsagen, was der Lehrer sagt, nicht auf dem Stundenplan stehen. Die herzlichsten Menschen trafen wir in Kolumbien, das normalerweise in den Weltnachrichten nicht so gut wie in den Tagebüchern unserer Radler wegkommt.

Das letzte Hindernis, die letzten tausend Kilometer durch den brasilianischen Urwald, erwies sich als viel weniger dramatisch als vorausgesagt. Noch in der Gran Sabana behaupteten die Leute, die Straße nach Manaus sei ein schlammiger Naturweg und nur mit Risiken zu gebrauchen. Doch einen Monat vor unserer Durchfahrt war sie – zum größten Teil frisch asphaltiert – vom Gouverneur von Manaus eingeweiht worden. Es fehlten noch die meisten Brücken, doch überall fanden wir Notbehelfe und konnten die Reise fortsetzen.

Im berüchtigten Indianerreservat musste die Gruppe die 130 Kilometer innerhalb eines Tages durchqueren, da die Straße nachts gesperrt wird und niemand in diesem Revier übernachten darf. In kleineren Gruppen durchfuhren wir diese schwierige Strecke bei 40 Grad im Schatten, jede Gruppe im eigenen Rhythmus, und die Letzten kamen auf der anderen Seite zur Verwunderung der Militärs nach sechs Stunden an.

Der Kontakt zu den Elternhäusern wurde unterwegs aufrechterhalten, soweit es möglich war. Viele sparten sich das Geld zum Telefonieren vom Essen ab, nur um ihre Familie zu beruhigen, dass alles in Ordnung sei und dass es ihnen gut gehe.

Dank vieler Sparmaßnahmen und neuerlicher Anstrengungen der Eltern, das Budget aufzubessern, reichte das Geld bis zum Ziel. Der ecuadorianische Konsul in Manaus machte es möglich, dass wir fast ohne Kosten eine Woche lang dort zubringen konnten und unser Wunsch, den Zusammenfluss des Río Negro mit dem Solimoies zum eigentlichen Amazonas zu bestaunen, erfüllt wurde. Er organisierte Eintrittskarten für die berühmte Oper von Manaus und für typische Musik- und Tanzfeste. Eine Woche lang waren wir bei der Spezialbrigade von Amazonia untergebracht und wurden jeden Morgen von Trompeten geweckt, welche die Soldaten zum Appell riefen.

Mit dem Flugzeug erreichten wir dann in zweieinhalb Stunden Quito. Am Flugplatz empfingen uns alle 200 Pesta-Kinder, ihre Familien, Verwandten und unzählige Bekannten mit großem Spektakel. Bis spät in die Nacht feierten wir unsere glückliche Heimkehr.

Das Verdauen der Reise dauerte noch wochenlang an. Für die Jugendlichen gab es keinen Zweifel: Wenn sie diese Reise gemeistert hatten, konnten sie sich zutrauen, alles zu erreichen, was sie sich vornahmen. Die Welt stand ihnen offen, sie fühlten sich stark genug, ihr Leben so zu gestalten, wie sie es haben wollen. Doch darüber haben die Jugendlichen selbst geschrieben. Hier ein paar Kostproben aus ihren Reisetagebüchern:

»Das Fahrrad hat die Kraft und die Magie, dich zu dir selbst zu bringen. Es verbindet dich und verinnerlicht dich. Du und dein Rad, sie werden eins. Es gibt auch noch Raum für die Landschaft, um die Geschwindigkeit zu spüren und den Wind, der gegen dein Gesicht schlägt. Manchmal bekommst du Angst. Dich packt ein plötzlicher Zweifel, ob du die Kurve noch kriegst. Wenn du zum nächsten Dorf kommst, erzählst du, was du erlebt hast, teilst mit, was in diesem Augenblick mit den anderen in Einklang scheint. Den ganzen Rest behältst du für dich.«

»Während ich dahinfuhr, kam mir der Gedanke, dass das Leben und das Fahrrad einander ähnlich sind. Solange du dich sicher fühlst, lässt du zu, dass das Rad seinem eigenen Weg folgt, ohne es kontrollieren zu wollen. Da kannst du durch Pfützen und Schlamm und über Riesenlöcher fahren und fällst doch nie hin. Bist du aber unsicher und versuchst das Rad zu manipulieren, dauert es nicht lange, bis du fällst. Genauso ist es im Leben: Fühlst du dich sicher, auch wenn du durch Schwierigkeiten hindurch musst, erlaubst du, dass das Leben seinen Lauf nimmt, und alles kommt gut heraus.«

»Das Fahrrad ist das beste Mittel zur Verinnerlichung. Da fährst du zusammen mit 45 anderen. Trotzdem bewirkt es, dass du bei dir selbst bist, und es führt dich in dein Inneres. Beim Fußballspielen kannst du das nicht tun, aber Radeln füllt dich mit Stille. Alles, was du siehst und was in der Gruppe geschieht, löst eine Menge Prozesse aus, die du mit dem Leben in Zusammenhang bringst. Manchmal, wenn wir auf unendlich langen, geraden Strecken fuhren, welche die anderen verschlangen, hatte ich das Gefühl, dass ich ganz allein war. Ich versuchte mir vorzustellen, wie das wäre, ganz allein auf der Welt zu sein. Ein anderes Mal überholte mich jemand und ich wollte ihm was sagen. Doch mit dem Fahrtwind konnte er kein Wort verstehen. Ich konnte mich zu Tode ärgern, wenn der andere schrie: Waas? Waaas? – Nichts, nichts. – Wenn wir dann anhielten, war der Moment vorbei. Meistens erinnerte ich mich gar nicht, was mir vorhin so wichtig war.«

»Du kannst dich verinnerlichen, wenn du allein in deinem Zimmer bist und vielleicht Musik hörst. Aber auf dem Rad verwandelt die Verinnerlichung sich in etwas Magisches. Das ist wie eine Meditation voller Bewegung, eine Reflexion auf Rädern. Gleichzeitig bist du vollkommen aufmerksam auf alles, was draußen geschieht, denn wärst du es nicht, könntest du dich selbst umbringen. Auf der Reise schien es, als trete deine Essenz zu Tage, dein reinstes Selbst, die totale Alchemie! Du zeigtest dich einfach so, wie du bist, ohne jegliche Maske. Jeder verstaute seine Maske in der Radtasche und hatte die Chance, er selbst zu sein, vollkommen er selbst. Sein Inneres wurde zu seinem Äußeren. Da kam, ohne Beschönigung, sein Schönstes und sein Hässlichstes zum Vorschein. Die Essenz trat zutage, auch wenn sie nicht für alle angenehm ist.«

»Die Reise auf dem Fahrrad verwandelt dich in ein Wesen, das offen ist für alles, was da kommen mag. Du steigst in eine Routine ein, aber du lässt dich von ihr nicht gefangen nehmen, denn jeder Tag ist anders. Du weißt nicht, was morgen auf dich zukommt. Ich spüre, dass wir jungen Leute besser vorbereitet sind für dieses Öffnen. Wir wissen nicht, was auf der anderen Seite ist, und es ist uns egal. Wir fahren hin und werden schon sehen. Die Erwachsenen neigen dazu vorauszusehen, was passieren wird. Sie haben zu viel Erfahrung und machen zu. Ich spüre, dass ich jetzt bereit wäre, ein Bettler zu werden, aber nicht als Abstieg, sondern als Aufstieg. Ich habe mir einen Weg geschaffen, um Bettler zu werden. Jetzt bin ich nur noch abhängig von dem, was ich bin, und nicht von dem, was ich habe oder weiß. Ein Manager, der keine Zeit hat zu leben, weiß nichts von der Freude eines Schuhputzers oder vom Frieden eines alten Bauern. Der Manager ist eine Maschine, die alles perfekt macht. Er hat alles, aber er hat keine Zeit, und wer nicht Herr seiner Zeit ist, hat nichts.«

»Was das Weinen angeht – ich weiß nicht, ob es das Resultat eines sensibleren Gemüts ist oder ein Prozess, der bei mir mit sechs Jahren anfing, als ich in den Pesta kam. Die Rüstung, die wir einmal getragen haben, ist auf der Reise von uns abgefallen. So haben wir die Chance, wir selbst zu sein, der eine mit der Fähigkeit zu weinen und der andere nicht. Irgendwie ist die Tatsache, dass man weinen kann, ein Akt des Vertrauens und der Zuneigung zu anderen. Sie ist das Geschenk, das ich ihm gebe und das er mir gibt. Es ist ein Akt der Selbstannahme und der Annahme des anderen, der dir erlaubt, du selbst zu sein, nicht mehr und nicht weniger, wegen der Tränen, die aus dir fließen und die du herausfließen lässt. Die Tränen zeigen, dass deine Kanäle zwischen dem, was drinnen, und dem, was draußen ist, offen sind, dass du die Selbstverneinung überwunden hast. Ich weiß nicht, ob es Selbstverneinung ist oder eine auferlegte Repression. Jetzt erlaubst du dir zu weinen, und es ist etwas Wunderbares.«

»Manaus ist ein Flussnetz, das als Gerinsel beginnt. Ein Erleben von zwei, von drei, von sechsundvierzig Menschen. Das alles kommt zusammen und wächst, und wir wissen nicht, wie der Fluss sein wird, der sich aus all dem bilden wird. Wir sind erst am Anfang, bei den Gletschern und den Tauwassern der Cordillera. Noch wissen wir nicht, durch welche Flussbetten diese Wasser fließen und welche Felder sie auf ihrem Weg fruchtbar machen werden.«

»Als ich nach Hause kam, konnte ich nicht mit dem Reden aufhören. Mir schien, ich würde ertrinken, wenn ich nicht ständig redete. Wenn ich aus dem Fenster meines Zimmers schaute, war es, als gebe es draußen mehr Lichter als früher. Die Stadt – gerade so wie ich – war gewachsen. Ich fühlte eine große Stille. Ich hörte nichts als die Stille. Mir fehlten die Freudenschreie der Juliana, und ich fing an mir vorzustellen, wie und wo jeder sich gerade befand. In den ersten Tagen war ich in meiner Vorstellung noch immer auf der Reise. Ich hörte nicht mehr auf zu reisen. Ich folgte der Sonne, ich radelte immerfort, auch die täglichen Versammlungen fanden in meiner Vorstellung immer noch statt. Ich merkte, dass all dies aus meiner eigenen Stille kam.«

»Wir hatten so viel und mit solch enormer Intensität gelebt, dass es schwer war, sich wieder an das Alltägliche und Bekannte zu gewöhnen. Um mich nicht in meiner Sehnsucht zu verstricken und meine Gegenwart zu behelligen, musste ich zulassen, dass die Flut zurückweicht und die Wellen sich glätten und dass neue Wellen mich auf ihren Rücken nehmen. Jetzt ist die Zeit des Wiederkäuens und der Verarbeitung, auch der Reinigung und der Auslese. Manche Dinge werden auf der Festplatte des Gedächtnisses festgehalten, andere werden verblassen und andere werden neue Prozesse in Gang setzen ...«

»Es war wunderbar und auch eigenartig, wieder zu Hause zu sein. Das Erste, was ich spürte, war die Stille um mich. Mir fehlten die Rufe und der Lärm, mir fehlten die vielen Menschen. Ich fühlte eine große Leere. Und nach der Leere kam die Einsamkeit. Jetzt merke ich, dass ich mit der Art, wie junge Leute in meiner Umgebung leben, nicht mehr zurechtkomme. Sie leben und lassen die Zeit vorbeigehen. Auf der Reise tauchten wir in eine Routine ein, um etwas Großes zu leisten, und jetzt weiß ich nicht, was meine Routine sein soll, um wohin zu kommen? Ich weiß nicht, was schwerer war: sich an die Routine der Reise zu gewöhnen, die voller Ideen war, oder an die Routine hier, die keine innere Motivation hat. Ich will Dinge tun, die anders sind, ob sie wichtig sind oder nicht, ist mir egal. Die Hauptsache ist, dass ich sie gerne tue und als mein eigenes Tun empfinde. Ich weiß, dass ich nicht immer auf der Reise sein kann und dass ich aus dem Alltäglichen ein Leben machen muss, das mich erfüllt. Ich weiß, dass das, was hinten – oder besser: in mir – ist, mehr ist als nur ein Haufen Erinnerungen ...«

»Ich spüre, dass das, was ich für mich will, nun viel näher in meiner Reichweite und auch viel klarer ist. Zumindest sehe ich jetzt klarer, was ich nicht will, und das ist ja schon die Hälfte der Geschichte. Früher wusste ich vielleicht, was ich wollte, aber von vornherein vertraute ich nicht auf meine Kraft, auf meine Fähigkeit und meine Ausdauer. Ich hatte kein Vertrauen in mich selbst. Jetzt bin ich voller Ideen und das ist der beste Anfang. Ich bin auf der Steinschleuder von Ideen und Plänen. Früher war ich in die Schnur des Drachens verstrickt und nicht sicher, ob ich mich zum Flug erheben wollte. Sogar die Vorbereitungen für die Reise machte ich ohne konkrete Vorstellungen. Ich hatte eine Intuition, dass die Reise mir unendlich viel geben würde, aber trotzdem machte ich alle Verrichtungen ohne Enthusiasmus, nur weil ich »musste«. Wenn sich in mir etwas verändert hat, dann ist es mein Lebensmut. Der hat sich verändert ...«

»Ich bin auf die Reise gegangen, weil ich sie genießen wollte. Ich ging in ein Abenteuer. Nie hätte ich gedacht, dass diese Fahrt mein Leben zeichnen würde, dass mein Fahrrad erreichen würde, dass ich meine Beine beim Treten und meine Lungen beim Füllen und Leeren der Luft transzendieren würde und dass es mich auf eine innere Reise schicken würde, bei der es sich nicht mehr um Manaus handelt, sondern um das Leben. Jetzt weiß ich: Ich will nicht auf die Universität, aber ich will viele Dinge lernen und mich mit einem Haufen Sachen abgeben. Ich will mich niemandem für drei Jahre meines Lebens ausliefern. Ich will frei und offen sein für das, was kommen mag. Ich will keine Reichtümer, sondern ich will eine gute Beziehung zu mir selbst und dafür brauche ich kein berühmter Arzt zu sein. Ich will reisen und vieles kennen lernen, nicht um mich damit groß zu tun, sondern um zu leben. Ich will leben.«

8. Kapitel

KINDER MIT BESONDEREN
BEDÜRFNISSEN IM PESTA

Über unsere Erfahrungen mit »speziellen«, so genannten behinderten, verhaltensgestörten oder hochbegabten Kindern habe ich bereits früher* ein wenig berichtet.

Seither sind mehrere Jahre vergangen. Neue Erlebnisse und
Einsichten sind zu den früheren hinzugekommen. Durch Gespräche mit Eltern, Pädagogen und Therapeuten sind wir immer
mehr zur Überzeugung gelangt, dass unsere Praxis im Umgang
mit solchen Kindern für viele Menschen ein Stein des Anstoßes
ist, weil sie weitgehend von den üblichen Normen abweicht.

Aus unseren Erfahrungen haben wir den Schluss gezogen,
dass Kinder »mit besonderen Bedürfnissen« Liebe und Respekt,
also Nichtdirektivität, besonders intensiv und mit noch größerer
Entschiedenheit brauchen als die »normalen« Kinder, die immer
wieder Auswege finden, trotz ungeeigneter Umgebungen und
Beziehungen, selbst auf Umwegen, doch noch ihren eigenen
Weg zu finden.

Auch wenn ich Gefahr laufe, damit Kontroversen hervorzurufen, möchte ich ein wenig davon erzählen, wie Kinder mit besonderen Bedürfnissen sich auf eigene, unvergleichlich positive
Weise entwickeln, wenn sie in einer geeigneten Umgebung auf-

---

* In »Erziehung zum Sein«, »Kinder im Pesta«, »Freiheit und Grenzen«,
»Liebe und Respekt«.

gehoben, ihre Eigenarten liebevoll angenommen und sie nicht zum relativen »Normalsein« konditioniert werden.

Unter dem heute herrschenden Paradigma der Produktion, Anpassung und Ausnutzung aller Ressourcen ist die Idee vom beständigen Fortschritt schnell bedroht, wenn man nicht nur »normale« Kinder »anders« sein lässt und sie vor dem Druck der Leistungsfähigkeit und der Eingliederung um jeden Preis bewahrt, sondern auch solche mit besonderen Bedürfnissen. Man gerät in den Verdacht der Verantwortungslosigkeit oder gar Lieblosigkeit, wenn man nicht auf jedes Zeichen einer möglichen Schwierigkeit (sei es in der motorischen, sensorischen oder der Sprachentwicklung) von früh auf Therapien, Korrekturen und zielgerichtete Gegenmaßnahmen in Bewegung setzt.

Wie früher erwähnt, haben wir im Pesta von Anfang an Kinder mit besonderen Bedürfnissen integriert, nicht nur, weil sie in der reichen, offenen und doch geordneten Umgebung offensichtlich ihre Bedürfnisse befriedigen konnten, sondern auch, weil diese Kinder für »normale« Erwachsene und Kinder eine große Bereicherung waren und sind, denn sie haben uns Tag für Tag Gelegenheit gegeben, Menschen, die anders sind, zu begegnen, sie zu lieben und zu respektieren, ein wenig zu verstehen und dabei unsere eigenen Grenzen etwas besser kennen zu lernen.

Erlebnisse und Bilder aus dem Zusammenleben mit verschiedenen Kindern steigen in meiner Erinnerung hoch. Von manchen habe ich bereits früher erzählt. Ihre Geschichte und die von vielen haben unsere Haltungen und unsere Denkweise beeinflusst. Sie leben in Ecuador oder in anderen Ländern. Die Spuren der meisten haben sich über die Jahre hinweg verwischt:

– der kleine Junge, der damals in ein leeres Schwimmbad fiel und sich den Kopf einschlug;

- das Kind mit dem verletzten Kleinhirn, das nicht gerade gehen konnte und trotzdem auf seine Art begeistert Fußball spielte;
- der fast Blinde, der von Spezialisten als »geistig behindert« diagnostiziert und entsprechend therapiert wurde und der, als nach Jahren sein eigentliches Problem entdeckt wurde, mit seinen Verhaltensproblemen die Umgebung beeinträchtigte;
- jenes Mädchen, das, wegen »unregelmäßiger Hirnwellenrhythmen« mit Medikamenten voll gestopft, mit schweren Strafen zur Anpassung gezwungen, dann als »autistisch« zu uns kam und, nach zwei Jahren konstanter Verweigerung, bereits nach zwei Monaten im Pesta zu kommunizieren begann;
- so genannte »Epileptiker«, die trotz normaler Tomographien seit Jahren mit Medikamenten behandelt, allmählich auch ohne Arzneimittel keine Absencen mehr hatten – nachdem ihre Eltern allmählich lernten, auf eine entspannte Umgebung zu Hause Acht zu geben und ihre Kinder alte Spannungen ausweinen zu lassen;
- verhaltensgestörte Kinder, die mit Hyperaktivität oder Aggressionen auf mangelnde Liebe, chronische Abwesenheit der Eltern, auf ungeeignete Umgebungen, inklusive Fernsehkonsum, reagierten und sich in Zusammenarbeit mit den verantwortlichen Erwachsenen durch Freiheit, geeignetere Umstände und klare Grenzen allmählich beruhigten.
(Körperlich stark behinderte Kinder, die an einen Rollstuhl gebunden wären, konnten wir allerdings wegen der Unregelmäßigkeiten unseres Geländes nicht annehmen.)

Solche und viele andere »Fälle« haben uns gezeigt, in welchem Rahmen wir Kinder mit besonderen Bedürfnissen im Pesta mit betreuen können.

Wir lernten aber auch, dass eine »alternative Schule« nicht

nur eine willkommene Zuflucht sein, sondern auch zum »Sündenbock« werden kann, wenn die Eltern sich dem intensiven Lebensprozess entziehen, den die Verantwortung für ein »besonderes« Kind mit sich bringt; wenn sie ihr Kind, sei es auch nur für ein paar Stunden pro Tag, zu »Spezialisten« schicken und sich nicht vorbehaltlos dem Abenteuer des Lebens öffnen, das sie hier zu einem speziellen Weg zur persönlichen Reife einlädt.

So hatten wir es hin und wieder mit Eltern zu tun, die beim Aufnahmegespräch die besonderen Bedürfnisse ihres Kindes erwähnten, dies aber später abstritten und uns dafür verantwortlich machen wollten, dass ihr Kind sich nicht normal entwickelte.

Jetzt lassen wir uns von den Eltern eine schriftliche Beschreibung der Geschichte und des jetzigen Zustands des Kindes geben; in besonderen Fällen auch ärztliche Atteste, die wir zwar mit Vorbehalt lesen, die uns aber im Notfall Rückendeckung verschaffen und späteren Missverständnissen vorbeugen.

Mit diesen Eltern geben wir uns besondere Mühe, unseren nichtdirektiven Ansatz klarzumachen, denn die Versuchung zum Fördern und Stimulieren ist für sie besonders groß. Schließlich schließen die Eltern mit uns einen speziellen schriftlichen Vertrag ab, in dem sie sich verpflichten, ihr Kind ohne ausdrückliches Einverständnis der Schule keiner therapeutischen Situation auszusetzen.

Diese Klausel entstammt nicht, wie man vielleicht glaubt, einer verschlossenen und unflexiblen Haltung, sondern ist Ergebnis unserer Erfahrungen. Jahrelang brachten nämlich Kinder, die nachmittags therapiert worden waren, am folgenden Morgen Spannungen in den Pesta und hatten es schwer, sich der Umgebung spontan zu öffnen.

Wenn aber Eltern sich dazu entschließen, dem Leben zu vertrauen, auch wenn es sich um den Lebensprozess eines »behinderten« Kindes handelt, und das ihre dazu beitragen, damit die

Umgebung entspannt und die Beziehungen zum Kind zunehmend von Liebe und Respekt für seine eigenständige, von innen gesteuerte Interaktion charakterisiert sind, werden wir zu Zeugen einer erstaunlichen Entwicklung.

Das Kind findet *seine* beste Art, sich mit der Welt auseinander zu setzen. Es findet sein eigenes physisches, psychisches und mentales Gleichgewicht, kompensiert oft auf unerwartete Weise seine »Mängel« und beginnt sich in der Fähigkeit zu üben, die – so glauben wir – für eine echte menschliche Entwicklung grundlegend ist: Es trifft Entscheidungen, die nicht nur seinem inneren Zustand entsprechen, sondern die auch zunehmend in Einklang mit der Umgebung kommen.

Tatsächlich gibt es im Pesta einige Kinder, deren Anderssein kaum auffällt, weil sie offenbar in Harmonie mit sich selbst und der Welt sind. Zwei Jungen in der Primaria sind jedoch auf den ersten Blick »auffällig« und als »behindert« leicht zu identifizieren. Ihren Werdegang möchte ich kurz umreißen und versuchen, gewisse Zusammenhänge zu ihren häuslichen Umständen aufzuzeigen. Sie sind seit fünf oder sechs Jahren bei uns.

Alfonso

Alfonsos Mutter ist eine einfache Frau. Sie hat nicht weit vom Pesta ein kleines Stückchen Land, das sie selbst bebaut. Ihre drei Kühe schickt sie zusammen mit den anderen Tieren der *comuna* morgens auf die Weideflächen des *Ilaló*, des erloschenen Vulkans, an dessen Hang unsere Schule gebaut ist.

Als Alfonso drei Jahre alt war, wurde sein Vater in einem Dorfstreit ermordet. Seither bringt die Mutter sich und ihre zwei Kinder recht und schlecht über die Runden. Wenn die Not am größten ist, wird sie von einer Verwandten unterstützt, die es geschafft hat, sich in eine Stelle im Kultusministerium hinaufzuarbeiten.

Nur wenige Leute der *comuna* haben bisher ihre Kinder zum Pesta gebracht. Die meisten sind überzeugt, dass Schule ein notwendiges Übel ist und dass die Kinder notfalls mit Schlägen und harter Hand gezwungen werden müssen, sich in kürzester Zeit die notwendigsten Kenntnisse im Schreiben, Lesen und Rechnen anzueignen, um dann möglichst früh zum Erhalt der Familie beizusteuern. Nicht viele schaffen die neun Jahre Grunderziehung, die das Gesetz vorschreibt. Für diese Leute ist es unverständlich, dass die Pesta-Kinder ohne Uniform zur Schule gehen und nicht zur Disziplin und zum Lernen angehalten werden.

Alfonsos Verwandte hatte im Kultusministerium über den Pesta gehört und sie kam auf die Idee, dies sei vielleicht ein geeigneter Platz für Alfonso, der, von Geburt an geistig schwer behindert, von keiner Therapie zu profitieren schien.

Eines Tages sprach sie zusammen mit Alfonsos Mutter bei uns vor und erkundigte sich über die Möglichkeit, den Fünfjährigen bei uns einzuschreiben. So hörten wir zum ersten Mal seine Geschichte:

Als Alfonsos Mutter schwanger war, merkte im Gesundheitszentrum, in das sie zur Kontrolle ging, niemand, dass sie Zwillinge erwartete. Sie entband Isabel, ein gesundes Mädchen. Die Plazenta ließ lange auf sich warten. Überraschenderweise kam an ihrer Stelle ein zweites Kind zur Welt: Alfonso, aus Sauerstoffmangel bereits blau angelaufen, klein und viel weniger entwickelt als seine Schwester.

Keiner war auf dieses Ereignis gefasst. Niemand war kompetent genug, und die Mittel standen nicht bereit, um das Rechte zu tun. Das Zentrum war auch kaum mit dem Notwendigsten ausgestattet. Alfonso überlebte, aber – wie bald zu erkennen war – mit einer starken Hirnschädigung. Seine Mutter war als »unwissende« Frau den Ratschlägen ihrer Verwandten und den von ihr empfohlenen Spezialisten wehrlos ausgesetzt. Als sie uns um Hilfe anging, hatte sie Jahre traumatischer und nutzloser Versuche hinter sich. Alfonsos Verhalten wurde immer schwerer zu ertragen, und die Mutter sah keine Möglichkeit, ihren Arbeiten nachzugehen und gleichzeitig auf dieses Kind aufzupassen.

Es kostete sie viel Mut, bei uns Zuflucht zu suchen. Sie hatte keine Ahnung, welche Methoden wir anwenden würden, um mit ihrem Sohn fertig zu werden, und auch keine Mittel, um Schulgeld zu zahlen. Sie versicherte, dass es ihr nur um Alfonso gehe und dass Isabel, seine Zwillingsschwester, in die Dorfschule kommen werde. Sie sei normal und genügend intelligent, um dem Unterricht zu folgen.

Mit Verwunderung hörte sie dann, dass wir Alfonso allein nicht aufnehmen könnten. Denn hier handle es um eine andere Art, mit Kindern umzugehen, die, werde sie nicht auch in der Familie praktiziert, im Kindergarten und der Schule nicht die erhofften Früchte trage. Und überhaupt, wenn sie Isabel in eine traditionelle Schule schicke, sei es ausgeschlossen, die für Alfonso notwendige entspannte Umgebung in der Familie zu schaffen.

Alfonsos Mutter war besorgt, weil sie keine Mittel hatte, für ein, geschweige denn für zwei Kinder Schulgeld zu zahlen. Man versicherte ihr, dass sich Auswege finden ließen, falls sie bereit sei, mithilfe der Betreuer in den Prozess einzusteigen, ihre Kinder auf eine vielleicht für sie ungewohnte Art zu unterstützen. Diesen Vorschlag nahm sie dankbar an. Ihre Verwandte dagegen war ablehnend und versicherte, dass sie psychologisch genügend gebildet sei und keine Ratschläge für Kindererziehung brauche.

Nachdem das Kindergartenteam unterrichtet und die Kooperation der Betreuer sichergestellt war, begann ein neues Abenteuer für alle Beteiligten. Es war zu einer Zeit, als ich mich entschlossen hatte, die Primaria für mehrere Monate den erfahreneren Mitarbeitern zu überlassen und die Kindergärtnerinnen vorübergehend zu unterstützen. So erlebte ich, wie Alfonso alles, was für Kinder und Erwachsene Routine geworden war, über den Haufen zu werfen drohte:

Er weigerte sich heftig, die Toilette zu benutzen, und pinkelte unentwegt mitten in die Räume, auf den Balkon oder in den Sandhaufen.

Er rannte von einem Wasserhahn zum andern, öffnete sie so weit wie möglich, entkam den Betreuern, die ihn davon abhalten wollten, den nächsten zu öffnen, und stieß auf der Flucht Tische und Stühle mit lautem Gepolter um.

Seine von zu Hause mitgebrachten Esswaren verteilte er auf allen Tischen, kleckste und krümelte herum, lachte mit gutturalen Lauten, wenn jemand ihn auf einen Tisch zu begrenzen suchte oder ihm beim Einräumen seiner Sachen behilflich sein wollte.

Er verdrehte die Augen, wippte mit dem Oberkörper unablässig von hinten nach vorne und zurück; im nächsten Augenblick warf er mit Sand auf Kinder und Erwachsene, spritzte oder spuckte sie an und wurde handgreiflich, wenn ein Kind ungehalten reagierte.

Von nun an gab es keine Besprechung, in der Alfonso nicht zum Thema wurde. Gab es irgendeinen Weg, ihn, der das Setzen von Grenzen unaufhörlich boykottierte, bei uns zu behalten ohne die entspannte Umgebung für alle anderen auf die Dauer zu gefährden? Wenn seine »spontane Aktivität« darin bestand, andere zu stören, die Materialien aus den Regalen zu werfen und die Umgebung zu verunreinigen, wie konnten wir ihn ohne Direktivität oder ungeeignete Einschränkungen so unterstützen, dass er seinen wirklichen Bedürfnissen auf die Spur käme?

Wir entschieden uns dafür, dass wenigstens einige Zeit lang der »Springer«, der für eine Woche keine feste Verantwortung in einem bestimmten Bereich hatte, vorrangig in Alfonsos Nähe bleiben und ihm besondere Zuwendung geben sollte. Nicht alle Betreuer im Kindergarten fühlten sich dazu stark genug und schließlich wechselten sich drei von ihnen in dieser Aufgabe ab.

Natürlich fragten wir uns, wie lange es machbar sei, einen Mitarbeiter für die beinahe ausschließliche Betreuung eines einzigen Kindes abzustellen.

Doch dieser Versuch führte bald zu einer spürbaren Besserung. Alfonso reagierte auf diese spezielle Zuwendung erstaunlich positiv.

Zuerst begann er, sein Liebesbedürfnis offen zu zeigen. Seine Annäherungen waren nicht immer angenehm; er wollte schmatzende Küsse verschenken, fast unaufhörlich umarmt werden oder seinen Betreuer umarmen, auf ihrem oder seinem Schoß sitzen. Seine Lieblingsbeschäftigung bestand darin, den Kopf seines Gegenübers zu streicheln; oft fuhr er jedoch blitzschnell mit einem spitzen Finger in dessen Augen.

Das hatte weitere Beratungen zur Folge: Wie konnten wir lernen, Alfonsos neu entdecktem Liebesbedürfnis gerecht zu werden, uns dabei aber selbst zu schützen und ihn nicht in eine Sackgasse der Abhängigkeit geraten zu lassen?

Zum Glück hatten nun die Betreuer, die sich in Alfonsos näherer Begleitung abwechselten, mehr Muße, um seine sporadischen Interessen für gewisse Dinge in der Umgebung gebührend zu beachten und ihn zu beobachten:

Offenbar zogen ihn lange Drähte unwiderstehlich an. Er fand seine eigenen Strategien, sie zu ergattern, und schleifte sie dann mit schwankenden Körperbewegungen unentwegt am Boden entlang, verdrehte die Augen, um ihrem Schleifen, Glitzern und Schwingen zu folgen, und näherte sich mit den Ohren, um die Geräusche, die sie verursachten, mit dem zu verbinden, was die Augen mit großer Anstrengung verfolgten. Hunderter-Zählketten konnte er zum Beispiel auf einem Tisch abrollen lassen, zuschauen, wie sie allmählich hinuntertropften, und sie dann wieder hinaufziehen, um in immer neuen Varianten das Ganze zu wiederholen.

Einen Konflikt verursachte der Betreuerin Alfonsos Vorliebe für Buntstifte, die er aus den Körben nahm und über einen Tisch zu werfen liebte. Das ging gegen die Regel, denn Buntstifte gehen kaputt, wenn sie hart fallen. Es musste eine klare Grenze gezogen werden, damit Alfonso solch teure Materialien nicht weiter zerstörte. Doch seine Konzentration und interessierte Haltung deuteten darauf hin, dass es sich hier um ein wichtiges Erlebnis für ihn handelte. Nur wussten wir nicht, was es zu bedeuten hatte und wie wir in diesem Fall mit der Regel »Materialien dürfen nicht zerstört werden« umgehen sollten. Die Betreuerin beschrieb, wie Alfonso die Stifte zuerst heftig und dann immer sanfter werfe, dass er sich in die Richtung beuge, in die sie fielen, und angestrengt schaue und höre, also deutliche Zeichen, dass es sich hier um ein echtes Bedürfnis handelte.

So beschlossen wir, für Alfonso bunte Holzstäbe anzufertigen, die den Bundstiften ähnelten, und ihm das Werfen von wirklichen Buntstiften zu versagen. Es war anfangs nicht leicht, wurde mit Kneifen und Spucken beantwortet, letztendlich aber doch akzeptiert.

Ähnlich wie mit den Drähten und den Bleistiften ging Alfonso mit überhängenden Kordeln, Tausenderketten, Vorhängen und vielen anderen Gegenständen um. Wir lernten, dass sie wohl alle einer Art von Erfahrung dienten: Es handelte sich nämlich um Dinge, die sich von oben nach unten, von hinten nach vorn, von links nach rechts bewegen, dabei verschiedene Geräusche verursachen oder Lichterscheinungen hervorrufen und die – so vermuteten wir – Alfonso halfen, die Fähigkeit zur Koordinierung der Sinne auszubilden, was während und nach seiner Geburt nicht stattgefunden hatte.

In unseren Besprechungen bemühten wir uns, diesen Vorgängen nachzufühlen und sie wenigstens so weit zu durchschauen, dass wir Alfonso nach und nach mit mehr Gelassenheit begegneten. Für unseren Umgang mit ihm half es uns, wenn wir daran dachten, dass Alfonso in den ersten Stunden und Tagen seines Lebens seine Sinne wohl nicht auf seine Umgebung hatte einstellen und sich sein innerer Plan zur ersten Orientierung in der Außenwelt nicht hatte erfüllen können. Durch die Menschen, die ihm dann anschließend zu »helfen« suchten, war er sicherlich noch mehr durcheinander gekommen.

In einer vorbereiteten und entspannten Umgebung konnte er sich nun endlich seinen eigenen Bedürfnissen widmen. Wir bekamen Spaß daran, Dinge zu erfinden, die Alfonsos Bedürfnis nach Restrukturierung und Selbstverwirklichung von Nutzen sein konnten, zum Beispiel einige Drähte, die als eine Art »Seilbahn« auf Körperhöhe zwischen Bäumen Gegenstände beförderten und ihn für Stunden beschäftigten, einfache Musikinstrumente mit ein oder zwei Saiten, die unter seinen endlosen Berührungen vibrierten, Vorhänge mit Glöckchen, die bei jeder Bewegung erklangen.

Die Betreuer, die sich darin abwechselten, ihn näher zu begleiten, ihm genügend Gelegenheit für liebevolle Kontaktaufnahmen gaben, sich aber gleichzeitig vor seinen überraschenden Aggressionen oder unangenehmen Zudringlichkeiten zu schützen suchten, machten ihre eigene Entwicklung durch. Wie kaum ein anderes Kind zwang er die Erwachsenen, scheinbar widersprüchliche Anforderungen miteinander ins Gleichgewicht zu bringen: Sie hatten ihm Zuwendung zu geben und mussten zugleich bereit zu sein, ihn seine Erfahrungen auf seine »anomale« Art ganz selbstständig machen zu lassen. Auch das Grenzensetzen, das den Betreuern bei anderen Kindern kaum noch Schwierigkeiten bereitete, wurde im Umgang mit Alfonso erneut zum Problem, denn die Schwelle, bei der er uns »aus dem Häuschen brachte«, war viel niedriger als bei anderen Kindern.

Mit Alfonsos Mutter besprachen wir uns monatlich. So wie wir uns den Verlauf von Lebensprozessen vorstellen, fühlen wir uns ja nicht berufen, ihr die Rolle der wichtigsten Bezugsperson abzunehmen, erst recht nicht als »Spezialisten« zu agieren, die mit Problemen umgehen können, mit denen sie als Mutter nicht fertig wurde.

Es war nicht leicht, mit ihr eine Beziehung aufzubauen, in der wir unsere Erfahrungen miteinander austauschen und uns dabei gegenseitig bereichern konnten. Als »ungebildete«, arme Frau hatte sie anfangs wenig Vertrauen in ihr eigenes Urteilsvermögen. Sie war gewohnt, die Meinungen und Ratschläge der »Fachleute« respektvoll anzunehmen. In den ersten Gesprächen zeigte sie sich angespannt und fast unterwürfig. Sie beteuerte unablässig ihre Dankbarkeit dafür, dass wir ihren Kindern ein Stipendium im Pesta ermöglicht hatten. In diesen Unterredungen erfuhren wir, dass sie es fertig gebracht hatte, ihrer Verwandten Grenzen zu setzen, sodass diese sich in Alfonsos Erziehung nicht mehr einmischte.

Doch statt all ihre Hilfsbereitschaft auf das behinderte Kind zu konzentrieren, versuchte sie nun, Einfluss auf Isabel, die »normale« Schwester, auszuüben, die im Kindergarten und später in der Primaria angefangen hatte, sich »freizuspielen« und sich offensichtlich gut entwickelte.

Im Laufe unserer Unterredungen mit der Mutter, vor allem bei unseren informellen Kontakten auf dem samstäglichen Alternativmarkt, kamen wir uns menschlich näher, lernten unseren Ausdruck dem ihrigen anzugleichen und uns ihr arbeitsreiches und sorgenbeladenes Leben vorzustellen. So nahm ihr Vertrauen zu, das Zusammenleben mit Alfonso entspannter gestalten zu können.

Dabei erkannte sie, dass es sich hier nicht um eine »bessere Pädagogik«, sondern um eine menschenwürdigere Art des Umgangs mit anderen und mit sich selbst handelte – und dass es hier auch um ihre »normale« Tochter ging. So beschloss sie, sich gegen die Übergriffe ihrer Verwandten in ihr Leben entschieden zu wehren, die versuchte, Isabel mit Lesen, Schreiben und Rechnen nach traditionellen Methoden zu traktieren.

Es kam zum Bruch. Die Verwandte zog jegliche, auch die bisher geleistete finanzielle Unterstützung zurück. Bisher hatten sie alle unter einem Dach gewohnt; nun zogen Alfonso, Isabel und ihre Mutter in eine kleine Hütte, um ihr Leben nach eigenen Vorstellungen gestalten zu können.

Als Alfonso über acht Jahre alt war, zeigte er Interesse für den Bereich der Primaria. Die Kindergärtnerinnen wollten ihn dabei abwechselnd begleiten.

So kamen sie, immer zu zweit, zuerst für eine Stunde, später immer länger zu uns herüber. Die erste Attraktion für Alfonso war die große Seilbahn, die er schon seit Wochen vom Kindergarten aus unermüdlich beobachtet hatte.

Anfangs schaute er aus der Nähe zu, wie andere Kinder die große Fahrt auf verschiedenste Weise antraten, einige mit Vorsicht, andere mit großartigen Schwingungen, ausgeklügelten Drehungen und mit Reifen, die sie um das Seil banden. Beim Zuschauen bewegte Alfonso seinen Körper hin und her, lachte laut und rüttelte aufgeregt an seiner Betreuerin. Eines schönen Tages wurde er dann selbst aktiv: Er band seinen Pullover ans Seil und schickte ihn auf die Reise, ging dann mit einiger Mühe den Hang selbst hinunter, zog den Pullover wieder herauf oder ließ ihn unterwegs los, sodass er ihn unzählige Male wieder einfangen musste. Wochenlang wagte er nicht, sich selbst an die Seilbahn zu hängen. Doch auch dieses Wunder geschah, obwohl mit vielen Vorsichtsmaßnahmen. Nach jeder Fahrt suchte er sofort Zuflucht bei der Betreuerin, die in der Nähe saß.

Jede kleine Errungenschaft, von ein wenig Erschrecken, aber auch deutlichen Zeichen der Freude und des Selbstbewusstseins begleitet, ließ ihn etwas eigenständiger werden. Alfonso begann, seine Handlungen nicht nur mit Lauten, sondern auch mit einer kleinen Anzahl von Lieblingswörtern zu begleiten, die im normalen Sprachgebrauch allerdings nicht immer zum feinen Wortschatz gehörten. Er verlor allmählich die Scheu vor den größeren Kindern, verfolgte aufmerksam ihre verschiedensten Spiele und probierte für sich allein manche davon aus. Er eroberte Sprosse für Sprosse den hohen Kletterturm, bewegte Drehbaum, Pendel und Schaukeln, ohne sich selbst draufzusetzen, stieß einen Schubkarren bergab und bergauf, warf Bälle über den Fußballplatz und rannte ihnen nach.

Immer öfter entfernte er sich von der Kindergärtnerin, die sich seinetwegen in der Primaria aufhielt. Es war nicht leicht, sie davon zu überzeugen, dass er langsam seine eigenen Wege ging. Es war ein schwieriger Ablösungsprozess. Die Betreuer glaubten, Alfonso brauche sie noch immer, doch es war wohl bereits umgekehrt, nur dass die Erwachsenen dieser neuen Situation weniger gut gewachsen waren als das »behinderte Kind«.

Es gäbe viel zu berichten, wie Alfonso in all seiner Beschränktheit sich unzählige Möglichkeiten der Interaktion eroberte. Mehr als ein Jahr lang koordinierte er in dieser für ihn unglaublich reichen Umgebung auf immer neue Weise seine Motorik und Sinne, beteiligte sich an einfachen Bewegungsspielen mit anderen Kindern, machte spontane motorische Übungen und physikalische Experimente mit unzähligen Gegenständen, vertiefte sich stundenlang in Bilderbücher, reihte unglaubliche Mengen konkreter Mathematikmaterialien auf dem Fußboden an, zog Messbänder von Raum zu Raum und ließ Fäden mit verschiedenen Gegenständen vom Balkon in den Garten hinunter.

Doch nie entdeckten wir Anzeichen eines Rollenspiels, das nach unserem Verständnis ein Wachsen seiner Abstraktionsfähigkeit bedeutet hätte. Auch sein Wortschatz blieb begrenzt auf wenige Wörter, die er undifferenziert auf jede Situation anwendete.

Seine größte Freude war der wöchentliche Ausflug ins Schwimmbad. Wie alle anderen Kinder entdeckte auch er auf seine Weise, was man alles mit und im Wasser machen konnte. Wenn es unter seinen Händen hoch aufspritzte, jauchzte er hell auf, offensichtlich inspiriert durch die Lichteffekte, welche die Sonne in den Tropfen hervorrief.

Bei diesen Gelegenheiten wussten wir die zunehmende Zusammenarbeit mit Alfonsos Mutter immer mehr zu schätzen. Sie hatte gelernt, mit ihm in seiner Betreuung so zu kooperieren, dass er zunehmend selbstständiger wurde. Im Schwimmbad war

er nun fähig, sich mit kleinen Unterstützungen selbst an- und
auszuziehen und seine Kleider so zu ordnen, dass er manchmal
besser mit seinen Siebensachen zurechtkam als manch anderer,
der an Handreichungen durch Erwachsene gewöhnt war.

Als Alfonso etwa neun Jahre alt wurde, erlebten wir mit ihm in
der Primaria eine unerwartete Krise. Er hatte nun viele Möglichkeiten des Umgangs mit seiner Umwelt entdeckt, hatte Vertrau-
en zu den meisten Erwachsenen und fühlte sich entspannt im
Umgang mit Gleichaltrigen. Plötzlich begann er, fast systematisch gegen alle Grenzen und Regeln zu verstoßen, die er bereits
integriert zu haben schien. Statt den Rucksack in sein Fach zu
tun, warf er ihn nun genau in die Türeingänge. Die Essensreste
verstreute er malerisch auf Stufen, Gartentische und Bänke. Er
riss so viel Materialien, wie er nur fassen konnte, aus den Regalen und schleifte sie durch alle Räume, beobachtete genau, wenn
im Mathe-Bereich die Erwachsenen voll beschäftigt waren, und
schleuderte die Materialien ins Untergeschoss. Er aß in der Bibliothek und spuckte andere Kinder an, störte gerade solche, die
am konzentriertesten arbeiteten, und sobald es Zeit war, nach
Hause zu gehen, rannte er so weit wie möglich fort oder versteckte sich. Gegen Erwachsene, die ihm Grenzen setzten, wehrte
er sich mit Spucken und Schlagen.

Diese Vorkommnisse gaben wieder genügend Anlass zum
Nachdenken und Deuten. Wir vermuteten, dass Alfonso – wieder auf seine eigene Art und Weise – zur Operativität, mit dem
für diese Phase typischen Drang zum Regelnmachen und -for-
mulieren, gereift war. Doch in seinem Zustand manifestierte
sich die Operativität wohl in einem nahezu methodischen
Zwang zum Regelnbrechen, um zu erfahren, was dabei passierte
und was die Folgen sein würden.

Obwohl wir keinerlei Gewissheit hatten, ob diese Auslegung
zutraf, entschlossen wir uns, von ihr auszugehen. Wir einigten
uns mit seiner Mutter, Alfonso möglicherweise im Verlauf eines

Morgens unverhofft heimzubringen, und erklärten ihr, so gut es ging, unsere Beweggründe.

Wir warnten ihn, dass er bei seiner nächsten Weigerung, die Hausregeln einzuhalten, sofort nach Hause gehen müsse. Natürlich hatten wir Zweifel, ob er eine solch relativ komplizierte Aussage überhaupt verstehen könne. Doch dieses Risiko gingen wir ein. Die Betreuerin, die ihm am meisten vertraut war, übernahm die Aufgabe. Mit Überraschung merkte sie, dass er bei ihrer Ankündigung der Konsequenz blass wurde, die Bibliothek verließ und draußen weiteraß. Doch zwei Tage später kam der entscheidende Moment. Alfonso pirschte sich an eine Gruppe Mädchen heran, die gerade im Mathe-Bereich konzentriert arbeiteten, und spuckte ihnen auf das Wurzelbrett. Als man sich das verbat, verstärkte er seine Spuckerei ... So wurde ein Auto geholt und Alfonso verließ für den Rest des Vormittags traurig die Schule. Bei dieser Gelegenheit merkten wir, dass Alfonso viel mehr gesprochene Sprache versteht, als er selbst auszudrücken vermag. Ihm wurde demonstriert, dass Handlungen direkte Folgen haben und dass es *seine* Entscheidung ist, ob er den Vormittag im geliebten Pesta verbringt oder ob er nach Hause gebracht wird.

Seither ist ein Jahr vergangen. Alfonso kommt jeden Morgen mit großer Freude den Berg herauf. Sein Lebensgefühl ist trotz all seiner Beschränkungen meist glücklich. Er kann ohne Schwierigkeiten seine eigenen Entscheidungen treffen, findet seinen eigenen Rhythmus zwischen spontanen Aktivitäten und stillen Zeiten, in denen er sich bei Erwachsenen anschmiegt oder anderen Kindern zuschaut. Er hat nun kein Problem mehr, einfache Regeln zu respektieren. Dabei ist er keineswegs unterwürfig, sondern probiert Grenzen immer wieder aus, nimmt sie aber ohne besondere Schwierigkeiten an, wenn sie festbleiben. Er hat begonnen, verschiedene Baumaterialien zu benutzen und die ersten Schritte zum Rollenspiel mit Schienen, Zügen und Figuren zu wagen. Mit Inbrunst und großer Ausdauer vertieft er sich in Bilderbücher, Fotografien und illustrierte Enzyklopädien, vor allem, wenn sie von Tieren handeln. Immer wieder wendet er sich neuen Experimenten mit Wasser, Sand oder sich schlängelnden Materialien zu und stößt dabei natürlich immer wieder auf neue Grenzen, die er allmählich als Regeln respektieren lernt.

Wir wissen nicht, »was einmal aus ihm werden wird«. Sicher ist, dass er im normalen Sinn nicht zu einem »nützlichen Mitglied der Gesellschaft« heranwachsen wird, doch sein Beitrag ist wohl von anderer Art. Er kann Liebe geben und annehmen und mit seiner Familie zusammenleben, ohne sie wirklich zu belasten. Seine Mutter ist durch ihn zu einer eigenständigen, mitfühlenden und mitdenkenden Frau geworden. Sie empfindet es als Glück, dass ihr Leben bedeutungsvoll ist und dass sie selbst unter den schwierigsten Umständen immer wieder neue Wege zur Verbesserung ihrer Lebensqualität entdecken kann.

Augusto

Das andere »auffällige« Kind bei uns ist Augusto. Seine Eltern sind Besitzer einer Restaurantkette. Schon einige Jahre, bevor sie persönlich bei uns erschienen, hatten sie durch Vermittlung von Pesta-Eltern Kindern über zehn Jahren die Möglichkeit gegeben, an drei Tagen pro Monat praktische Arbeitserfahrungen in ihren Betrieben zu sammeln.

Als die Eltern uns um Aufnahme ihres Sohnes und seines Adoptivbruders angingen, war ihre Begründung, dass sie von der Initiative und der Fähigkeit der Pestas, Verantwortung zu übernehmen, stark beeindruckt seien. Das habe sie auf den Gedanken und auch zur Einsicht gebracht, dass eine Erziehung, die sich auf der spontanen Aktivität der Kinder gründe, besser sein müsse als die normale Schule mit ihren Unterrichtsprogrammen und Methoden, die eingesetzt werden, um Kinder an die Normen anzupassen.

Zu diesem Zeitpunkt war Augusto fünf, sein Adoptivbruder David sechs Jahre alt. Darum ging die Aufnahme nicht ohne weiteres, sondern unseren Regeln entsprechend mussten die Eltern die Lebensgeschichte des älteren Bruders möglichst ausführlich aufzeichnen, die zwei unserer Mitarbeiter dann mit ihnen besprachen.

Die Eltern hatten David als Säugling aus einem Kinderheim adoptiert, weil sie glaubten, keine eigenen Kinder bekommen zu können. Ein Jahr später kam dank ärztlicher Behandlungen ihr leibliches Kind Augusto auf die Welt, sozusagen gegen jede Hoffnung, denn Frau M. hatte vorher mehrere Fehlgeburten durchgemacht.

In dieser Unterredung erhielten wir mehr Informationen über Augusto als über seinen Adoptivbruder. Die Ärzte wollten es besonders gut machen und empfahlen einen Kaiserschnitt im achten Monat. Doch das Neugeborene kam mit unreifen Lungen auf die Welt und verbrachte die ersten Wochen im Brutkasten. Die Eltern hatten genügend Geld, um alles in Bewegung zu setzen, was nach ärztlicher Meinung zu einer intensiven Pflege notwendig war. Das Kind wurde vielen Untersuchungen unterzogen. Dabei wurde eine mangelhafte Funktion einer Arterienklappe im Kopf entdeckt, die in einer »einfachen« Operation behoben wurde.

Das Ehepaar M. betonte immer wieder, dass Augusto keinerlei Behinderung habe und dass seine physiologischen Schwierigkeiten vollkommen unter Kontrolle seien. Sie gaben zu, dass ihr Kind wegen dieser Anfangsschwierigkeiten immer besonders behütet und jede unnötige Anstrengung oder Aufregung von ihm fern gehalten worden sei. Psychologen und Spezialisten für Frühförderung hätten sich von klein auf des Kindes angenommen. Die Eltern hätten, so beteuerten sie, trotz ihres chronischen Zeitmangels versucht, deren Ratschläge getreulich zu befolgen. Durch den Vergleich mit ihrem Adoptivsohn, der ein munteres und wohlentwickeltes Kind sei, seien ihnen aber doch manchmal Zweifel gekommen, ob denn all die Sonderbehandlungen für Augustos Entwicklung geeignet seien.

Nach ihrer Darstellung war David ein »pflegeleichtes Kind«, vollkommen angepasst, dankbar und glücklich in seiner Adoptivfamilie. Auf Anraten eines Psychologen war er darüber aufgeklärt worden, dass er eigentlich eine andere Mutter habe, aber er habe nie weiter nachgefragt, und das Ehepaar M. war eigentlich froh, dass es keine weiteren Erklärungen abgeben musste. Wir sprachen davon, dass David bei uns auf einer anderen Ebene mit seinen Gefühlen Kontakt aufnehmen müsse, um Entscheidungen zu treffen, und dass sich dadurch vielleicht sein Benehmen zu Hause verändern, womöglich weniger bequem werden könne.

Bei den Aufnahmegesprächen konnten die beiden sich das kaum vorstellen. Doch es vergingen nur wenige Wochen, bis David zu seinen bisher unbewussten Ängsten und Unsicherheiten Kontakt bekam und er viele Anlässe suchte, um zu trotzen oder anhaltend zu weinen.

Augusto verbrachte seine ersten Wochen im Kindergarten wie ein Schlafwandler. Er wanderte von Raum zu Raum und draußen von einer Seite des abgesteckten Geländes zur anderen, anscheinend ohne irgendetwas Bestimmtes zu suchen oder wahrzunehmen. Durch Erwachsene oder andere Kinder schaute er meist hindurch, als ob sie Luft wären. Lange Zeitspannen widmete er dem Auspacken, Untersuchen und Zerkrümeln des Essens, das er von zu Hause mitbrachte. Er verschüttete Saft oder Joghurt, ließ Abfälle unbekümmert auf den Boden fallen. Wenn jemand ihn darauf aufmerksam machte und anbot, ihm beim Zusammenpacken oder Säubern zu helfen, schaute er verträumt in die Landschaft ohne ein Zeichen, dass er zugehört oder die Gegenwart des Erwachsenen beachtet habe.

Sein erstes Interesse galt einem Wassertisch. Er erlaubte es, dass die zuständige Betreuerin in diesem Bereich ihn mit einer Plastikschürze schützte, und konnte oft stundenlang die Arme in die Schüssel stecken, mit den Händen kleine Mengen Wasser schöpfen und es über Kopf und Arme tröpfeln. Die Welt rundum schien dabei vergessen. Wenn jemand sich ihm näherte, konnte es lange dauern, bis Augusto ihm einen flüchtigen Blick zuwarf oder auf Meldungen reagierte, dass es Zeit zum Heimfahren sei.

Einmal heftete sich sein Blick an einen der Gegenstände, die neben dem Wassertisch zum Spielen bereitstanden. Es war ein großer Trichter aus Plastik, der seine Aufmerksamkeit erregte und bei ihm stunden-, tagelang ein und dieselbe Handlung auslöste, die darin bestand, Wasser zu schöpfen und es dann langsam auslaufen zu lassen. Ein dreijähriger Junge schien von solch ungewöhnlichen Wiederholungen fasziniert und gesellte sich staunend zu ihrem Urheber.

So fanden sich zwei Menschen, beide ohne klares Zeitgefühl, der eine in der unendlich langsamen Ausführung einer einfachen Handlung, der andere mit der Geduld, diesem ungewöhnlichen Schauspiel beizuwohnen, ohne ein einziges Wort zu sprechen.

Vielleicht bedeutete für Augusto dieser kleine Junge die Brücke zu einer neuen Beziehung zur Außenwelt. Als dieser Knirps selbst einen Trichter in die Hände nahm, zunächst mit Andacht die Bewegungen seines großen Kameraden nachahmte, sie dann variierte und neue Elemente einbezog, verfolgte Augusto mit ungewöhnlichem Interesse seine Handlungen und probierte dann seinerseits aus, was er beim anderen sah. Daraus folgten seine ersten Berührungen mit Sieben, Gefäßen verschiedener Art und Größen, Schaufeln, Seifenschaum und Farben, mit denen er begann, sein Wasserspiel zu variieren.

Ein paar Tage später geschah der Quantensprung zum Sandhaufen, einem ganz anderen Element, uralt in der Geschichte der Evolution, aber neu für dieses Kind einer sterilen Welt, das seit fünf Jahren aus Angst vor Schmutz, Ansteckung und Unordnung von solchen Interaktionen fern gehalten worden war.

Augusto verbrachte fast vier Jahre im Kindergarten. Unendlich langsam, mit vielen Rückzügen in seine eigene Welt, die er immer wieder vor dem Zugriff der äußeren Wirklichkeit verteidigte, fand er seinen Weg zum Rollenspiel in der »Küche«, im »Doktorzimmer«, im Laden und Markt, wo er sich die gelben Rüben für »sein Pferd in der Farm« in die Hosentaschen steckte. Er liebte es nun, sein teures, von zu Hause mitgebrachtes Essen mit kleineren Kindern zu teilen und von ihnen Dinge anzunehmen, die in seiner Familie niemals auf den Tisch kamen: gekochten Mais, selbst gemachte Bananenchips, Reis mit Bohnen oder frittierte Taschen aus Grünbananen. Er begann, den Rhythmus des Vormittags wahrzunehmen, zeigte zwar keinerlei Interesse am Werken, Tanz oder an Musik, aber umso mehr an der Geschichte, die im Kindergarten am Ende jedes Vormittags regelmäßig erzählt wird.

David, sein Adoptivbruder, schien auf den ersten Blick ein fröhlicher und aufgeweckter Junge. Beim näheren Hinschauen wurde aber offenbar, dass seine Aktivitäten von den Initiativen anderer Kinder abhingen. Er entwickelte, um ihre Freundschaft und Begleitung zu gewinnen, Strategien, die uns Sorge machten: Häufig brachte er kleine Geschenke, Esswaren oder Murmeln mit, die er »nach Verdienst« an andere verteilte, lieh Spielsachen unter speziellen Bedingungen aus und lud Jungen, die sich von ihm manipulieren ließen, zu sich nach Hause ein.

Elterngespräche waren also dringend notwendig, um ein besseres Bild davon zu bekommen, was zu Hause vor sich ging. Das Ehepaar M. machte sich »unter enormen Opfern« von ihren zahlreichen Verpflichtungen frei, aber es war nicht leicht, einen Dialog herzustellen, in dem wir unsere Erfahrungen zu Hause und in der Schule austauschen konnten. Die beiden waren gewohnt, mit vielen Angestellten umzugehen und sie nach ihrem Willen zu lenken; Herr M. war auch aktiv in einer politischen Partei und gewandt in der Kunst, Meinungen zu beeinflussen und Ereignisse so darzustellen, dass sie in sein eigenes Programm passten. Wir mussten lernen, bei ihrem Wortschwall von Lobreden über die »phantastischen Fortschritte« ihrer Söhne und den Ablenkungsmanövern, unsere konkreten Fragen über den Tagesablauf zu umgehen, zu einem eigenen Urteil zu gelangen. Wie viel Zuwendung bekamen die Kinder wirklich von den Eltern? Machten sie überhaupt den Versuch, ihre Verhaltensweisen, die im Geschäftsleben und in der Politik »notwendig« waren, zu Hause infrage zu stellen und mit ihren Kindern respektvollere Beziehungen auszuprobieren? Oder war dieses Angebot, das ihnen hier gemacht wurde, nur für erbauliche Reden, aber nicht für eine persönliche Praxis akzeptabel?

Mehr als durch unsere Zusammenkünfte mit den Eltern bekamen wir von den Kindern, die über Nacht eingeladen wurden, Informationen, was in diesem Haus wirklich ablief. Da gab es bewundernde Kommentare, dass man dort bis spät in die Nacht Videos und Fernsehprogramme schauen dürfe, denn die Eltern seien nie daheim, und das Hausmädchen sei froh, wenn die Kinder beschäftigt waren. Es gab Berichte von Essen, die aus dem Restaurant geliefert wurden, von Zimmern voller teurer Spielsachen, die sich keiner sonst leisten konnte.

Mit der Zeit bekamen wir auch in der Schule Beweise, dass die Eltern ihre Verantwortung für die beiden Söhne weitgehend an Angestellte delegierten. Wenn Augusto und David zu spät zur Bushaltestelle gekommen waren, wurden sie in einem teuren Wagen mit dunklen Fenstern von einem Chauffeur zur Schule gebracht. Sie verabschiedeten sich von ihm mit größerer Zärtlichkeit, als wir es im Umgang mit den Eltern beobachtet hatten. Periodisch kam eine Hausangestellte zu uns, die vergessene Kleider der Kinder einsammelte. In einer Unterredung gab die Mutter zu, dass sie selbst die Kleider ihrer Kinder gar nicht wieder erkennen würde, denn alle praktischen Sachen würden von dieser langjährigen Angestellten erledigt. Allmählich sickerte durch, dass in diesem Haus im ganzen fünf Angestellte für alle Dienstleistungen zur Verfügung standen, einschließlich für die Aufgabe, die Kinder zum Arzt zu bringen, sie zu baden und bei Laune zu halten.

Als die Eltern merkten, dass wir uns weigern könnten, ihren Kindern menschliche Zuwendung und eine geeignete Umgebung zu garantieren, ohne dass sie selbst ein Gleiches täten, machten sie kleine Versprechen: Die Mutter werde zweimal in der Woche einen Teil des Nachmittags mit ihnen verbringen, und beide würden abwechselnd das Frühstück mit ihnen einnehmen. Gleichzeitig boten sie an, für ein armes Pesta-Kind ein Stipendium zu finanzieren – keine anderen Eltern bei uns können sich so etwas leisten – und regelmäßig an den Elternabenden teilzunehmen. (Das hielten sie ein, kamen aber jedes Mal eine halbe Stunde zu spät.)

In unseren Gesprächen versuchten wir dann, konkrete Situationen der Eltern mit ihren Kindern zu beleuchten. Dabei wurde offensichtlich, dass die beiden sich während der kurzen Momente des Zusammenseins mit ihnen vollkommen verloren fühlten. Mit den alltäglichsten Lebensumständen kamen sie nicht zurecht und hatten keine Idee, was man gemeinsam mit Kindern tun und lassen könne. Es war für die Mutter eine überwältigende Entdeckung, dass die Kinder mit ihr etwas kochen oder backen wollten. In dieser Situation fühlte sie sich hilflos und fragte, welchen Kochkurs wir ihr anrieten. Auf unsere erstaunten Mienen hin wollte sie doch wenigstens ein paar einfache Rezepte kopieren, die bei uns die Kinder benutzen. Der Vater hatte auf Drängen seiner Söhne angefangen, im Garten Ball zu spielen, und glaubte, er müsse nun die offiziellen Fußballregeln lernen, damit er »auch nichts falsch« mache.

Unsere Versuche, die Eltern in ihren Fragen und Unsicherheiten zu begleiten, dauerten zwei Jahre. Augusto machte inzwischen seine ersten Vorstöße in die Primaria. Hier hängte er sich an kleinere Kameraden, die er vom Kindergarten her kannte. Doch die meiste Zeit schaute er ihnen nur zu und redete krauses Zeug, das selten etwas mit den Umständen des Augenblicks zu tun hatte. So oft wie möglich suchte er die Gesellschaft eines Erwachsenen, der weniger beschäftigt schien. Dabei erfuhren wir, dass die Hausangestellte, die seit Jahren seine wichtigste Bezugsperson zu Hause gewesen war, nicht mehr dort arbeite. Fast täglich bat er einen Betreuer, ihn doch bitte mit zu sich nach Hause zu nehmen. Manchmal nannte er einen von uns »Mami«, auch wenn er dann verlegen lachte und versicherte, das sei natürlich nicht wahr. Meistens beklagte er sich, wenn wir ihn auf seine offenen Schuhbänder hin ansprachen und ihm anboten, sie »zusammen mit ihm« zuzubinden. »Meine Angestellten machen das für mich! Ihr seid böse! Ihr müsst das auch für mich tun,« war sein täglicher Protest.

Die nächsten Gespräche mit den Eltern drehten sich darum, Wege zu finden, wie sie, auch wenn ihre Zeit beschränkt war, ihren Kindern eine geeignetere Umgebung, Zuwendung und gleichzeitig Eigenständigkeit bieten könnten. Doch immer wieder wichen sie aus: »Wir können nichts dafür, wenn die Kinder fernsehen! Sobald wir aus dem Haus sind, geht es wieder los. Wir verstecken den Schlüssel für den Schrank, den wir für den Fernseher machen ließen. Doch sie sind eben schlauer als wir. Sie finden den Schlüssel überall und die Hausangestellte kann da natürlich auch nichts machen.« Wir vertraten unsere Überzeugung, dass es besonders im Fall ihrer Kinder unwahrscheinlich sei, dass diese sich ihren echten Entwicklungsbedürfnissen stellten, wenn die Eltern nicht auch ihre Verantwortung übernehmen würden.

Am Ende entschlossen wir uns, den Eltern mitzuteilen, dass wir ihre Kinder im nächsten Schuljahr nicht mehr annehmen würden, es sei denn, sie träfen die klare Entscheidung, dem Familienleben größere Wichtigkeit als bisher zuzugestehen. In den fünf Monaten, die bis zum Ende dieses Jahres fehlten, träten sicherlich Veränderungen ein, falls die Eltern ihre Aufgabe ernst nähmen. Dabei komme es nicht darauf an, dass sie »alles richtig« machten, sondern dass ihre Entscheidung für die Kinder spürbar sei.

Anscheinend versetzte diese klare Grenze die Eltern in echten Schrecken. Seither sind zwei Monate vergangen. Inzwischen haben beide Zeit gefunden, einmal in der Woche einen ganzen Vormittag in der Schule zu verbringen. Es fällt ihnen noch schwer, bei den Kindern zu sein, ohne ihren Interessen vorzugreifen und »irgendetwas zu erreichen«. Dennoch erkennen wir sowohl bei den Eltern wie bei den Kindern eine veränderte Haltung:

Die Eltern haben nun echte Fragen, die sich ihnen aufgrund ihrer Begleitung in einer vorbereiteten Umgebung stellen: Wie weit soll man helfen, wie kann man Interesse bekommen an dem, was ein Kind von sich aus tut; wie kann man zu Hause die Umgebung besser gestalten, damit sie zu der Entwicklung der Kinder passt, und Grenzen für Unterhaltungen und Vergnügungen setzen?

Bei David sehen wir zumindest während kleiner Zeitspannen erste Anzeichen echter Operativität, in denen er sich persönlich mit der Umgebung auseinander setzt, statt den Interessen anderer zu folgen.

Augusto hat begonnen, kleine selbstständige Handlungen auszuführen: Er probiert, wenn auch nur für kurze Momente Turngeräte aus, wagt, sich auf eine Schaukel zu setzen (dabei erschrickt er, wenn sie sich etwas mehr bewegt), er spielt Ball gegen eine Wand und bittet größere Kinder, ihn mitspielen zu lassen. Im Laden, Reisebüro und mit Baumaterialien hat er angefangen, allein oder mit anderen Kindern einfache Spiele zu erfinden. Zum ersten Mal redet er dabei hin und wieder über

Dinge, die etwas mit seiner gegenwärtigen Aktivität zu tun haben.

Nun hat er auch einen eigenen, fast gleichaltrigen Freund gefunden. Mit ihm probiert er seine ersten Gesellschaftsspiele und ist stolz, wenn dieser Junge, der zu Hause gemeinsam mit vier Schwestern ein schwieriges Leben hat und darum möglichst oft dieser Situation entfliehen möchte, ihn inbrünstig bittet, bei Augusto übernachten zu dürfen.

In seiner Entwicklungsphase kann Augusto sich noch keinen Gruppenaktivitäten stellen. Bis vor kurzem verschwand er jeden Montagmorgen zur Zeit der Wochenversammlung im Kindergarten und kam erst heraus, wenn sie vorüber war. Die Eltern entschlossen sich, mehrmals am Montag in der Schule zu hospitieren und ihren Sohn in der Versammlung zu begleiten. Das gab ihm dann den Mut, später auch ohne sie teilzunehmen, auch wenn er sich noch abseits von den anderen an eine Säule lehnt und die Prozedur der Eigenregierung stehend über sich ergehen lässt. Arbeitsgruppen, die für andere Kinder seines Alters längst von Interesse sind, bleiben vorläufig jenseits seines Horizonts.

Im Augenblick sehen wir ihn die Hälfte des Morgens allein. Es scheint, als sei er beim Herumgehen, beim Zuschauen und beim fahrigen Anfassen von Gegenständen ständig im Konflikt zwischen seinem alten Drang, seine innere Welt vor dem Kontakt mit der Außenwelt zu bewahren, und dem Bestreben, sich mit ihr zu befassen, um sie vielleicht einmal zu begreifen.

In den letzten Wochen mischt er sich immer häufiger in Spiele ein, die von anderen organisiert werden. Beim Fußball bietet er sich als Torwart an – eine Aufgabe, die im Allgemeinen nicht sehr beliebt ist –, doch seine Reaktionen sind noch zu ungewiss, als dass er seinem Team wertvolle Dienste leisten könnte. Wenn seine Kameraden sicher sein wollen, dass die Bälle der Gegenpartei aufgehalten werden, rennt einer von ihnen schnell ins Tor, steht Augusto bei und rennt dann wieder übers Feld. So sehen wir, dass auch Augusto im Zusammenleben mit anderen Kindern eine wichtige Rolle erfüllt: Sie nehmen ihn so an, wie er ist, ohne sich über ihn lustig zu machen oder sich zu ärgern, wenn er ihrem »Standard« nicht entspricht; sie lassen ihn teilhaben an ihrem Treiben, soweit er es wünscht, und schätzen seine Fähigkeiten genügend ein, um keine Nachteile von ihrer Großzügigkeit zu erleiden.

Ob Augusto einmal »seinen Mann stehen« wird, ist ungewiss, aber doch möglich, falls seine Eltern in ihrem guten Vorsatz, mit seinen Entwicklungsbedürfnissen zu kooperieren, keine Rückzieher machen.

9. Kapitel

Reden und Reden
Der Umgang mit Sprache im Pesta

Um auch nur einen ungefähren Eindruck von unseren Erlebnissen mit menschlichen Beziehungen in einer entspannten Umgebung vermitteln zu können, erscheint es mir notwendig, auf die Funktion der Sprache einzugehen, die in solch einem Umfeld zwangsläufig Wandlungen erfährt.

Zunächst einmal werden hier – wo jeder seine wirkliche Interessen verfolgt, mit unzähligen Dingen und Situationen individuell oder in Gesellschaft anderer umgeht, wo jeder so angenommen wird, wie er ist – selbstverständlich auch sprachliche Unterschiede respektiert. Kinder mit besonderen Bedürfnissen wie Alfonso, der noch mit zehn Jahren über nur wenige Worte verfügt und diese nur undeutlich auszusprechen vermag, aber auch Kinder aus unterschiedlichen kulturellen Milieus dürfen hier ihre eigene Sprache sprechen, gerade so, wie sie sich auch auf ihre eigene Weise mit der Umgebung auseinander setzen dürfen. Wo sich jeder so, wie er ist, respektiert erlebt, braucht sich keiner minderwertig zu fühlen, nur weil er sich durch Gesten, Mimik oder fremd klingende Laute verständlich zu machen sucht.

Das gilt ebenso für Fremdsprachler. Denn auch diese scheinen ja für diejenigen, die sie nicht kennen, »unverständliches Zeug« zu reden. Für die Kinder jedoch ist das Wichtigste, Kameraden zu finden, die wenigstens für eine kleine Weile ihre Spiele teilen. In der Eigendynamik solcher Umstände, die kindlichen Bedürf-

nissen angemessen sind, lernen Neuankömmlinge die hier ge-
bräuchliche Sprache ohne jeden Stress. Keiner verspottet sie wegen ihres ausländischen oder indianischen Akzents, denn jeder
ist ohnehin anders als der andere, beschäftigt sich mit Dingen,
die ihm entsprechen, und öffnet sich neuen Situationen ohne
Angst. Jeder bewahrt darum sein positives Lebensgefühl und
keinen drängt es danach, Hass, Wut oder Unlust an denen auszulassen, die anders sind als er.

In einer Umgebung, in der Kinder und Jugendliche in erster
Linie durch direkte Auseinandersetzung mit der konkreten
Wirklichkeit ihr Wahrnehmungsvermögen, ihr Verständnis und
ihre eigene Interpretation der Welt aufbauen, erhält das gesprochene oder geschriebene Wort eine andere Funktion als im »Unterricht«, wo es vorrangig der Übermittlung von Wissen dient.

Es sind also nicht allein die Ausländerkinder, die von der Auflage befreit werden, die gültige Sprache zu beherrschen, um am
Segen der Wissensvermittlung teilhaben zu können. Hier sind
auch die Muttersprachler befreit vom Unterricht, der sie in einer
normalen Schule verpflichten würde, vor allem zuzuhören, nur
das zu fragen, was gerade »dran ist«, nur dann zu reden, wenn
sie gefragt werden, und dann nur diejenigen Antworten zu reproduzieren, die von ihnen erwartet werden, wo also die vielfältigen spontanen Aktivitäten der Kinder unterdrückt und ihr na-
türlicher Ausdruck als »Geschwätz« bestraft wird.

Vorgeburtliches und frühkindliches Einstimmen auf Sprache

Dass bereits Babys ihre eigene Art der Mitteilung haben, ist allgemein bekannt. Doch wenige machen sich die Mühe, auf deren
Weise der Kommunikation einzugehen, sie ernst zu nehmen
oder als Vehikel einer bedeutungsvollen Beziehung ernsthaft zu
gebrauchen. Man geht eher davon aus, dass ein kleines Kind

eben die Sprache der Großen zu erlernen hat – was es in den meisten Fällen ja auch mit erstaunlicher Kompetenz schafft. Bereits Noam Chomsky hat darauf hingewiesen, dass jedes menschliche Wesen mit einem neurologischen Potenzial für Sprache auf die Welt kommt, das durch das Umfeld aber erst aktiviert werden muss. Es ist ein echtes menschliches Entwicklungsbedürfnis, dieses latente Sprachvermögen zu verwirklichen, auch wenn dies wie im Fall von Gehörlosen durch Zeichensprache geschieht.

Selten jedoch nehmen Erwachsene die reichlich vorhandenen Möglichkeiten zu einem echten Dialog, in dem jeder auf die Ausdrucksweise des anderen eingeht und sein Interesse am anderen und an dessen Intentionen bekundet, mit einem Baby wahr.

Aber das Kind öffnet sich der Sprache nicht erst, wenn es geboren ist. Das tut es bereits vor seiner Geburt. Sein Körper schwingt beim Wahrnehmen der mütterlichen Phoneme auf eine ihm eigene, ganz individuelle und einzigartige Weise mit.

Und auch nach der Geburt ist die Wechselwirkung zwischen gehörter Sprache und seinen Muskelbewegungen eine Choreographie von sichtbaren und hörbaren Bewegungen. Wenn sich das Kind dann sicher genug fühlt, wird es ihm zunehmend ein Bedürfnis, Mundstellungen, Laute und Gesten konzentriert zu beobachten, sie immer artikulierter zu imitieren und durch das Hören der von ihm selbst produzierten Geräusche und das Fühlen seiner eigenen Bewegungen zunehmend menschliche Laute hervorzubringen.

Wenn Piaget in seinen Betrachtungen über Sprachentwicklung, dort, wo er diese Phänomene erwähnt, den Begriff »egozentrische Sprache« verwendet, so verstehe ich den darin angesprochenen »Egozentrismus« vor allem im Kontrast zu den Möglichkeiten späterer Sprachentwicklung.

Für das Baby jedenfalls stellt diese Sprachstufe bereits eine ungeheure Leistung des Sichöffnens und Eingehens auf die

Menschen, die für es sorgen, ihm ihr Gesicht zuwenden und zu ihm sprechen, dar. Wollte man den »Egozentrismus« beim Wort nehmen, so sind es wohl eher die Erwachsenen, die sich auf egozentrische Art mit dem Kind auseinander setzen, wenn sie in ihrer Blindheit für den Reichtum der nonverbalen Kommunikationsfähigkeiten eines kleinen Kindes dessen Zeichen ignorieren. Es sollte nicht vergessen werden, dass auch noch bei Erwachsenen ein großer Prozentsatz ihrer Kommunikation nonverbaler Art ist, wenn natürlich auch das Verhältnis zwischen verbaler und nonverbaler Kommunikation bei kleinen Kindern eindeutig aufseiten der Körpersprache liegt.

Es ließe sich viel darüber berichten, wie Kinder mit so genannten »Sprachschwierigkeiten« im Pesta nicht nur ohne jegliche Sprachtherapie deutlich zu artikulieren lernten, sondern sich in jeder Hinsicht zu offenen, interessierten und intelligenten Menschen entwickelten. Das konnte gelingen, weil wir uns zusammen mit den Eltern darauf besonnen haben, dass die erste biologische Grundlage der Sprache in der Motorik zu suchen ist und die Entwicklung der Motorik eng mit den Sinnen und Emotionen zusammenhängt. Das Mitschwingen des kindlichen Organismus kann bereits im Mutterleib gestört werden. Und in den ersten sieben oder acht Jahren, in denen vorrangig das limbische Nervensystem reift, das dem Körper ermöglicht, mit der Umwelt über Signale zu interagieren und dabei sein motorisches, sinnliches und emotionales Potenzial zu erfüllen, kann vieles geschehen, was den Prozess des Einstimmens auf die Welt beeinträchtigt.

Unter der Herrschaft eines Paradigmas, das besagt, »Erziehung« finde vorrangig über Worte und Symbole statt, lässt sich Eltern leicht mit der Behauptung Angst einjagen, ihr Kind werde »große Nachteile« haben, wenn es »nicht richtig sprechen« lerne. Viele Sorgen, die mit dem richtigen Gebrauch der Sprache zusammenhängen, ergeben sich aus dem Zwang zur Anpassung an unsere »Kultur des Wortes«, an eine Kultur, die durch die modernen Medien schon längst schwer in Mitleidenschaft gezogen ist.

Unter dem Paradigma des »Respekts vor Lebensprozessen« hingegen besteht die Behandlung so genannter sprachgestörter Kinder darin, ein entspanntes Umfeld zu schaffen, in dem der kindliche Organismus seine eigenen Lösungen zu finden vermag.

Dafür genügt allerdings nicht, dass solch ein Kind sich in der »Schule« frei bewegen, Motorik und Sinnesgebrauch von innen gesteuert und seinen eigenen Bedürfnissen entsprechend üben kann, dass es nicht zur Anpassung an eine Gruppe gedrängt wird, dass es sich ohne Angst vor Kritik so ausdrücken darf, wie es dies eben kann, dass Reden und Handeln zusammenfallen und dass nach der hier geltenden Meinung eben nicht die »korrekte« Ausdrucksweise, sondern unmittelbare Interaktionen des Organismus mit seinem Umfeld die wichtigsten Grundlagen für die Entwicklung sind. Hinzukommen muss ein geeignetes Elternhaus. Ohne eine geeignete Unterstützung im Elternhaus, dem »Gewächshaus der Emotionen«, kann der komplexe Heilungs- und Entwicklungsprozess des Kindes auch in einer idealen schulischen Umgebung nur eingeschränkt vor sich gehen.

Doch sobald sich zu Hause auch nur wenigstens einer dazu entschließt, in seinem Umkreis durch liebe- und respektvolle Zuwendung, durch geeignetere Umstände und klare Grenzen eine entspanntere Umgebung zu schaffen, lösen sich beim Kind allmählich die Schwierigkeiten.

Solange ein Kind »normal« redet – auch wenn es uns dabei nicht selten auf die Nerven geht –, scheint die Welt in Ordnung. Vielleicht glauben wir sogar, dass ein Kind, das durch ständiges Reden Aufmerksamkeit erheischt, besonders sprachbegabt oder dass eine erlesene, wissenschaftliche, blumenreiche oder abgehobene Sprache Zeichen besonderer Intelligenz sei.

Über die Jahre, in denen wir mit Kindern, Jugendlichen und

Mitarbeitern im Pesta zusammengelebt haben, kristallisierten sich für uns jedoch andere Kategorien heraus, die dann sichtbar werden, wenn Tun und Reden von einer Entwicklungsphase zur nächsten in immer neue Zusammenhänge gesetzt werden.

Unser menschliches Leben spielt sich nach Chomsky auf dem Hintergrund einer gemeinsamen »Ursprache« ab, die sich in unserem biologischen Programm als neurologische Sprachfähigkeit darstellt. In ihr sind sozusagen alle Sprachen der Welt samt denen, die noch entstehen können, latent. Schaffen wir nun eine Umgebung, in der jeder »er selbst« sein darf und in der es sich lohnt, sich einander mitzuteilen, dann läuft die Sprachentwicklung sicher anders ab als dort, wo es an Respekt für echte persönliche Wachstumsbedürfnisse mangelt.

Das Sprechen ist engstens verwoben mit den verschiedensten Lebensumständen und -aktivitäten, wobei nicht nur mit dem Mund, sondern mit allen Instrumenten des Körpers »geredet« wird. Hier findet ständiges Nehmen und Geben statt, zwischenmenschliche und praktische Probleme werden nicht nur im Wort, sondern auch in der Tat unaufhörlich gelöst und der Ausdruck von Emotionen und Gedanken ist mit konkreten Situationen eng verbunden und wird ernst genommen. Daraus entsteht ein Feld intensiver Operativität.

In diesem Feld wird das durch Nachahmung gelernte Wort durch die Beziehung zu erlebten Wirklichkeiten bedeutungsvoll.

Die egozentrische Sprache

Es wird im Pesta von vornherein jedem zugestanden, »egozentrisch« zu sein und sich von »innen nach außen« mit der Umwelt auseinander zu setzen. Obwohl Nachahmung eine wichtige Lernstrategie ist, kommt dieser Prozess dank zahlreicher mit dem inneren Programm zusammenstimmender Interaktionen nicht in Gefahr, zur Selbstentfremdung und dadurch zu einer gefährlichen Anpassung an das Umfeld zu führen.

Je kleiner ein Kind, umso mehr ist seine Interaktion von innen veranlasst und umso »egozentrischer« seine Sprache. Piaget beschreibt in vielen Einzelheiten die Eigentümlichkeiten der »egozentrischen Sprache«. Seine Forschungen geben auch einige Hinweise, wie lange und in welchem Umfang diese Art der Sprache bis ins spätere Leben immer wieder in Erscheinung tritt. Es ist eine Sprache, die zur Befriedigung eigener Bedürfnisse geübt wird, zum Beispiel um lustvoll Laute und Mundbewegungen zu koordinieren und den Gefühlen im eigenen Körper, die sie hervorrufen, nachzuspüren.

So kann sich ein kleines Kind am »Echo« der Laute begeistern, die seine Mund- und Kehlbewegungen hervorbringen, und aus diesem Entzücken immer neuen Ansporn zu weiteren Produktionen bekommen. Dabei entstehen nicht nur Laute, die sich immer mehr wie richtige Wörter anhören, sondern mit der Zeit ganze Kadenzen von »Reden«, deren Sinn man nicht versteht, die sich aber oft wie Musik anhören.

In dieser Phase können die meisten Erwachsenen kaum der Versuchung widerstehen, dem Kind das »richtige Sprechen beizubringen«, es zum Wiederholen von Wörtern anzufeuern und es immer wieder zu korrigieren, wenn das Wort »falsch« zurückkommt. Doch sind Kinder, die sich geliebt fühlen und ihre Bedürfnisse nach eigenständiger Entwicklung der Motorik und der Sinne erfüllen dürfen, von sich aus motiviert, die Mundbewegungen der Menschen, die sich ihm zuwenden, mit größter Konzentration zu verfolgen, dem Klang ihrer Stimme zu lauschen, um dann für sich in allen möglichen Variationen mit diesen Klängen zu experimentieren. Wenn es dann zu einer verbalen Verständigung kommt, schafft das eine Befriedigung, die immer wieder gesucht wird.

Auch wenn Kinder bereits »richtig reden«, ist ein wichtiger Teil ihrer Sprache immer noch »egozentrisch«. So kann ein kleines Kind mit sich selbst lange Monologe führen, ohne dass ein Gesprächspartner vonnöten wäre. Und wenn es mit anderen Kindern gemeinsam spielt, wenn zum Beispiel mehrere Kinder zusammen um einen Haufen Legos oder andere Spielsachen sitzen, etwas bauen und dabei scheinbar miteinander reden, so bleibt dieses Reden doch weitgehend ein »kollektiver Monolog«: Jeder drückt aus, was für ihn bedeutungsvoll ist, erwartet aber meist weder Kommentar noch Antwort, lässt sich jedoch von den Lauten der anderen Kinder anregen.

Im Zusammenhang mit der »egozentrischen« Sprache sind einige interessante Phänomene erwähnenswert. Neupiagetianer wie Margaret Donaldson (1978) haben festgestellt, dass der Gebrauch egozentrischer Sprache dann zunimmt, wenn Kinder sich in Situationen befinden, die ihren echten Bedürfnissen und Interessen nicht oder nur wenig entsprechen.

Im Umgang mit Kindern und mit Erwachsenen, uns selbst eingeschlossen, merken wir, dass auch wir noch, meist ohne uns dessen bewusst zu sein, die Sprache weitgehend egozentrisch benutzen, und zwar wenn wir reden, um uns selbst zu hören, wenn wir uns durch Reden erleichtern, Spannungen ablassen oder unseren eigenen Gedanken nachgehen wollen, ohne wirklich auf andere zu hören.

Aus all dem haben wir im Pesta den Schluss gezogen, dass es nicht nur unsinnig, sondern auch lieblos wäre, egozentrischen Sprachgebrauch bei Kindern zu unterdrücken oder gar zu bestrafen.

Das trifft zunächst einmal zu für das Bedürfnis der Kinder nach ständigem Reden (nach Piaget sind noch bei 6-Jährigen 50 Prozent ihrer Ausdrücke egozentrischer Art). Sie sind es ja, die das Reden erst üben müssen. In einem normalen Klassenzimmer hingegen redet am meisten der Erwachsene, was auch für den »Fremdsprachenunterricht« zutrifft.

Am Beispiel unserer Jugendlichen merken wir deutlich, dass

man auch in diesem Alter, in dem das Erlernen einer Fremdsprache zu einem echten Bedürfnis wird, nicht damit anfangen kann, erst richtige Grammatik, Rechtschreibung und Aussprache zu lernen, bevor man sich mit diesen Kenntnissen unter die Leute wagt. So wie bei kleinen Kindern, die sich lange an Lauten und Kadenzen üben und sich gleichzeitig kompetent mit vielen anderen Mitteln mitteilen, braucht man beim Erlernen einer neuen Sprache Gelegenheiten, in denen man mit »falschen Ausdrücken«, aber kompetenten Gesten und Handlungen erfolgreich kommunizieren kann. Aus solchen Erfahrungen mag dann die Begeisterung für Sprachlogik und »perfekte« Aussprache spontan hervorgehen.

Die »halbsozialisierte Sprache«

Die nächste Stufe der Sprachentwicklung ist die Herausbildung einer Art »halbsozialisierter Sprache«, wie ich sie nennen möchte, angesiedelt zwischen dem, was Piaget (1972) egozentrische bzw. sozialisierte Sprache des Kindes nennt. Ihr eigentlicher innerer Antrieb liegt in der Neigung, herauszufinden, welche Wirkungen man auf andere ausübt, wie man sie beeinflussen und welche Reaktionen man beim Sprechen hervorrufen kann.

Kurioserweise verfolgen Kinder dabei die beliebte Strategie, Schimpfwörter auszuprobieren, die wunderbar klingen und mit denen sich erstaunliche Effekte hervorrufen lassen. Das kann Erwachsene verunsichern, wenn sie beschlossen hatten, feste Grenzen zu setzen und zum Beispiel nicht zuzulassen, dass in der Familie oder im Kindergarten einer dem anderen mit Wort oder Tat Schaden zufügt.

Es dauerte lange, bis wir einigermaßen unterscheiden lernten, wann ein Kind sich in solch »halbsozialisierter Sprache« übt, also einen wichtigen Schritt in seiner Entwicklung vollzieht, und wann es einem anderen absichtlich wehtun will. Dabei geht es immer darum, den emotionalen und kognitiven Zustand des Kindes wahrzunehmen und es je nachdem zu begleiten: im ersten Fall durch Zuwendung und Reflektieren, wie sich das schimpfende und das beschimpfte Kind wohl fühlt; im anderen Fall mit einer festen Grenze und klarer Verbalisation: »Ich will nicht, dass du andere beleidigst!«

Eine Variante dieser kindlichen Beschimpfungen ist übrigens das Bedürfnis, andere mit Spitznamen zu belegen. So mag ein älterer Bruder zum Beispiel selbst eben der objektiv-realistischen Weltsicht entwachsen sein, einer Weltanschauung, wonach Wort und Gegenstand oder Wort und Person noch als ein und dasselbe gelten, wo die Tatsache, dass ein anderer Mann den gleichen Namen wie der eigene Vater trägt, Protest hervorruft, da das Kind davon überzeugt ist, dass sein Vater mit seinem Namen gewissermaßen eins ist. Dieser ältere Bruder kann dann sein jüngeres Geschwisterchen, das sich noch im Zustand dieses objektiven Realismus befindet, zur Verzweiflung bringen, wenn er es bei einem anderen als dem eigenen Namen oder bei einem Spitznamen ruft.

Was zunächst ein Zeichen dafür ist, dass der Ältere daran übt, Wort und Person als unterschieden zu begreifen, kann freilich zu einer wahren Plage werden, falls Kinder nicht sicher sind, geliebt zu werden, wenn sie an chronischer Eifersucht leiden und wenn die Erwachsenen den Unterschied zwischen »Reaktionenhervorrufen« und »Den-andern-Verletzen« nicht erkennen und ihre Begleitung in solchen Krisen ungenügend oder unzulänglich ist.

Die »halbsozialisierte Sprache« zeigt sich also nicht immer eindeutig. Schon Kinder, denen der freie Gebrauch von Schimpfwörtern untersagt wird, erfinden verstecktere Ausdrucksweisen, wenn sie sich über andere lustig machen, sich in ihre Angelegenheiten einmischen oder ihnen irgendwie zusetzen wollen. Besonders Mädchen scheinen darin begabt zu sein!

Bei Erwachsenen kann das zu einer wahren Kunst werden, die in den meisten Fällen unbewusst ausgeübt wird und schließlich zum normalen Umgangston gehört. Die Art, gewisse Fragen zu stellen oder sich zu beklagen, Lob auszuteilen, was eigentlich verkappte Kritik ist; eine erstaunliche Geschicklichkeit in verbaler Manipulation gekoppelt mit nonverbalen Signalen, das Geschick, Informationen so auszuteilen oder zu verschweigen, dass man damit eigene, meist geheime Ziele erreicht; der »richtige« Tonfall, der einen scheinbar neutralen Kommentar in ein Urteil über den anderen verwandelt usw.: Die Möglichkeiten sind unbegrenzt, und einer menschlichen Kreativität, die durch unangemessene Erlebnisse verzerrt wurde, sind hier keine Grenzen gesetzt.

Nach Piaget tritt, was ich die »halbsozialisierte Sprache« nenne, auch in Gestalt von Befehlen und Anweisungen auf. In einem gewissen Entwicklungsstadium tun Kinder anscheinend nichts lieber als andere herumzukommandieren – die eigene Mutter an erster Stelle: »Gib mir die runden Kekse, nein die herzförmigen, nein die bunten, nein die kleinen, nein jetzt will ich die salzigen, nein, jetzt die mit Schokolade ...«

Eine Mutter, die nicht durchschaut, dass ihr Kind eigentlich gar nicht unverschämt sein will, dass es auch nicht um echte Ernährungsbedürfnisse geht, wird bereits an dieser Stelle die Geduld verlieren, bevor der Mittagsschlaf Erlösung verspricht.

Schwer ist es abzusehen, ob und wie die »halbsozialisierte Sprache« innerhalb einer »matristischen Kultur« (s. Kapitel 11) auftreten würde, in einer Kultur also, in der Erwachsene ihre Kinder nicht von klein auf direktiv behandelten. In welchem Ausmaß diese Sprachstufe weiterhin ein notwendiger Schritt in der kindlichen Entwicklung wäre, gewissermaßen eine »primitive« Strategie, um die Reaktionen der anderen zu testen, oder ob sie sich in einer neuen Kultur der Nichtdirektivität anders prä-

sentieren würde, das ist vorläufig rein spekulativ. Auch die Eltern im Pesta, die gerne mit ihren Kindern andere Wege gehen
möchten, sind immer noch weitgehend, wenn auch unbewusst,
mit sich selbst und anderen direktiv – oder verfallen ins Gegenteil, indem sie ihren Kindern erlauben, sie nach Lust und Laune
herumzukommandieren.

Richten wir unsere Aufmerksamkeit auf die sprachlichen Umgangsformen allgemein, stellen wir fest, dass keinesfalls nur
Kinder eine egozentrische oder »halbsozialisierte Sprache« bevorzugen, sondern dass unsere Kultur grundlegend von »halbsozialisierter Sprache« oder einem »kollektiven Monolog« (Piaget,
1972) geprägt ist, wenn wir uns dessen im Alltag auch nicht bewusst sind. In unserer zwischenmenschlichen Kommunikation
sind offene oder versteckte Drohungen keineswegs die Ausnahme. Ohne es zu merken, erpressen wir andere, nicht selten sogar
innerhalb der liebevollsten und intimsten Beziehungen. Private
und öffentliche verbale Aussagen über andere sind voll krasser
oder subtiler Verleumdungen. Die kommerzielle und politische
Propaganda lebt geradezu von Halbwahrheiten, die dazu dienen
sollen, andere so zu beeinflussen, dass diese ganz im Sinne der
eigenen Interessen agieren.

Doch all diese Erscheinungen lassen sich bei kritischer Betrachtung noch relativ leicht als »halbsozialisierte« enttarnen. Wenn
man es schafft, dem emotionalen Druck auszuweichen, der
durch Liebesbedürfnis, Abhängigkeiten und unerfüllte Wünsche
seine Wirkung ausüben kann, mag es noch gelingen, kleine Blicke hinter die Kulissen zu werfen und dort die fremde Instanz
zu entdecken, die uns ihren Interessen zu unterwerfen sucht.
Wenn wir von unseren Erlebnissen im Pesta berichten, merken
wir, dass es viel schwieriger ist, »halbsozialisierte Sprache« auch
in solchen Beziehungen zu identifizieren, die wir normalerweise
als altruistisch, liebevoll oder verantwortungsvoll bezeichnen.

Wer sieht schon Zwiespältiges darin, Kinder oder andere Menschen auf Dinge hinweisen zu wollen, die sie selbst nicht sehen, oder ihnen Zusammenhänge zu erklären, die sie noch nicht verstehen? Wer zweifelt daran, dass es gut sei, jemanden zu animieren, der irgendwie nicht mag oder nicht kann; Rat auszuteilen, damit er seine Probleme löst. Wollen wir nicht mit unseren Einsichten und Erfahrungen anderen helfen, ihnen nützliche Aufgaben stellen, in der Hoffnung, sie auf den rechten Weg zu bringen?

Im täglichen Zusammensein mit Kindern bieten sich uns unzählige Gelegenheiten, in denen wir entscheiden müssen, ob wir bejahend oder verneinend, direktiv oder nichtdirektiv auf sie eingehen wollen. Heute Morgen begrüßte mich zum Beispiel die dreizehnjährige Fabiola auf dem Sportplatz mit den Worten: »Brrr, was ist mir kalt!« Es war ein sonniger Morgen. So wäre vielleicht die »logische« Reaktion die Entgegnung: »Komisch, heute scheint doch die Sonne! Wie kannst du es da kalt empfinden?« Oder ein wohlmeinender Kommentar wie »Du bist doch nicht etwa krank?« oder »Du kannst dir ja etwas überziehen« oder »Wenn du mit den anderen Ball spielst, wird dir sicher gleich warm!«.

Das ist in einer direktiven Gesellschaft die normale Rede, die uns so leicht von den Lippen geht – aber es ist eben »halbsozialisierte Sprache«.

Nicht darauf hereinzufallen heißt von spontanen Reflexen umzuschalten auf Mitfühlen und Mitdenken: »Sie hat etwas, das ich nicht verstehe. Vielleicht gab es heute Morgen zu Hause Probleme? Oder sie will mich eigentlich nicht grüßen und tut es doch aus Anstand? Oder das Gegenteil – sie will ein bisschen Zuwendung?« In diesem unangenehmen und peinlichen Zustand der eigenen Unwissenheit sind verschiedene Entscheidungen möglich. Keine ist gewiss. Das Einzige, was ich nicht will, ist, ihr mit Direktivität zu begegnen.

Auf gut Glück, auf die Gefahr hin, zurückgewiesen zu werden, ging ich davon aus, dass Fabiola »Liebesbedürfnis« ausdrücken wollte. So schaute ich sie ein wenig genauer an und sagte: »Du kommst mir ein bisschen blass vor. Kommt das von der Kälte? Willst du ein Weilchen bei mir sitzen, bis es dir warm ist?«

Sie blieb ungefähr zehn Minuten bei mir, schmiegte sich an, sagte einige belanglose Worte, ließ sich ein bisschen umarmen und meinte dann: »Jetzt gehts mir besser. Ich will die anderen fragen, ob sie mich mitspielen lassen.«

Eine ideale Gelegenheit, frei von »halbsozialisierter Sprache« zu kommunizieren, ist das Mathematiklabor.

Hier können zunächst einmal wir Erwachsenen allein üben, jeden Handlungsschritt mit präzisen Worten zu begleiten. Das heißt, wir üben uns einerseits in der Wahl rein beschreibender, nicht erklärender Verbalisationen, andererseits darin, weder die Worte dem Tun nachfolgen zu lassen noch dem Handeln durch Kommentare vorzugreifen.

Wir üben mit den konkreten Materialien also nicht, um deren »vorschriftsmäßigen Gebrauch« zu erlernen, sondern um in den verschiedensten konkreten Situationen weniger Gefahr zu laufen, in die alten Muster direktiver Beziehungen zu verfallen. Kommt dann im Mathe-Bereich ein Kind zu mir und bittet um Hilfe, wo es allein nicht weiterkommt, so wähle ich etwa folgende Worte: »Ich bring auch eine Taptana und setz mich zu dir. Darf ich sehen, was du da gelegt hast? Jetzt lege ich die gleichen Werte ein – den Einer auf die 9, den Zehner auf die 5, den Hunderter auf die 8. Was hast du auf der anderen Seite? Gut, ich tu bei mir das Gleiche rein. So, was mach ich jetzt zuerst? Mal sehen: Der Einer auf der linken Seite schickt den Einer auf der rechten Seite 9 Schritte vorwärts«, und so weiter, Handgriff für Handgriff, jeder von ihnen begleitet von entsprechenden Worten in neutralem Tonfall. Dabei bin ich ganz auf meine eigene Taptana konzentriert und schaue nur zwischendurch auf, um den Kontakt mit dem Kind zu behalten. Ich sage ihm nicht, was es tun soll, gebe keine Erklärungen ab, sage nicht, wo sein Problem ist, sondern begleite es lediglich und biete ihm die Gelegenheit wahrzunehmen, was ich tue, mitzudenken und seine eigenen Schlüsse zu ziehen, soweit das für das Kind stimmt.

Wenn wir den üblichen Sprachgebrauch in unserem Umfeld unter dieser Perspektive analysieren, dann bekommen wir vielleicht einen heilsamen Schreck. Denn alles, was mit Belehren zusammenhängt, mit Erklärungen, mit Anderen-Helfen oder Sie-zur-Einsicht-Bringen, gehört streng genommen immer noch in die Kategorie des »Halbsozialen«. Menschen, die privat oder beruflich »Wissen vermitteln«, tun das sicher mit den besten Absichten, in der Annahme, dass es für andere gut sei, die Welt so zu sehen und gewisse Dinge so zu verstehen, wie sie es selbst für richtig halten – wobei sie davon ausgehen, dass es allgemein gültige Gewissheiten gibt. Wer sich privat oder beruflich dafür einsetzt, dass andere das eigene Leben so meistern, wie es einem selbst als geeignet erscheint, dabei vielleicht durch geschickte Fragen oder eine stimmungsvolle Dynamik die Aufmerksamkeit, wenn auch sanft und liebevoll, so lenkt, dass sie auf den Weg stoßen, der uns als der vortrefflichste erscheint, der versucht immer noch, andere zu beeinflussen oder gar dem eigenen Guten nutzbar zu machen. Dabei können wir uns vielleicht einen respektvolleren Wortgebrauch aneignen, wofür es in der Literatur schon einige Handreichungen gibt. Doch solange wir die Haltung einnehmen, anderen helfen zu wollen (weil wir ja wissen, was gut für sie ist!), oder solange die konkreten Situationen für die echten Entwicklungsbedürfnisse ungeeignet sind, Kinder zum Beispiel immer noch in der Schule still sitzen oder im besten Fall im Projektunterricht nach Programm lernen, schafft auch ein achtsamerer Wortgebrauch kein sinnvolles Umfeld für eine bessere Lebensqualität.

Die »soziale Sprache«

Was uns besonders in den letzten Jahren zur Differenzierung zwischen »halbsozialisierter« Sprache und einer Sprache, die den Namen »sozial« auch verdient, geführt hat, sind die unzähligen Erlebnisse mit Erwachsenen, die vielen Gespräche, spontanen Ausdrücke und Arbeitssitzungen, die – voller grober oder feiner Beschimpfungen, Befehle, Einflussnahmen, Belehrungen, Behauptungen und Weghören – weit entfernt von dem sind, was als »soziale Sprache« bezeichnet werden kann, als echter Dialog, in dem sich einer dem anderen ohne Furcht öffnet. Das heißt, dass man sich ausdrückt ohne die Besorgnis, anschließend abgewiesen, belehrt oder böswillig interpretiert zu werden, aber auch dass man selbst seinem Gegenüber interessiert und als Gleichberechtigtem zuhört.

Zusammen mit der kognitiven und moralischen Entwicklung spiegelt ja auch die Sprache die mehr oder weniger egozentrischen bzw. Reifezustände der Menschen wieder. Aber durch den Umstand, dass die Sprache weitgehend und längst vor der Entwicklung des selbstständigen Denkens vor allem durch Nachahmung gelernt wird, sind wir uns selten bewusst, wie wir eigentlich reden und dass auch die kultivierteste oder »hochgestochenste« Sprache noch von unreifen Bewusstseinszuständen beeinflusst werden kann. Darum glaube ich, dass es schwer sein wird, zu einem echten Dialog zu kommen, wenn wir nicht in alltäglichen Dingen üben, das, was wir sagen, mit der eigenen Handlung zu verbinden und, statt zu erklären, erst einmal zu beschreiben, was wir eigentlich wahrnehmen. Und wenn wir damit anfangen, bauen wir bereits Brücken zu den Kindern in unserer Obhut: Sie fühlen, dass sie sich vor unseren Beeinflussungen nicht zu verteidigen brauchen, können ihre eigenen Erklärungen formulieren und sind doch in ständiger Kommunikation mit uns. Was dann auch die Gefahr von autoritären Beziehungen abbaut, die nach Piaget den Egozentrismus verstärken und echte Demokratie verhindern. Piaget spricht in diesem Zusammenhang auch von einer »echten« statt einer »primitiven« Diskussion.

Zweifellos können wir diese Art von Reden nur in einer entspannten Umgebung erlernen und üben, in der keiner sich offen oder versteckt verteidigen oder seine Interessen vertreten muss. Ist aber die Richtung klar und die Entscheidung getroffen, sich um echte Gespräche zu bemühen, dann schafft dies allmählich eine entspanntere Umgebung, in der Reifeprozesse stattfinden und sich eine Kreativität entwickeln kann, durch die oft unerwartete Lösungen für entspanntere Lebensumstände gefunden werden.

Die Jugendlichen im Pesta sind uns in dieser Richtung eine gehörige Strecke voraus. Jahrelang dürfen sie ohne Zwang zu messbaren Leistungen durch Reden und nochmals Reden ihr echtes Entwicklungsbedürfnis befriedigen und dadurch klären, wer sie persönlich und in Bezug auf die Welt eigentlich sind. Durch diesen Umstand sind sie weitgehend entspannt, und in diesem Zustand haben sie nur wenig Neigung, sich gegen andere zu wehren, andere so zu beeinflussen oder ihren Wünschen dienlich zu sein. Sie schätzen unseren Entschluss, sie nicht zu belehren, zu erziehen oder zum Guten zu führen, und geben uns *feedback,* wenn wir in frühere Gewohnheiten zurückfallen.

So kommen auch wir Erwachsenen im täglichen Umgang mit ihnen in den Genuss, uns im Dialog zu üben, indem wir – allerdings mit Rücksichtnahme auf konkrete Umstände – von uns selbst, unseren eigenen Erfahrungen, Einsichten und Unsicherheiten berichten, dabei die Anteilnahme und das Interesse des anderen spüren, wobei die Gesprächspartner wissen, dass keine Gefahr von Beeinflussung besteht.

Unter Erwachsenen fällt uns der echte Dialog nicht so leicht. Da gibt es verschiedene Fallen, in die wir leicht geraten: Die entspannte Situation, in der man ohne Sorge reden kann, wird von manchen dazu benutzt, unerfüllte emotionale Bedürfnisse durch endloses Reden befriedigt zu bekommen, um Spannungen zu lösen. Häufig wird dann nicht darauf geachtet, ob andere dabei nicht über Gebühr ermüdet werden.

Andererseits passiert es uns auch immer wieder, dass wir ein Gespräch nur dann für wertvoll halten, wenn wir dabei zu einer gemeinsamen Entscheidung oder einem konkreten Entschluss gelangen.

Wenn wir hingegen zwischen diesen beiden Polen eine Art Mittelweg finden und es gelingt, uns rücksichtsvoll und respektvoll uns selbst und anderen gegenüber mitzuteilen, öffnet sich ein neues Feld, in dem sich Perspektiven verändern und neue Horizonte auftun, die zu ihrer Zeit auch neue Türen öffnen.

10. Kapitel

Das Abenteuer,
erwachsen zu sein

Für manche ist ihr erster Besuch im Pesta zugleich ein »Aha-Erlebnis« (»Wie schön könnte das Leben doch sein!«), vielleicht auch ein Schock (»Das darf doch nicht wahr sein!«) oder sogar ein trauriges Ereignis (»Warum habe ich das als Kind nicht auch haben können?«).

Für uns, die wir seit vielen Jahren mit Kindern in diesem Umfeld zusammenleben, stimmen die Szenen, die sich in dieser entspannten Umgebung abspielen, mit dem überein, was wir für uns selbst und für die Kinder wünschen, und stehen nicht im Widerspruch zu dem, »was das Leben uns abverlangt«.

Wir hören zwar nie auf, etwas am Umfeld zu verändern, doch im Großen und Ganzen ist der Rahmen festgelegt. Für uns ist die ständige, kaum vorhersehbare Wechselwirkung zwischen den spontanen Aktivitäten der Kinder und den angebotenen Möglichkeiten zum Alltag geworden. So fühlen wir uns wohl bei der Vorstellung, dass jeder Tag und jeder Moment voller Überraschungen sein werden. Es ist uns zur zweiten Natur geworden, die Initiativen der Kinder so zu begleiten, dass sie sich bei dieser Art der intensiven, ganz auf die Gegenwart orientierten Auseinandersetzung mit der Wirklichkeit unterstützt fühlen. Das mag nur durch unser interessiertes Dabeisein, durch sparsame Kommentare oder auch durch eigenes Teilnehmen an einer Aktivität geschehen, zum Beispiel wenn wir zusammen musizieren, gemeinsam werken, Ball spielen, schwimmen, Rad fahren oder

Schluchten erkunden. In nur wenigen Situationen stehen wir selbst im Mittelpunkt des Geschehens: so wenn wir Geschichten oder »Geschichte« erzählen oder auf Fragen über unser eigenes Leben eingehen.

»Alte Muster« und ein neuer Umgang mit Kindern

Wenn wir anderen Menschen dieses Zusammenleben beschreiben, bekommen wir oft zwiespältige Rückmeldungen. Bei vielen wird eine vielleicht alte Sehnsucht nach einem entspannteren, einfacheren und beschwingteren Leben geweckt.

Doch nicht selten gehen mit diesem Wunsch auch Einwände einher. Der häufigste ist wohl: »Ich trage doch meine ›alten Muster‹ in mir. Die müsste ich erst einmal loswerden, bevor ich anders mit Kindern umgehen könnte!« (Eine mildere Ausgabe der Schlussfolgerung George Leonnards, der in seinem Buch »Education and Extasy« behauptet, man müsse erst einmal eine Generation abschaffen, bevor man wirkliche Veränderungen in der Erziehung der Kinder erhoffen könne.)

Diese Ja-aber-Haltung deutet auf ein echtes Dilemma hin. Wenn wir es unternehmen, trotz der Sorge um die Unzulänglichkeiten unserer Generation für Kinder Umstände zu schaffen, in denen sie ihre ursprüngliche Lebendigkeit nicht verlieren und zu ganzen Menschen heranreifen können, geraten wir leicht in den Verdacht, die Bedürfnisse und Schwierigkeiten der Erwachsenen nicht ernst genug zu nehmen. Wie können wir Erwachsenen, die wir im »alten Stil« erzogen worden sind, denn jetzt die Eigenschaften erwerben, die zum Paradigma des gegenseitigen Respekts vor und der Kooperation mit Lebensprozessen passen, und in diesem Sinne unsere Verantwortung übernehmen? An Vorstellungen über den »idealen Erwachsenen« mangelt es sicher nicht. Er hätte folgendermaßen zu sein: liebe- und respektvoll, aufmerksam, gelassen, entspannt, gegenwärtig, ausgeglichen, hellwach, bewusst, zentriert, in sich ruhend, flexibel und fest zugleich, ordentlich, pünktlich und wohl gesittet und doch großzügig und ungezwungen, natürlich und nicht künstlich, praktisch, körperlich und geistig beweglich, aufgeschlossen für Neues, ohne dabei die Traditionen zu verachten, fähig zur Zusammenarbeit und mit Eigeninitiative, möglichst auch geistig hoch stehend und ausgereift ...

Wer wagt schon von sich zu behaupten, er vereine all diese Eigenschaften in seiner Person? Wahrscheinlich müssten wir lange suchen, bis wir genügend Leute gefunden hätten, die gewillt sind, sich an der Schaffung einer geeigneten Umgebung für Kinder zu beteiligen – und die zudem all diese Qualitäten aufweisen!

Im Pesta haben wir es jedenfalls mit lauter normalen Menschen zu tun, jeder mit seinen guten und weniger bewundernswerten Eigenschaften, mit seinen alten Mustern, Ängsten und Unsicherheiten, aber mit dem Gefühl, dass »es mit der Welt so nicht weitergehen kann«.

Als Mauricio und ich entdeckten, dass man mit Kindern anders umgehen kann, steckten wir mitten in der Verantwortung für unser erstes Kind. Wir hatten also keine andere Wahl, als in der Gegenwart und dort anzusetzen, wo wir uns gerade befanden. Wo auch hätten wir unseren Sohn unterbringen können, bis wir »reif und weise genug« für ihn waren?

Welche Möglichkeiten gibt es, dieser Zwickmühle zu entkommen?

Der Trend der Gesellschaft geht in Ecuador, wie in anderen Ländern auch, immer mehr dahin, für Heilung, Restrukturierung und Selbstverwirklichung auf professionelle Unterstützung zu bauen.

Die nie endenden Unsicherheiten im Umgang mit der neuen Generation scheinen darauf hinzudeuten, dass die Erwachsenen dermaßen durch eigene Probleme belastet sind, dass sie selber

Hilfe brauchen, um ihre Rolle als Eltern oder Betreuer von Kindern übernehmen zu können.

Bei Familiengesprächen zeigt sich immer wieder, dass es auch Mütter und Väter von Pesta-Kindern gibt, die sich an manchen Wochenenden oder Abenden dem eigenen persönlichen Wachstum widmen wollen und die, um dabei ungestört zu sein, ihre Kinder so lange von anderen betreuen lassen. Zu diesem Zweck kommen die Kinder dann häufig in Umgebungen, die für sie ungeeignet und unpassend sind.

Mit Haltungen und Verhaltensweisen, die sie aus solchen Umgebungen anschließend mitbringen, belasten sie dann die entspannte Umgebung hier im Pesta ebenso wie andere Kinder auch, deren Eltern zu Hause unbewusst ihre »alten Muster« ausleben.

Dieses Thema ist bei uns immer wieder aktuell, selbst nach vielen Jahren. Tagtäglich geben immer wieder Situationen dazu Anlass, die Probleme der Erwachsenen in Betracht zu ziehen und uns Gedanken über unsere eigenen Reifungsprozesse und den Rahmen zu machen, in dem auch wir als lebendige Organismen uns verwirklichen möchten.

Gemäß unserem Verständnis von Lebensprozessen gilt das Grundprinzip »von innen nach außen« nicht nur für Kinder, sondern auch für uns selbst. So wie im Umgang mit den Kindern versuchen wir daher auch nicht, uns selbst, die Mitarbeiter oder Eltern zu verändern, um mit den gegebenen Verhältnissen zurande kommen zu können. Vielmehr nehmen wir erst einmal das Umfeld unter die Lupe: Ist es hinreichend geeignet, damit wir Erwachsenen darin unsere Entscheidungen treffen und unseren Weg gehen können?

Im Pesta haben wir es mit einer konkreten Situation zu tun: Wir haben uns die Aufgabe gestellt, unsere Verantwortungen für die nächste Generation so zu erfüllen, dass die Kinder – so hoffen wir – nicht mehr mit den gleichen Dingen belastet werden wie wir, vor allem, dass sie nicht von uns Erwachsenen dazu verleitet werden, von außen nach innen, statt umgekehrt zu leben, so wie es auf natürliche Weise noch ganz kleine Kinder tun.

Alternative Schule und (herkömmliches) Elternhaus

Um dieses Ziel zu erreichen, sollten die Umstände für alle Beteiligten, also auch für Erwachsene stimmig sein. Daraus entsteht der Wunsch, zu Hause, in unseren sozialen Beziehungen und Interessen, aber auch im Kindergarten und in der »Schule« ein Gleichgewicht anzustreben. Überall, wo wir mit Kindern zusammen sind, nicht nur in familiären und informellen Bereichen, sondern auch in den Strukturen, die sich in der Arbeit mit fast 200 Kindern und deren Angehörigen gebildet haben, sind die Entwicklungsbedürfnisse auch der Erwachsenen ein wichtiges Element geworden.

Da ist zunächst einmal der Aspekt der »Institution«, in deren Rahmen gearbeitet wird. In unserem Fall übernimmt sie legale und finanzielle Verantwortungen für mehr als dreißig Erwachsene: fünfzehn Betreuer, das Büropersonal, Landarbeiter, Schreiner, Wächter und Pflegepersonal.

Im letzten Kapitel des Buches *Freiheit und Grenzen* (S. 213 ff.) wurde bereits auf Regelungen und Schutzmaßnahmen hingewiesen, die sich im Laufe der Jahre herauskristallisiert haben und die dazu dienen, die Umgebung und die Beziehungen so entspannt wie möglich zu halten und die Arbeit gegen Bedrohungen von außen abzuschirmen.

Eine alternative Schule, besonders wenn sie so aus dem Rahmen der gängigen Erziehungspraxis fällt wie der Pesta, ist ständig in Gefahr, von außen her angegriffen und von innen durch Versuche untergraben zu werden, sie doch ein wenig den Erwartungen der Gesellschaft anzupassen, sei es aus Angst vor der Unzufriedenheit der Eltern oder vor Beanstandungen seitens der Behörden. Um diesem Gefälle entgegenzuwirken, sind uns verschiedene Strategien von besonderem Nutzen geworden:

Alle Eltern schließen von Jahr zu Jahr einen Vertrag mit der Schule bzw. mit dem Kindergarten ab. Darin erklären sie sich mit den hier praktizierten Prinzipien einverstanden und verpflichten sich, mindestens an 70 Prozent der Elternabende teilzunehmen, mehrmals im Schuljahr mit den Betreuern Familiengespräche zu führen, mindestens zweimal im Jahr die Schule am Morgen zu besuchen und ihre Kinder keinem Unterricht oder sonstigen direktiven Situationen, einschließlich Therapien auszusetzen, es sei denn mit dem ausdrücklichen Einverständnis der Betreuer. (Formeller Religionsunterricht stellt eine Ausnahme dar, wenn Kinder zur Vorbereitung der ersten Kommunion geschickt werden, denn der Pesta hat in seinen Statuten Religionsfreiheit als Grundprinzip!) An den Elternabenden und bei Familiengesprächen ergibt sich immer wieder die Gelegenheit, über Lebensprozesse zu sprechen und Alternativen zur traditionellen ärztlichen Betreuung und zu weniger rigoroser religiöser Indoktrinierung aufzuzeigen.

Die Elternabende sind für viele Eltern, Väter und Mütter gleichermaßen, zu einer wertvollen Unterstützung ihrer Bemühungen um bessere Lebensqualität zu Hause geworden. Ohne sie könnten sie schwerlich mit einer Schule zurechtkommen, in der nichts gelehrt wird, oder zu Hause versuchen, mit ihren Kindern anders umzugehen, als sie selbst es als Kinder erlebt haben. Die behandelten Themen ziehen die Fragen der Eltern wie auch unsere Beobachtungen der Entwicklungsprozesse ihrer Kinder in Betracht.

Die Mitarbeiter wechseln einander ab, die Abende zu koordinieren. Neuere Mitarbeiter bereiten sich dafür mit einem schriftlich ausgearbeiteten Referat vor, das als Ausgangsbasis für die folgende Diskussion dienen kann, während erfahrenere Mitarbeiter sich notfalls Punkte notieren, um beim Thema zu bleiben. Alle Teammitglieder sind bereit, in die Diskussion einzusteigen und die eigenen Erfahrungen mit den Eltern zu teilen.

Es gibt jede Woche einen Elternabend für je eine bestimmte Altersgruppe: für Kindergarteneltern, für die Eltern der 6- bis 8-Jährigen, der 8- bis 12-Jährigen und die Eltern der Adoleszenten. Während dieser Zusammenkünfte entsteht meist das Interesse an weiterführenden Themen. Das macht es erforderlich, uns durch Lektüre und Gespräche vorzubereiten, neue Verbindungen herstellen, die für uns selbst und die Eltern nicht nur im Zusammenleben mit Kindern, sondern auch zu einem besseren Verständnis der Welt und des eigenen Lebens von Bedeutung sein können.

Dass diese Abende trotz des oft weiten Weges im gleichen Maß von Männern und Frauen, auch selbst noch von solchen Eltern gut besucht sind, die schon seit zehn oder mehr Jahren Kinder im Pesta haben, scheint darauf hinzudeuten, dass diese Gespräche für die Erwachsenen hilfreich geworden sind.

Kurz zu erwähnen sind auch die »Pflichtkurse« für die Übergänge vom Kindergarten in die Primaria und von der Primaria in die Secundaria. Sie sollen vermeiden, dass Eltern aus Trägheit die in diesen Situationen fällig werdenden Entscheidungen einfach uns überlassen, und geben durch genügend Information Gelegenheit zu einer klareren Entscheidung. Diese »Hürde« erhöht auch die Chancen, dass Eltern die sich wandelnden Entwicklungsbedürfnisse der Kinder erkennen und sie dadurch angemessener unterstützen. So kommen Kinder weniger gestresst zu uns, und das hat wiederum eine positive Auswirkung auf unsere vorbereitete Umgebung.

Jedes Jahr bieten wir zusätzlich einen Samstagskurs fürs allgemeine Publikum an, der über mehrere Monate läuft. Dieser Kurs ist meist zur Hälfte von Eltern belegt, die sich mit Theorie und Praxis eines respektvollen Umgangs mit Kindern noch intensiver befassen möchten.

Da nur die Vormittage für Kinder und Jugendliche vorgesehen sind, stehen uns die Nachmittage zur Verfügung, um über unsere Erfahrungen in der Schule und unsere häuslichen und persönlichen Beziehungen nachzudenken.

An mindestens zwei Nachmittagen setzen wir uns, und zwar immer zwei Betreuer, mit (beiden!) Eltern zusammen, um uns über den Entwicklungsprozess ihres Kinder auszutauschen. Diese Gespräche werden über das Büro so koordiniert, dass wir für jedes zwei volle Stunden garantieren können, die manchmal allerdings auch überzogen werden. Außerhalb dieses Rahmens widerstehen wir der Versuchung, sozusagen zwischen Tür und Angel, mit den Eltern über ihre Kinder zu reden. Damit schränken wir nicht nur die Gefahr vom Missverständnissen ein, sondern ermöglichen es auch, dass der Austausch mit den Eltern über Erziehungsprobleme hinausgehen und zu einem umfassenderen Dialog über Lebensprozesse der Erwachsenen selbst werden kann.

Wir haben immer wieder Kinder aus Familien im Pesta gehabt, deren Eltern weder mit sich selbst noch mit ihrer Familie zurande gekommen sind. Da ist zum Beispiel eine allein erziehende Mutter. Sie lebt vom Verkauf der Zitronen, die in ihrem Garten wachsen und von einer schlecht bezahlten Arbeit als Haushaltshilfe. Jedes ihrer drei Kinder hat einen anderen Vater, von denen keiner sie finanziell oder moralisch unterstützt. Außer einem fast hundertprozentigen Stipendium begleiten wir diese Frau mindestens einmal im Monat mit Gesprächen, die im Chaos ihres Lebens praktische Anhaltspunkte, vor allem aber menschlichen Beistand anzubieten suchen.

Oder als anderes Beispiel eine Familie, die von einer Krise in die nächste geriet, wo eine Trennung auf die andere folgte. Trotz vieler Jahre Pesta wurde immer deutlicher, dass die Eltern unfähig waren, den Entwicklungsprozess ihrer Kinder hinreichend zu begleiten. Schließlich waren wir nicht mehr bereit, die Verantwortung der Eltern, den Kindern ein Mindestmaß an sicheren und für die Entwicklung günstigen Umständen zu gewährleisten, alleine zu übernehmen. Als noch der älteste Sohn bei uns war, hatten wir dieser Familie über Jahre hinweg Extrazeit eingeräumt. Inzwischen hatten sich die Eltern endgültig getrennt und bei den nächsten beiden Kindern konnten sie sich gar nicht mehr über ihre Zuständigkeiten einigen. Als ihr zweiter Sohn in die Pubertät kam, zeigte er deutliche Anzeichen von Vernachlässigung. Aufgrund seines schlechten Lebensgefühl, das immer spürbarer wurde, konnte er die Umgebung der Schule immer weniger sinnvoll für sich nutzen.

Die Eltern sagten mehrmals die Gespräche, um die wir gebeten hatten, ab. Schließlich teilten wir ihnen schriftlich mit, wir würden ihre Kinder nicht mehr annehmen, falls sie beim nächsten Termin nicht beide erschienen, und zwar mit einem – von beiden unterschriebenen – Dokument mit konkreten Vorschlägen, in welcher Weise sie in Zukunft Verantwortung für die Umgebung ihrer Kinder übernehmen würden. Sie erfüllten diese Bedingung. Um zu zeigen, wie konkret so etwas sein kann, will ich hier die wichtigsten Punkte des Dokuments aufführen:

»Quito, 15. Dezember 1999.

Abkommen zwischen …, Eltern von … und …
mit dem ›Pestalozzi‹:

1. Wir verpflichten uns hiermit, zwischen uns als Eltern eine respektvolle und offene Kommunikation zu schaffen, vor allem was die Betreuung unserer Kinder betrifft. Bei allen Meinungsunterschieden, die wir uns gegenseitig zugestehen, versprechen wir Vereinbarungen zu treffen, die das Wohl unserer Kinder in Betracht ziehen.

2. Wir haben folgende Abmachungen getroffen, um unseren Kindern im Zusammenleben mit ihren Eltern eine gewisse Stabilität zu garantieren: Der dreizehnjährige X. hat entschieden, dass er bei seinem Vater leben und alle vierzehn Tage seine Mutter am Wochenende besuchen will, und zwar so, dass er dann zusammen mit seinem jüngeren Bruder Y. bei ihr ist.

Sein kleiner Bruder Y. wird ab Januar 2000 bei seiner Mutter wohnen. An jedem Dienstagmittag wird er mit dem Schulbus zu seinem Vater fahren, mit ihm zu Mittag essen und dann den Mittwoch mit ihm verbringen. Am Donnerstagmorgen wird er mit dem Schulbus zur Schule fahren und von dort am Donnerstagmittag zum Haus seiner Mutter fahren. Alle vierzehn Tage wird er zusammen mit seinem Bruder X. das Wochenende mit seinem Vater verbringen.

Wir verpflichten uns außerdem, es so einzurichten, dass wir einmal im Monat über die Entwicklung unserer Kinder sprechen, und uns, falls notwendig, über Veränderungen zur Verbesserung ihrer Umstände zu einigen.

3. Wir verpflichten uns, den Konsum von Fernsehen und Videos in beiden Häusern auf ein Minimum einzuschränken.

4. Wir verpflichten uns, einmal im Monat zu Familiengesprächen im ›Pestalozzi‹ zusammen zu erscheinen und es so einzurichten, dass wenigstens einer von uns an den monatlichen Elternabenden teilnehmen kann, da jeder von uns ja allein mit dem ihm anvertrauten Kind in einem Haushalt lebt und unser Wohnsitz in Quito, also relativ weit von der Schule entfernt ist.

5. In diesem Schuljahr wird die Mutter die morgendlichen Besuche in der Schule übernehmen, da der Vater aus Arbeitsgründen nicht in Quito ist. Dieser Umstand wurde bereits am 14.12.99 mit den Vertretern der Betreuer besprochen.«

Beide Kinder sind immer noch bei uns. Die genannten Abmachungen wurden in den letzten Monaten eingehalten. Inzwischen gibt es bei beiden Kindern deutliche Zeichen der Entspannung. So spielt der Kleinere fröhlicher und der Größere verhält sich seinen sozialen und kognitiven Entwicklungsbedürfnissen entsprechend. Er hat vor kurzem an einer 600 km langen Radtour mit 25 Kameraden entlang der ecuadorianischen Pazifikküste teilgenommen. Dabei machte er bei Stresssituationen zwar immer noch sein »langes Gesicht«, doch die guten Momente waren deutlich häufiger als die schlechten. Als er gemeinsam mit zwei älteren Kameraden nach einer abenteuerlichen Tagestour vorausfuhr und für die Gruppe abends um zehn ein warmes Essen organisieren und eine gute Unterkunft ausfindig machen konnte, nahm sein Selbstwertgefühl ganz deutlich zu, zugleich auch sein Vertrauen in die Menschen, die ihn auf dieser Reise begleiteten.

Diese Beispiele sollten illustrieren, wie wir im Pesta versucht haben, gemeinsam mit den Eltern Raum und Zeit zu schaffen, in denen wir unsere Erfahrungen, Gefühle und Reflexionen teilen und uns so gegenseitig beistehen können. Es gab hin und wieder Situationen, in denen wir Grenzen gesetzt haben, wenn Eltern ihre Kinder bei uns »abstellen« wollten, ohne selbst ihre Aufgabe zuverlässiger Gegenwart zu erfüllen. Nicht mit allen konnten wir uns einigen. Hin und wieder bekamen wir von Eltern zu hören, sie hätten andere Prioritäten, als sich um ihre Kinder zu kümmern (zum Beispiel, den armen Leute in Ecuador zu helfen). Wenn wir das nicht einsähen, gäbe es ja auch andere Schulen, die Kinder sogar den ganzen Tag betreuen und wo Psychologen dafür sorgen, dass die Kinder mit ihrer Situation ohne Schaden zurande kämen.

Wir glauben nicht, dass eine »ideale alternative Schule«, die sich für die wirklichen Entwicklungsprozesse der Kinder einsetzt, das Elternhaus ersetzen und so zu einem bequemen Abstellplatz für Kinder werden darf, deren Eltern sich dem Lebensprozess entziehen, den sie selbst durch die Zeugung ihres Nachwuchs in Gang gesetzt haben. Das heißt, wir nehmen nicht mehr Verantwortung auf uns, als uns, wie wir glauben, zusteht.

Es kommt hin und wieder vor, dass Lehrer oder Direktoren

anderer Schulen uns um Beistand in ihren Anstrengungen angehen, ihre Arbeit in Richtung eines respektvolleren Umgangs mit
Kindern zu verändern. In solchen Fällen bestehen wir darauf,
dass sich die Eltern ihrer Schule durch Besuche im Pesta und in
Gesprächen zuerst informieren. Erst wenn klar ist, dass sie für
dieses Abenteuer bereit sind, gehen wir auf die Wünsche der
Lehrer ein und teilen unsere Erfahrungen mit ihnen.

Elternabende, Familiengespräche und das Hospitieren der Eltern
in der Schule bilden also einen festen Rahmen, wodurch ein
Minimum an Bedingungen geschaffen wird, in denen sich innerhalb gewisser Spielregeln Informationsaustausch und Begegnungen zwischen denjenigen abspielen können, die auf verschiedenen Ebenen die Verantwortung für das Wohlergehen der
Kinder tragen. Dabei raten wir Eltern, deren Kinder regelmäßig
miteinander spielen, auch untereinander ohne unsere Gegenwart im kleinen Kreis Gelegenheiten zu schaffen, um Situationen zu besprechen und notfalls Probleme zu lösen, die sie unmittelbar angehen. Natürlich sind immer wieder Gruppen von
Eltern durch gemeinsame Interessen und ähnliche Lebensan-
schauungen zu Freunden geworden, besuchen sich gegenseitig
in ihren Häusern, feiern zusammen oder verabreden sich, um
gemeinsam ihre Freizeit zu gestalten.

Ein ganz informeller menschlicher Austausch findet außerdem seit einigen Jahren auf unserem samstäglichen Markt für alternative Wirtschaft auf dem Schulgelände statt (s. Kapitel XI).
Da kann man – mithilfe »selbst geschöpften Gelds« – nicht nur
Proviant für die Woche und sonstige Waren eintauschen, sondern auch zusammen zu Mittag essen und dabei über alles reden, was einem wichtig ist. In dieser ungezwungenen Atmosphäre fühlen sich auch die Kinder wohl. Die Größeren spielen
in den Außenbereichen der Schule, die Kleineren genießen die
Gelegenheit, in der Nähe ihrer Eltern zu sein und dabei eine
Menge anderer Menschen in Augenschein zu nehmen. Auch

wenn es dann später nichts mehr zu verkaufen oder zu kaufen gibt, dient diese Umgebung noch lange danach allen Arten von Bedürfnissen nach menschlichem Kontakt.

Eine besondere Infrastruktur ist gerade im Entstehen, in der Jugendliche und Erwachsene unter der Woche, auch an den Abenden, oder an Wochenenden zusammenkommen können. Eine Cafeteria soll zu einem gemütlichen Treff werden, wo geredet und gespielt werden kann, wo Pläne geschmiedet und Erfahrungen ausgetauscht werden können. In einem runden Raum von dreizehn Metern Durchmesser sollen kulturelle Veranstaltungen und Feste organisiert werden, sodass Menschen jedes Alters, auch solche, die nicht im Pesta sind, hier eine vorzüglich vorbereitete Umgebung finden können.

Organisation und »eigene Entwicklung« der Betreuer

In diese Beschreibungen des äußeren Rahmens für Erwachsene gehören aber auch die Bedingungen, unter denen wir mit Kindern und Jugendlichen zusammenleben und wir Erwachsenen uns gegenseitig zur Hand gehen und uns verständigen.

Schauen wir uns zunächst die Arbeitsteams der Erwachsenen an: Die Betreuer treffen sich an mehreren Nachmittagen in der Woche. Von Woche zu Woche wechseln wir uns in der Koordination der Gruppenarbeit ab. Es gibt keinen »Chef«; keiner hat eine »leitende Stellung«, sondern jeder von uns bekommt zu spüren, wie es ist, wenn man »an alles denken muss«. An zwei Nachmittagen besprechen die Zuständigen im Kindergarten und der Primaria/Secundaria alle praktischen Aspekte, teilen unter sich Verantwortungen auf, tauschen Informationen aller Art, einschließlich solche über die Kinder aus, reflektieren über ihre eigenen Handlungen und Haltungen, Beziehungen, über geeignetes Grenzensetzen und ähnliche Erwachsenenprobleme.

Ein Nachmittag pro Woche ist im Kindergarten wie auch in der Primaria der Auseinandersetzung mit konkreten pädagogischen Materialien gewidmet. Hier geht es nicht primär darum, das Material »auf die einzig richtige Art« zu handhaben, sondern vor allem um die Einübung des Gleichklangs von Reden und Handeln, also darum, als ganze Person gegenwärtig zu sein. Vor allem in der Primaria/Secundaria fehlt oft die Zeit, uns mit dem ungeheuer reichen Angebot vertraut zu machen, all seine Möglichkeiten, aber auch das Fehlen von Parallelmaterialien zu entdecken, immer neue Verbindungen, einschließlich der Beziehungen zu den Verständnisstrukturen der Kinder und Jugendlichen herzustellen.

Die anderen Arbeitsteams – die Kollegen im Büro, das Dienstpersonal und die Schreiner – treffen sich einmal in der Woche, um sich auf ähnliche nicht hierarchische Weise zu organisieren, Entscheidungen gemeinsam zu treffen und die »Kanäle der Verständigung« offen zu halten.

An einem Tag pro Woche sind alle Mitarbeiter, also Betreuer, Büro- und Dienstpersonal, zu einer offenen Gesprächsrunde eingeladen.

Alle Aspekte, in denen sich die Erfahrungen und Verantwortungen der einzelnen Arbeitsteams berühren und zum Teil überschneiden, und alles, was uns gemeinsam angeht, wird hier erörtert. Darüber hinaus kann jeder persönliche Fragen, Probleme oder Unsicherheiten vorbringen. Das führt häufig zu Auseinandersetzungen, die oft Impulse zur Erweiterung des eigenen Horizonts und zur Entdeckung neuer Aspekte des persönlichen Erlebens setzen. Diese Gespräche werden protokolliert und erhalten dadurch eine gewisse öffentliche Form.

Alle – vor allem die organisatorischen – Angelegenheiten werden in wöchentlichen Besprechungen von einem zentralen Komitee behandelt und entschieden. Aus jedem Teilbereich stellen sich ein oder mehrere freiwillige Mitarbeiter zur Verfügung, die alles, was die Stiftung als Institution und jeden Arbeitsbereich angeht, thematisieren und anschließend Entscheidungen treffen. Die Mitglieder dieses Teams übernehmen notfalls konkrete Aufgaben – zum Beispiel das Überwachen bestimmter Arbeiten, Aufnahmegespräche für neue Mitarbeiter, Verhandeln mit Busfahrern, das Schreiben von Briefen, Erstellen von Dokumenten, Repräsentation den Behörden gegenüber und Ähnliches –, die über ihre regulären Verantwortungen hinausgehen. Sie wechseln sich auch ab im Erstellen der Protokolle, die in diesem Fall einer offiziell anerkannten Form genügen müssen, um die gesetzlichen Anforderungen an eine Stiftung zu erfüllen.

Außerhalb dieser Strukturen treffen sich mindestens an einem Abend im Monat einige Interessierte – ältere Schüler, ehemalige »Pestas«, ein paar Eltern und Mitarbeiter – zu »Brainstorming-Sitzungen«, die sich um unser neuestes Projekt, das »Autodidaktische Netzwerk«, drehen.

Wenn wir also all die Gelegenheiten überblicken, bei denen wir uns über unsere eigene Tätigkeit, unsere Beziehungen, Lebensfragen und Zukunftsträume austauschen, wird vielleicht deutlich, dass wir mindestens ebenso viel Zeit unserer eigenen Entwicklung widmen wie der der Kinder. Dabei merken wir immer wieder, wie gering noch der Anteil unserer »sozialen Sprache« ist und dass wir, ohne es zu wollen oder zu merken, häufig in egozentrische oder halbsozialisierte Kommunikationsformen zurückfallen. Indem wir aber, so wie die Kinder, eben das tun, was wir noch nicht können, hoffen wir, allmählich unsere Fähigkeit für den echten Dialog aufzubauen.

Der Respekt vor den Lebensprozessen

Das gemeinsame Anliegen, das uns hier zusammenbringt, nämlich eine geeignete Umgebung für die Entwicklung der Kinder zu schaffen, zu erhalten und zu betreuen, bedeutet also nicht, dass wir uns selbst vernachlässigen. Doch der äußere Rahmen allein garantiert noch nicht den »richtigen Weg«.

Damit diese Umgebung auch unserem eigenen Wachstum dient, ist es hilfreich, sich auch nach langjähriger Praxis an das Grundgefühl, das uns am Anfang bewegt hat, zu erinnern: Wie schön wäre es, wenn ich lernen könnte, Lebensprozesse zu respektieren und zu verstehen! – Was aber mache ich mit der Angst, dass ich ja gar nicht weiß, wie das geht? – Wohin mit meinen alten Gewohnheiten, die aus meinen Erfolgen von gestern stammen und meinen heutigen Bedürfnissen nicht mehr entsprechen?

Vernetztes Denken

Mehrere Aspekte unserer täglichen Praxis unterstützen uns in unserem Vorsatz, den Respekt vor Lebensprozessen einzuüben: zunächst der Umstand, dass wir bei aller Organisation und Voraussicht niemals wissen, was als Nächstes geschieht, denn die Situationen verändern sich oft von Minute zu Minute. Es sind die Kinder, die entscheiden, ob sie sich drinnen oder draußen aufhalten und was sie, wie lange, mit wem und auf welche Weise unternehmen wollen.

Wir Erwachsenen wechseln uns zwar von Woche zu Woche in den Bereichen ab und sind dann einigermaßen »stationiert«, aber was rund um uns tatsächlich abläuft, ist immer überraschend. Ob Große und Kleine oder Gleichaltrige zusammen sind, wird nicht von uns bestimmt. Die von ihnen erfundenen Spiele sind oft so komplex, dass wir Mühe haben, sie zu durchschauen. Wenn wir glauben, dass wir in unserem Bereich bereits alles wahrgenommen haben, ist im nächsten Augenblick schon wieder eine Veränderung eingetreten.

Wir haben uns vorgenommen, mit allen Materialien in allen Bereichen vertraut zu werden. Das ist ein anspruchsvolles Unternehmen. Doch dieser Anspruch bringt es mit sich, dass wir uns niemals als Spezialisten vorkommen, die ihr »sicheres Wissen« an unwissende Kinder weitergeben. Stattdessen reift in uns die Überzeugung, dass es letztendlich keine äußeren objektiven Wahrheiten gibt, die uns zu direktiven Haltungen berechtigen würden. Zusätzlich zur Verantwortung, den Gebrauch der Materialien zu kennen, können wir auch unsere besonderen Talente und Hobbys einbringen, haben also Raum für unsere persönlichen Interessen.

In der Schaffung der vorbereiteten Umgebung rühren Grenzen nur aus unserer beschränkten Phantasie und der Begrenztheit der finanziellen Mittel und der verfügbaren Zeit her. Dabei können wir unaufhörlich unser vernetztes Denken üben, das bei vielen von uns in der eigenen Entwicklung zu kurz gekommen ist. Wir erfinden etwas, schauen zu, ob und wie es gebraucht wird, verändern Dinge so, wie sie dem Zustand und den Fähigkeiten der Kinder entsprechen, und schärfen dabei nicht nur unsere Wahrnehmungsfähigkeit, sondern auch das Verständnis, welche Gesetzmäßigkeiten und Kräfte sich in den Beziehungen lebender Organismen zu ihrem Umfeld manifestieren.

Dieses vernetzte Denken ist besonders dort gefordert, wo es um Grenzen und Regeln geht und wir entscheiden müssen, ob Dinge aktiv gefährlich bzw. ungeeignet für echte Entwicklung sind oder die entspannte Umgebung infrage stellen. Ständig verändern sich die Schwellen im Wechselspiel zwischen »Chaos und Ordnung«, und wir Erwachsenen müssen erst erspüren, ob das Gleichgewicht zwischen beiden noch stimmt. Wenn Kindergärtnerinnen in der Primaria mitzuhelfen beginnen, fällt es ihnen häufig schwer, zwischen *sinnvollen* und *erstarrten* Regeln zu unterscheiden oder zu ermessen, welche Grenzen spontan vom Betreuer gesetzt werden und wie viel Raum wir geben müssen, damit die Kinder selbst das Regelnmachen üben.

Regeln

Das Regelnmachen der Kinder findet ab dem siebten Lebensjahr nicht nur in der Wochenversammlung, sondern ständig und überall in unzähligen, oft unvorhergesehenen Situationen statt:

an der Seilbahn: wie oft wie viele Kinder sie im Rahmen welcher Abmachungen benutzen;

bei ihren Rollenspielen, ob die Dinge vom Kaufladen mit den Sachen vom Reisebüro vermischt werden dürfen, wie weit man mit den Kostümen aus dem Umkleidezimmer durchs Gelände stolzieren darf ...;

im Gebrauch von Lupen, Magneten, Spiegeln, Stoppuhren, Werkzeugen, Springseilen oder Dingen zum Jonglieren: welche Verantwortungen man dafür zu übernehmen hat;

in der Küche: wie viele zusammen kochen und wie viele sie einladen dürfen, was eine »aufgeräumte Küche« für die nächsten Benutzer eigentlich bedeutet ...;

in der Schlange vor dem Safttisch: ob man auf die Toilette gehen und doch seinen Platz behalten kann; ob ein anderer einem den Platz freihalten darf; wie viel jeder beim ersten Durchgang für sich nehmen darf, wie oft man nachschöpfen darf; dass auch jeder sein Geschirr abwäscht und zurückbringt; wie alt man für das Amt des Saftverteilens sein muss ...;

bei Kletter-, Fang-, Murmel- und Ballspielen sind die Regeln der Kinder so flexibel und für enge Erwachsenenhirne so kompliziert, dass wir manchmal zufrieden sind, einen allgemeinen Überblick zu behalten, ohne uns um jede Einzelheit kümmern zu müssen. Da beschämen uns oft die Kinder, denn der brennende Wunsch mitspielen zu können, befähigt sie, sich auf jede Situation rasch einzustellen. Dieses Vermögen, auch komplexe Situationen blitzschnell einzuschätzen, wird zunehmend zu ihrer normalen Denkweise in allem, was sie interessiert.

Wir »Alten« dagegen sind oft noch verdutzt, wenn wir zum

Beispiel gar nicht bemerkt haben, wer eigentlich bestimmte Gegenstände benutzt und sie nicht an ihren Platz zurückgebracht hat.

Wir finden es noch immer schwierig, »zuständig« und dabei zu sein, ohne uns einmischen zu dürfen, und dabei mit den Gedanken nicht abzuschweifen.

Und wir ertappen uns immer wieder dabei, dass wir mit Regeln starr und ohne Bezug auf die Veränderungen der Umgebung und des Zustands der Kinder umgehen oder dass wir mehr Freude empfinden, wenn Kinder in eine didaktische Arbeit vertieft sind, als wenn sie voller Enthusiasmus die unwahrscheinlichsten Materialien heranschleppen und sich daraus ihr »Haus« bauen und darin schalten und walten.

Auch an den Diskussionsabenden, besonders solchen mit den Eltern der Jüngeren, werden häufig Schwierigkeiten, mit unvorhergesehenen Situationen umzugehen und vernetzt und flexibel zu denken, erkennbar. Häufig wünschen sich die Erwachsenen Rezepte, statt die Zusammenhänge und den Lebensprozess zu hinterfragen, die zu einer bestimmten Situation geführt haben und die jetzt nach Lösungen verlangen. »Könnt ihr mir nicht sagen, was ich tun soll? Meine Tochter hat angefangen, mir ständig zu widersprechen. Manchmal wird sie sogar aggressiv dabei. Was soll ich zulassen und was nicht?«

Nicht selten fühlen sich Eltern völlig verunsichert, wenn ihre Kinder in eine neue Entwicklungsstufe hineinwachsen. Nachdem sie womöglich Jahre gebraucht haben, um mit dem scheinbaren Gegensatz »freie Erziehung und Grenzen« zurechtzukommen, überfällt sie der Schrecken, wenn Grenzen und Regeln, die bisher schon ganz gut funktioniert haben, oder die Art, wie sie angewendet wurden, nicht mehr mit dem Lebensprozess ihres Kindes zusammenstimmen.

So können auch noch Eltern der Jugendlichen, für die nach zehn oder mehr Jahren die alternative Erziehung kein Stein des Anstoßes mehr bedeutet, wieder ganz verwirrt fragen: »Und was soll ich tun, wenn mein Sohn jedes Wochenende tanzen gehen will?«

Das Wahrnehmen und Respektieren innerer und äußerer Membranen

An den Elternabenden werden auch Zweifel laut, wie weit sich eine Familie, die sich für einen respektvollen Umgang mit ihren Kindern entschieden hat, gegenüber Leuten mit anderen Werten abgrenzen sollten. »Sollen wir zulassen, dass unsere Kinder die Großeltern besuchen, die so schrecklich direktiv sind und außerdem den Fernseher laufen haben?« – »Können wir Leute ins Haus lassen, die sich unserer Ansicht nach den Kindern gegenüber unangemessen verhalten?« – »Sollten wir uns nicht gegenüber allen Leuten, die nicht zu uns passen, abgrenzen, uns nur mit Gleichgesinnten abgeben oder uns notfalls mit uns selbst zufrieden geben?«

Wenn dann andere dafür eintreten, dass man für alles und alle offen sein sollte und jede Umgebung oder jeder Umgang für die Kinder recht sei, wird heftig diskutiert – bis jemand sich an das Bild der »selektiv durchlässigen Membrane« erinnert: Das Leben findet im Chaos statt; es ist unsere Aufgabe, innere und äußere »Membranen« zu erkennen und zu schützen. Nur so können wir uns von innen nach außen mit der Welt auseinander setzen, ohne uns zu verschließen, und wir dürfen nicht so tun, als ob nichts uns schaden könne.

Dieses Erkennen und Respektieren von Membranen ist eine Übung, die sich unter den verschiedensten Umständen anbietet, nicht nur in einer »alternativen« Schule, sondern auch in den Auseinandersetzungen mit Behörden, den Beziehungen zu ängstlichen Eltern oder manchmal sogar zu Mitarbeitern.

So können einige Eltern davon berichten, dass sie die Grundelemente des Respekts vor persönlicher Initiative, des Gleichgewichts zwischen Chaos und Ordnung und die Bedeutung von Membranen, die sie ursprünglich im Pesta kennen gelernt hatten, nicht nur zu Hause, sondern auch in ihrer Arbeitssituation in die Praxis umzusetzen versuchen.

Im Gegensatz zu anderen, die jahrelang am Widerspruch zwischen »der normalen Welt da draußen« und dem »Paradies«, in dem ihre Kinder aufwachsen, leiden, entdecken andere die Möglichkeit, selbst in einem »normalen« Betrieb Ansätze für offene und respektvolle Beziehungen zu schaffen. Dabei erleben sie voller Staunen, dass auch Menschen, die immer unter diesen »normalen« Bedingungen arbeiten, zu Selbstverantwortung, Kreativität und Freude an ihrem Tun fähig sind – wenn ihnen Raum für eigene Entscheidungen und nichtdirektive menschliche Beziehungen zugestanden wird.

Unsere Erfahrung hat uns gezeigt, dass Menschen, die in ihrer Arbeit Respekt für Lebensprozesse üben, dann auch zu Hause mit den verschiedensten Formen intimer Beziehungen besser zurande kommen und weniger abhängig von Ratschlägen und Vorgaben sind.

Kinder und Erwachsene als sich selbst organisierende Systeme

Damit komme ich zur Frage, die immer wieder gestellt wird: Wie schätzen wir selbst die Situation der Erwachsenen, unsere Situation also, ein und wie nehmen wir nach vielen Jahren enger Beziehungen zu Kindern und Erwachsenen unseren eigenen Lebensprozess wahr? Wie beurteilen wir die weit verbreitete Meinung, dass Erwachsene mit ihren »alten Mustern« wohl kaum mit Kindern liebe- und respektvoll umgehen können, es sei denn, sie suchten zuerst ihre eigene Restrukturierung oder Heilung und erlangten erst einmal genügend Reife?

Nicht primär Kinder,
sondern Lebensprozesse respektieren

Unserer Geschichte würde ein wichtiger Aspekt fehlen, wenn ich nicht versuchte, wenigstens andeutungsweise die Konsequenzen zu erwähnen, die sich – für uns persönlich und für unsere Arbeit – aus unserem Entschluss, Lebensprozesse zu respektieren, ergaben. Eine Konsequenz ist es, von unseren Erfahrungen zu erzählen, denn sie gehören selbst zu unserem Lebensprozess. Es geht uns nicht darum zu missionieren, auch wenn der Weg, den wir eingeschlagen haben, uns noch so sinnvoll erscheint. Wenn wird von diesem Weg berichten, ist es, als streuten wir Samen aus, ohne zu wissen, wann oder wo sie aufgehen werden. Und wenn sie auf fruchtbaren Boden fallen, ist das, was aufgeht, keine Nachahmung, sondern bereits etwas Neues, das aus dem Lebensprozess derer erwächst, die daraus eigene Ideen und Vorstellungen hervorbringen, die aus dem eigenen Handeln lernen und seinen Wert an den Früchten erkennen, die sie selbst ernten.

Für manche ist es ein Schock, wenn wir behaupten, wir respektierten »nicht Kinder, sondern Lebensprozesse«. Eine liebevolle Kindergärtnerin verließ bereits in der ersten Runde enttäuscht ein Seminar, das wir in Europa anboten. Es vergingen zwei oder drei Jahre, bevor sie diese »bittere Pille« geschluckt hatte und verstand, dass der Respekt vor Lebensprozessen nicht nur bis zur »Entdeckung des Kindes« reicht, sondern Kinder und Erwachsene und alles Lebendige einschließt.

Auch wenn es anrüchig sein mag in einer Kultur, in der Therapien und Hilfen zur Selbstverwirklichung hohes Ansehen genießen: Wir sind dennoch davon überzeugt, dass auch für uns Erwachsene noch die Grundbedingung des Lebens gültig ist, nämlich dass wir als lebendige Organismen autopoietisch sind, dass »wir uns also selbst machen«. Auch unser Überleben,

Wachsen und Gedeihen sollte *mitten im Leben,* mitten in den Situationen, die wir als *unsere* Umgebung geschaffen haben, vonstatten gehen und nicht abseits von ihnen. Riskieren wir diesen Weg, der immer auf des Messers Schneide zwischen Chaos und Ordnung entlangführt, dann stellen wir fest, dass das Leben selbst Heilung und Restrukturierung bewirkt. Diese erhalten wir gratis, als Geschenk, und unerwartet wie die Ereignisse, die uns in echten Abenteuern begegnen.

Es scheint wie ein Widerspruch: Einerseits drängt es uns Erwachsene als »sich selbst machende Organismen« dazu, das eigene Potenzial zu verwirklichen; auf der anderen Seite »geraten« wir immer wieder aufgrund des »Interesses« der menschlichen Art, sich zu reproduzieren, »in die Falle«, bekommen Kinder und müssen oft um ihretwillen die persönlichen Interessen zurückstellen. Kein Wunder, dass insbesondere bei Müttern das Gefühl entsteht, ihre Selbstverwirklichung komme dabei zu kurz.

Aufgrund dieses Konflikts mag es vollkommen in Ordnung scheinen, Kinder aller Altersstufen an besonderen Orten von den Eltern fern zu halten und durch pädagogische Techniken mit harter oder sanfter Hand, mit Drohungen oder Überlisten den Lebensgewohnheiten und Erwartungen der Erwachsenen anzupassen und, falls das scheitern sollte, mithilfe therapeutischer Verfahren doch noch den Interessen einer leistungsorientierten Gesellschaft anzugleichen.

Es ist seltsam, dass häufig gerade Mütter als Agenten der gesellschaftlichen Anpassung ihrer Kinder fungieren. Andererseits wiederum ist es natürlich, dass eine Frau, die beginnt, sich für eine größtmögliche Freiheit ihres Kindes einzusetzen, auch das Bedürfnis verspürt, sich von eigenen übermäßigen Anpassungen zu befreien.

Zu den beiden Polen – Kinderbetreuung einerseits als eine derart *anspruchsvolle Aufgabe,* dass wir unzulänglichen Erwach-

senen ihr ohne besondere Hilfe kaum gewachsen zu sein scheinen, andererseits als *Hemmschuh für die eigene Entwicklung* –
gibt es meines Erachtens verschiedene Alternativen.

Für uns selbst wurde es zu einer Bereicherung, uns zusammen
mit den Kindern in einem gemeinsamen Lebensprozess befind-
lich zu verstehen, der vielgestaltig und vielschichtig zugleich ist:
reich an Entsprechungen zwischen den Entwicklungsstadien der
Kinder mit ihrem Bedürfnis, das eigene genetische Programm
zu aktivieren, und unserer Entwicklungsstufe, inneren Reifungsprozessen Raum zu lassen. Die Selbstverwirklichung von Kindern und die von Erwachsenen können also ineinander greifen
und sich gegenseitig fördern.

Die Aussage, dass lebende Organismen sich selbst machen,
trifft also auch noch für den Erwachsenen zu. Das heißt aber
nicht, dass Erwachsene ohne Kinder nicht reifen könnten. Kinder stellen jedoch eine Chance dar, »mitten im Leben«, also gerade im Konflikt zwischen unseren eigenen Unzulänglichkeiten
und Bedürfnissen und denen der Kinder, nicht nur einigermaßen zu überleben, sondern uns auch zu erfüllen:

Für uns finden Lebensprozesse ja immer als Interaktion zwischen Innen und Außen, zwischen einer komplexen inneren
Struktur mit ihrem Potenzial zur Selbstverwirklichung und dem
relativen Chaos außerhalb statt. In dieser direkten Wechselwirkung zwischen innen nach außen, und nicht künstlich getrennt
von der Umwelt, baut der Organismus neue Strukturen auf und
lernt seine Möglichkeiten kennen. Treffen sich nun verschiedene
Organismen, jeder in seinem relativ *unreifen* Zustand, und bringen sie es fertig, auf das Abenteuerliche im Lebensprozess des
andern einzugehen und zu akzeptieren, dass sich auch das eigene Leben voller unbekannter Faktoren und Überraschungen entwickelt, so gewinnt das Leben dadurch eine neue Qualität.

Auf unserer Radtour von Quito nach Manaus zum Beispiel
hatten wir zwar ein gemeinsames Ziel vor Augen, doch der Weg
dorthin hatte viel mehr unvorhergesehene als bekannte Fakto-

ren. Von einem Moment zum anderen mussten wir auf Überraschungen gefasst sein. Ohne sie wäre es ja kein Abenteuer, sondern eine vorbestellte Reise gewesen. Und keiner von uns, weder Erwachsene noch Jugendliche, erreichte das Ziel in dem Zustand, in dem er die Fahrt begonnen hatte.

Im freiwilligen oder auch unfreiwilligen gemeinsamen Leben mit Kindern haben wir die Gelegenheit, Vertrauen in uns selbst und in die Anlagen der Kinder aufzubauen, zu akzeptieren, dass es weder um »richtig« noch um »falsch« geht, sondern darum, sich ein Ziel für ein sinnvolles und erfülltes Leben zu stecken, auch wenn wir nicht wissen, wie es zu erreichen ist.

Würden wir warten, bis alle Informationen zusammengetragen wären, bevor wir uns auf den Weg machten, wäre es ja kein Abenteuer mehr, sondern wir würden nur dem Gefälle folgen, das uns die geringste Anstrengung und das geringste Risiko verspricht. Und wäre es dabei verboten, Fehler zu begehen, hätten wir auch nicht die Chance, aus ihnen zu lernen und neue Entscheidungen zu treffen.

In unserer Arbeit hat diese Art, noch als Erwachsener abenteuerlich zu leben, konkrete Folgen. Manche sind leicht zu identifizieren, zum Beispiel anhand der Tatsache, dass wir es wagen können, den Kindern und Jugendlichen die Freiheit zu gewähren, ohne Lernprogramm, feste Klassen- und Zeitpläne heranzuwachsen und darauf zu setzen, dass in solch entspannter Umgebung ihr menschliches Potenzial von selbst zur Reife kommt.

Diese Art, miteinander zu leben, ist bei uns schon normaler Alltag geworden, was leicht dazu führen kann, dass wir uns an die Routinen dieser Umstände gewöhnen, statt bereit zu sein, hinter jeder, auch der bekanntesten Situation, neue und tiefere Zusammenhänge zu entdecken, nichts für gegeben zu nehmen, also erwachsen zu sein und gleichzeitig interessiert und neugierig wie ein Kind zu bleiben. Dass kleine Kinder Routinen brauchen, ist einzusehen; für sie ist ja die ganze Welt frisch und unbekannt. Uns Erwachsenen hingegen können Routinen, »alte

Muster« und Gewohnheiten leicht zu bequemen Stützen oder Ausreden werden.

Zum Glück ist eine unserer wichtigsten Aufgaben, die Umgebung so vorzubereiten und im Maße, wie sich die Bedürfnisse und Interessen der Kinder wandeln, immer wieder in einer Weise zu verändern, dass die Kinder ohne unser »Anleiern« spontan agieren können. In diesem Wechselspiel zwischen Umgebung und konkreten Aktivitäten sind wir verloren, wenn wir nicht selbst flexibler werden und zulassen, dass sich auch bei uns neue Strukturen des Denkens, Fühlens und der Wahrnehmung bilden. Dabei haben wir es ständig mit *konkreten* Verrichtungen zu tun, was uns vor Schwärmereien und Träumereien schützt. Ob das Resultat unserer Bemühungen im Sinne der Kinder (und damit für uns, weil wir es leichter haben, wenn Kinder glücklich sind) wirklich eine Verbesserung ihrer Lebensqualität bedeutet, wird durch konkrete Vorkommnisse unmittelbar auf die Probe gestellt.

Wenn wir davon ausgehen, dass die grundsätzliche Strategie, die das Leben in Entwicklungsprozessen verfolgt, die Interaktion mit der Welt, und zwar von innen nach außen, ist, dann haben wir hier eine große Chance. Gemäß dieser Strategie organisieren Kinder in jeder Entwicklungsetappe sich selbst. Wird ihnen gewährt, statt äußerer Zielsetzungen und Motivationen ihre eigenen Entwicklungszwecke zu verfolgen, können sie in jedem Moment eine jedem Reifezustand entsprechende Erfüllung erleben. Auch wir Erwachsenen organisieren uns auf die gleiche Weise selbst, doch offenbar, indem unser Handeln gleichzeitig uns selbst und der Transformation unserer Umgebung dient, wir also Verantwortung für die Qualität unserer Lebensumstände und für unsere »Nächsten« übernehmen.

Auch wenn wir durch diese Art von Interaktion nur allmählich, vielleicht für unseren Geschmack zu langsam, reifen, so können wir doch, soweit unser Verständnis reicht, bereits einfache Entscheidungen treffen, zum Beispiel versuchen, gewisse Dinge zu vermeiden: an einem Kind nicht unseren Zorn auszulassen, es nicht auf alles hinzuweisen oder anzuleiten, ihm seine motorischen Bemühungen nicht durch Helfenwollen abzunehmen, erst mit ihm zu sprechen, wenn wir nonverbalen Kontakt mit ihm aufgenommen haben, es mit unserer Liebe nicht aufzufressen, ihm Zuwendung zu geben, bevor es sie verlangt oder sich erschleicht usw.

Mit diesen Entscheidungen, die auf den ersten Blick keine große Bedeutung für unsere eigene Entwicklung zu haben scheinen, eröffnen sich uns doch auch neue Perspektiven.

Obwohl oft nicht angenehm für uns, bekommen Kinder, die unsere vielleicht zaghaften oder ungeschickten Versuche zu veränderten Beziehungen bemerken, schnell Mut, uns richtiges Feed-back zu geben. Sie sind dem Leben noch nah, und wenn wir ihnen den kleinen Finger für eine bessere Lebensqualität reichen, greifen sie bald nach der ganzen Hand. Das tun sie auf verschiedenste Weise. Zum Beispiel, indem sie uns anklagen, dass unser Reden und Tun nicht zusammenstimmen, indem sie sich unseren ungeschickten Annäherungsversuchen entziehen, uns komisch anschauen, wenn unser äußeres, scheinbar respektvolles Gehabe nicht unserer inneren Beteiligung entspricht, oder indem sie sich gegen unsere schematische Art, mit Regeln umzugehen oder alles »richtig« machen zu wollen, auflehnen.

Nun scheint es fast so, als habe sich der Spieß umgedreht und als erwarteten wir, dass die Kinder uns erziehen. Doch das hieße natürlich, dass wir die Verantwortung für uns selbst an sie abgeben und mit umgekehrten Vorzeichen auch wieder nur von außen nach innen leben. Wenn wir aber die Verantwortung für die entspannte Umgebung von Kindern übernehmen, dann schaffen wir damit erst einmal die Bedingungen, dass Kinder »sie selbst« sein und sich in ihrem wirklichen Zustand zeigen können. Wir bekommen nun die Gelegenheit, die authentischen Prozesse der Kinder mitzuerleben, nachzufühlen, ob sie den Anforderungen ihrer Entwicklungsstufe nachkommen oder sich ihnen durch allerlei lustiges oder mürrisches Verhalten entziehen. Dafür können wir vielleicht eine Menge über Entwicklungstheorien lesen, aber letztendlich übernehmen wir erst dann Verantwortung, wenn unser persönliches Fühlen und Denken unmittelbar mit der Wirklichkeit in Berührung kommt und im Sinne der Lebensprozesse unsere eigenen Strukturen auf der Erwachsenenebene reifen.

Echte Lebensprozesse finden immer innerhalb von »Membranen« statt. Mitfühlen und Mitdenken sind für uns selbst und andere dann gefährlich, wenn wir des Schutzes durch die Membranen nicht sicher sind, wenn wir andere in uns eindringen lassen oder in andere eindringen und dabei immer konfuser werden. Von Menschen, die ehrlich nach einem besseren Leben streben, ist manchmal zu hören, dass sie auf der Suche nach der eigenen »Mitte« seien. Wir haben die Erfahrung gemacht, dass sich diese »Mitte« von selbst, ganz spontan und für gewöhnlich unverhofft spüren lässt, wenn wir uns nicht um sie, sondern um unsere Membranen kümmern.

Auch das ist ein Prozess, für den sich mehr als genug Gelegenheiten anbieten, sobald wir uns entschlossen haben, aufs Leben und nicht auf äußere Kontrollen zu vertrauen, wenn wir beginnen, eine geeignete Umgebung für eine echte Entwicklung der Kinder zu schaffen. Bekommt man vielleicht zu viel Besuch von Nachbarskindern, dann muss man sich irgendwann die Frage nach der »Membrane« der eigenen Familie stellen. Entsprechend in »alternativen« Kindergärten und Schulen. Es gibt Eltern, die froh sind, wenn es ihre Kinder bei uns gut haben, die aber nicht selbst Verantwortung übernehmen, was doch eigentlich ihre Aufgabe wäre. Dann kommen wir in der Schule womöglich in Stress, wenn Kinder mit allen Mitteln unsere ständige Gegenwart suchen, andere uns möglichst aus dem Wege gehen, weil ihnen Erwachsene suspekt sind, oder ständige Aufregung und Spannung in die Umgebung bringen. Unser Entschluss, dem Leben zu vertrauen, verschafft uns immer neue Anlässe, die Membranen in unserem Verantwortungsbereich zu stärken.

Leider ist für uns Erwachsene die *Verantwortung*, die wir weitgehend verinnerlicht haben, mit einem faden Gefühl von Pflichterfüllung und Forderungen vergällt, sodass wir gar nicht mehr klar unterscheiden können, was eigentlich von uns selbst stammt und was uns von außen auferlegt ist. Verantwortung wird häufig mit Gehorsam verwechselt, einem Gehorsam, den wir von klein auf geleistet haben, um Liebe zu bekommen und um nicht aus der Gemeinschaft einer von Direktivität durchdrungenen Umwelt ausgeschlossen zu werden. Die Rebellion, mit der wir womöglich als Jugendliche oder in einer späteren Phase unseres Lebens reagiert haben, aber auch die Auffassung, dass man andere um ihres eigenen Wohles willen zum Pflichtgefühl erziehen müsse, sind schließlich nur die andere Seite dieser Medaille, deren Wert selten angezweifelt wird.

Doch wenn wir dem Leben den Vorrang geben und uns immer wieder der Membranen erinnern, die in seinen Prozessen unersetzlich sind, bekommt das Wort Verantwortung eine andere Bedeutung.

Da sind wir zuallererst für uns selbst verantwortlich, denn wir sind es, die leben. Das können wir aber nur, wenn wir in jeder Situation spüren und prüfen, was außen und was innen ist. Dabei merken wir, dass das Äußere einen fast unwiderstehlichen Sog auf uns ausübt und dass unsere Wünsche, Gefühle und Gedanken unaufhörlich von außen manipuliert werden. Am wehrlosesten sind wir der *Gedankenwelt* ausgesetzt, die uns als Kulturmenschen zu dem gemacht hat, was wir heute sind. Denn auch eine direktive Umgebung schafft es nicht so leicht, von außen in die Funktionen unseres Stoffwechsels und unseres Gefühlslebens einzudringen. Doch an gedankliche Einflüsse von außen sind wir durch elterliche Erklärungen und Belehrungen und durch jahrelange Schulerfahrungen von klein auf gewöhnt und vermögen uns kaum noch vorzustellen, dass es auch anders sein könnte, dass wir dem, was draußen geschieht, die Macht streitig und uns für uns selbst verantwortlich machen können.

Unser Potenzial, selbstständig denkende Menschen zu werden, konnten wir als Kinder einer direktiven Umwelt nur spärlich verwirklichen, denn wir wurden dazu erzogen, an unseren eigenen Interpretationen der Wirklichkeit zu zweifeln. Unsere unmittelbare Interaktion mit dem Umfeld wurde eingeschränkt.

Statt ihrer wurden uns – meist vorverdaut und in vorbestimmten Portionen dosiert – die Weltbilder, Erkenntnisse, Techniken und Künste unserer Zivilisation aufgedrängt. Dabei ist unsere intellektuelle »Membran« unaufhörlich durchbrochen worden, und unser »intellektueller Magen«, der die eigenen Erlebnisse verarbeiten und zu einem persönlichen Verständnis transformieren sollte, kann seine Aufgabe kaum noch erfüllen. Die »Rohkost« unseres eigenen Lebens kann von ihm nur noch schwer erschlossen werden. Wir fühlen uns abhängig von den Erklärungen und Ideen anderer und sind erleichtert, wenn wir sie von außen erhalten.

In diesem Zustand empfehlen wir diese Lösung auch unseren Kindern.

Sich selbst annehmen

Erwachsene, für die dieser Tatbestand unhaltbar geworden ist und die nicht mehr mit der Ausrede zufrieden sind, »sie seien nun mal so«, wünschen sich, wenigstens hin und wieder, »den Kopf ausschalten zu können«. Am liebsten würden sie alles über Bord werfen, was von anderen oder durch den eigenen Bildungshunger in sie eingedrungen ist.

Techniken, statt des Denkens nun die Gefühle zu wecken oder zu lernen, sich einfach »leer« zu machen, sind dabei für viele attraktiv geworden. Dafür werden »günstige Umstände« angeboten, in denen man erst einmal Abstand vom üblichen Umfeld und ein wenig Urlaub vom Alltag nehmen kann, in der Hoffnung, Kraft, bessere Gefühle oder höhere Einsichten nach Hause zurückzubringen und »das Leben ein Stück weit besser zu meistern«.

Dabei bleibt die Frage offen, was inzwischen mit dem Umfeld geschieht, für das wir verantwortlich sind, weil wir es durch unser Denken, Fühlen und Handeln selbst geschaffen haben. Wer betreut die Kinder, denen wir selbst den Weg in diese Welt geöffnet haben, wer begleitet den Ehepartner, mit dem wir eine lebendige Einheit bilden, auch wenn wir uns streiten? Wer öffnet dem Nachbarn die Tür, wenn er bei uns anklopft und wie viel Zeit und Energie kostet es, bis wir uns in all dem wieder zurechtfinden?

So wie die Urzelle ihre Membrane »mitten im Chaos« geschaffen hat, so kann das auch bei uns heute noch stattfinden.

Wir brauchen uns dazu nicht von der Welt zu isolieren oder Pilgerfahrten in geeignetere Umstände zu unternehmen. Unsere verschiedenen »Membranen«, die dem komplexen Wesen eines erwachsenen Menschen entsprechen, übernehmen ihre Funktionen, sobald wir uns selbst annehmen und mit uns auch die Umstände um uns herum.

Das mag anfangs leichter gesagt als getan sein, denn unsere Ausbildung haben wir weitgehend durch Verneinung des Eigenen bekommen. Dass wir uns und unser Umfeld selbst schaffen, wurde uns in unserem Bildungsprozess verheimlicht. Stattdessen wurde uns die Ehrfurcht vor der Kultur, vor anderen Menschen und vor der Wichtigkeit des Geldes eingeflößt und die Hoffnung in uns geweckt, wir selbst würden mächtig und erfolgreich, falls wir unsere »unwichtigen Bedürfnisse« erst einmal unter Kontrolle bekommen und uns »höhere Werte« angeeignet hätten.

Das Sich-selbst-Annehmen, auf das wir uns da einlassen, scheint also erst einmal etwas Abenteuerliches. Da begeben wir uns auf eine Entdeckungsreise, für die wir keine Wanderkarte kaufen können. Vielleicht merken wir als Erstes, dass wir nur eine vage Ahnung von unserer eigentlichen Natur über die Jahre gerettet und kaum eine Vorstellung von dem haben, wie wir wirklich sein möchten. Alle Vorstellungen sind mehr oder weniger durch irgendeinen Einfluss von außen gefärbt. Wir bekommen vielleicht Zweifel, ob wir unserm Willen trauen können, ob der nicht zu schwach, fremdbestimmt oder überhaupt zulässig ist. All diese und sonst noch aufkommende Fragen nach innen statt nach außen zu stellen und die Antworten von innen statt von außen zu erwarten, das scheint uns vielleicht ein gefährliches Unterfangen, das wenig Aussicht auf Erfolg verspricht.

Dennoch ist es eine alte Weisheit, dass wir nur durch die Annahme unserer selbst zur Selbsterfüllung, zur Ehrfurcht vor dem Leben und zur Nächstenliebe kommen. Meine kleine Enkelin, die gerade laufen lernt, gibt mir dafür ein beschämendes Beispiel. Sie tut etwas, was sie noch nicht kann und was ihr – Gott sei Dank – niemand beizubringen versucht: Nach ein paar schwankenden Schritten kehrt sie wieder zu ihrer bisher erfolgreichen schimpansenähnlichen Fortbewegungsmethode auf drei Gliedmaßen zurück, die ihr erlaubt, mit der freien Hand Gegenstände, sogar einen Becher voll Wasser zu transportieren. Wenn sie zu schnell oder zu lange aufrecht geht, landet sie zu ihrem Erstaunen auf dem Boden. Doch gleich rappelt sie sich wieder auf und wird nicht müde, immer neue Varianten ihrer neuen Kunst auszuprobieren.

In der Vielzahl von Analogien, die uns Erwachsenen mit den Entwicklungsprozessen der Kinder verbinden (und damit meine ich nicht, dass wir »das Kind in uns« stärken, sondern uns als Erwachsene annehmen sollen), ist für mich diese Grundhaltung, zu probieren und Fehler und scheinbare Misserfolge in meinen Entdeckungen einzubeziehen, von hervorragender Wichtigkeit geworden. Statt die Gefühle und Gedanken wegzudrängen, die unentwegt und unwillkürlich in mir aufsteigen, kann ich mich entschließen, sie anzunehmen, auch wenn sie mir absurd, hässlich oder gefährlich vorkommen. Statt das Schweigen oder die innere Leere zu suchen, um mit all dem fertig zu werden, was mich als »alte Muster« belastet, kann ich allem, was von innen kommt, mutig und liebevoll begegnen. Darüber spüre ich eine angenehme Ruhe, wenn ich meine äußeren Handgriffe, die ich üblicherweise in der Interaktion mit der konkreten Welt ausübe, für mich mit Worten beschreibend begleite. Meine Erfahrung ist, dass ich dabei weniger von außen beeinflussbar werde und in diesem Zustand eher wahrnehme, was außen und was innen ist.

Statt »Abstand« zu nehmen, kann ich so mitten im Geschehen » bei mir« bleiben und spüren, wie dies die Membranen stärkt. Das Gefühl von Wehrlosigkeit und Unsicherheit nimmt ab, und es wächst das Vertrauen, dass das Leben selbst mir unter die Arme greift, um dorthin zu kommen, wo ich eigentlich hin möchte, und der liebende und intelligente Mensch zu werden, der ich eigentlich sein möchte.

Kopf und Herz, die »Instrumente« der »Datenverarbeitung« und der »Entscheidung«, nehmen im Schutz der intakten Membranen ihre Kommunikation wieder auf, die geschwächt oder unterbrochen worden ist, und erlauben mir, nach und nach etwas vernetzter nach innen und nach außen zu denken und zu fühlen.

Von innen nach außen leben

Piaget argumentiert, dass ohne die Struktur der Umkehrung, der »Reversibilität«, kein logisch formales Denken möglich sei. Dies ist eine Verständnisstruktur, die als Letzte zur Reife gelangt, nachdem durch spontane, eigenständige Interaktionen mit konkreten Situationen der Entwicklungsplan zum Verständnis der Welt sich erfüllen konnte.

Wenn das schon für eine lineare Logik zutrifft, dann umso mehr für das vernetzte Denken, das uns erlaubt, mit den verschiedensten Gestalten des »normalen« Lebens und erst recht menschlicher Beziehungen mit ihren vielen Paradoxa zurechtzukommen. Diese »Umkehrung«, glaube ich, wird dann wirklich, wenn wir am Ende wagen, von innen nach außen statt umgekehrt zu leben. Die Interaktion mit dem Außen, die daraus entsteht, lässt reale innere Strukturen reifen, analog denen, die Kinder durch ihre spontane, instinktiv vom genetischen Programm motivierten Tätigkeiten entwickeln. Und es ist dann nicht durch angenommenes Wissen oder nachgeahmte Verhaltensweisen, sondern durch unsere innere Wirklichkeit, dass wir nach außen wirken.

Es scheint eine weise Strategie des Lebens, uns nur so weit Einsicht in Zusammenhänge und den Zustand anderer Lebewesen zu gewähren, wie wir selbst mit unserem inneren Leben in Kontakt sind, so als würde das »äußere Chaos« in dem Maße erhellt, wie wir selbst an innerer Klarheit gewinnen.

Wir treffen also unsere Entscheidungen, ohne erwarten zu können, dass die Informationen von außen »richtig« sind. Und dennoch: Jedes Mal, wenn wir uns auf das Abenteuer einlassen, ohne Verlass auf Fehlerlosigkeit und weitgehend den Weg ertastend unsere Entscheidungen zu treffen, stärkt sich die Verbindung zwischen Herz und Gehirn und mit ihr unser Wille und Urteilsvermögen.

Mitten im Leben und vorrangig in unscheinbaren und unvorhergesehenen Situationen, findet Restrukturierung und Heilung statt, die meistens außen gesucht wird: in Therapiesituationen, Aktivitäten zur Selbstverwirklichung oder im Sanatorium.

Religion und Transzendenz

Sicher wünscht sich jeder, mit sich selbst und mit anderen, im Privaten und im Umgang mit der Welt, eine bessere Lebensqualität zu schaffen, mit den eigenen Gefühlen zurechtzukommen und klarer zu denken.

Doch nicht alle sind mit dem »Diesseitigen« zufrieden und streben geistiges Wachstum an. So werden uns auch immer wieder Fragen gestellt, wie wir mit Religion und Spiritualität umgehen, da wir ja in unserem »Konzept« ständig von der Erfüllung des »genetischen Programms« sprechen, was ja *nur Biologie (nur Leben!)* ist. Tatsächlich sind wir ja davon überzeugt, dass es unsere Verantwortung ist, Kinder beim »Landen« in dieser Welt so zu begleiten, dass sie voll in sie eintauchen und die Werkzeuge, die ihnen hier dienlich sind, so reich wie möglich, ohne den Kontakt mit sich dabei zu verlieren, entwickeln. Ich hoffe, die wenigen oben erwähnten Beispiele aus unserer Praxis geben genügend Hinweise, wie wichtig dabei der spielerische Umgang mit dem Umfeld und der Gebrauch des eigenen Willens sind.

Gerade weil wir das Transzendente hoch schätzen und davon ausgehen, dass ein geistiges, inneres Selbst sich mit einem Körper verbindet, um in dieser materiellen Welt Erfahrungen zu sammeln, halten wir es nicht für unsere Aufgabe, Spirituelles zum Inhalt der Erziehung zu machen.

So wie ein Embryo im Mutterleib, so sind nach unserem Verständnis Kinder eingebettet in die Gefühls-, Gedanken- und auch in die geistige Welt der Familie. Nicht was hier gelehrt, sondern was *gelebt* wird, bildet die Grundstrukturen ihres eigenen Lebens. Erfahren sie Liebe und Respekt für ihre echten Bedürfnisse, so wachsen sie »christlich« auf. Werden ihnen religiöse Inhalte nahe gebracht, ohne dass sie ihrer Entwicklungsstufe entsprechen, so erfahren sie dies als Lieblosigkeit und müssen sich verteidigen. »Pfarrerskinder werden zu Kommunisten und Kommunistenkinder werden zu Pfarrern« ist ein bekannter Spruch in Ecuador.

Bei Adoleszenten, die in dieser Hinsicht nicht nur im Pesta, sondern auch zu Hause vor unpassenden Belehrungen verschont worden sind, erleben wir mit Staunen, dass sie von sich aus an spirituellen Themen höchstes Interesse zeigen und jede Gelegenheit nutzen, mit Gleichaltrigen und Erwachsenen darüber zu reden.

Überzeugt davon, dass »jedes Ding seine eigene Zeit hat«, versuchen wir nicht, Kinder in Richtung Spiritualität oder Religion zu beeinflussen. Im Pesta gibt es außer einem lebendigen Krippenspiel zu Weihnachten, das ein kleines Gegengewicht zum verrückten Festtrubel rundherum ist, keine Rituale, auch sonst keine Konzentrations-, Stille-, oder Meditationsübungen oder Altäre, die zum Beten einladen. Bücher und erzählte Geschichten schließen religiöse Elemente ein, aber sie werden neutral dargeboten, so wie alles in der vorbereiteten Umgebung.

An Elternabenden kommen Themen von Religion und Spiritualität manchmal zur Sprache. Dabei geben wir unserer Meinung Ausdruck, die ich hier darzustellen versuchte. Unter unseren Mitarbeitern gibt es einige mit formaler Kirchenzugehörigkeit, auch »Menschen ohne Glauben« und solche, die ihren persönlichen Weg suchen. Wir sind uns einig, dass auf Anfrage jeder seine Überzeugung ehrlich aussprechen darf, ohne aber Anspruch auf allgemeine Gültigkeit zu erheben oder die Gefühle und Gedanken der Heranwachsenden zu manipulieren.

Für uns selbst ist eines vorrangig geworden: dass wir auch auf dieser Ebene »klare Buchführung« zwischen innen und außen halten. Die Werkzeuge, die wir in unseren verschiedenen Entwicklungsstufen erworben haben, dienen der Auseinandersetzung mit der Außenwelt und bestenfalls für die äußeren Schichten unserer Gefühls- und Gedankenwelt. Sie sind aber zu grob für die feine Beschaffenheit des innersten Selbst. Mit einem Sieb lässt sich kein Wasser schöpfen und mit einem Bagger nicht gut Blumen pflücken. Das innerste Selbst war zuerst und hat den Körper, einschließlich Herz und Verstand, um sich herum als »Schnittstelle« zur Welt aufgebaut und mehr oder weniger zur Reife gebracht. Darum kann das Innere das Äußere begreifen, nicht aber umgekehrt.

In unserem Wunsch nach Selbstverwirklichung – nicht nur als Meisterung des äußeren Lebens und der eigenen Gefühle und Gedanken, sondern auch als Entwicklung des innersten Selbst – merkten wir bald, dass Selbstkontrollen, Meditationen und von außen stimulierte Prozesse uns nicht dahin brachten, wohin wir eigentlich wollten, und uns abhängiger statt selbstständiger, konfuser statt klarer machten. Und wenn wir versuchten, uns einfach »leer zu machen«, füllte sich die Leere mit nicht erbetenen Inhalten so, wie in einen Behälter, aus dem man Wasser leert, sofort Luft einfließt.

Später begriffen wir, dass nur vom Ursprung des Lebens selbst neues Leben entstehen, wachsen und reifen kann. Der dazu notwendige Wille ist nur die Bereitschaft, sich für dieses Wirken von innen offen zu halten und mit einem Gefühl des Abenteuers, bei dem man ja auf Neues gefasst ist, zu empfangen, was aus dieser Quelle kommt. Der Prozess, der daraus entsteht, ist erkennbar an einer unerwarteten Leichtigkeit des innersten Gefühls und spontanen Lebendigkeit, die auf feine Art wirkt, respektvoll hinausweist, was nicht zum Wesentlichen gehört, behutsam von innen her ordnet, was nicht an seinem Platz ist, und den Weg frei macht für einen Reifungsprozess, der so wie bei jeder Frucht von innen nach außen und für manche zu langsam vonstatten geht.

So wie beim »Latihan von Subud«*, einer Übung der Hingabe an den Ursprung unseres Lebens, die uns seit vielen Jahren vertraut ist, hat nach meinem Verständnis der Kontakt mit der ursprünglichen Lebenskraft immer auf diesem Weg – von innen heraus und spontan – stattgefunden und sich dann Bahnen geschaffen, um nach außen zu wirken. Trennen wir solch inneres Erleben vom normalen Umgang mit unserer äußeren Wirklich-

---

* »Latihan« ist das indonesische Wort für »Übung« und »Subud« ein Kürzel für die drei Worte »Susila, Budhi, Dharma«. Man öffnet sich in dieser Übung für das, was unerwartet von innen her kommt und nach und nach Körperbewegungen, Gefühle und auch das eigene Denken von innen her berührt. Was aus diesem Prozess erwachsen kann, ist vorrangig die Erfahrung, dass das Innere lebendig ist. Der Erste, der diese Erfahrung eines spontanen Kontaktes mit einer Kraft gemacht hat, die er als »Ursprung seines eigenen Lebens« identifizierte, war ein Indonesier in den Dreißigerjahren.

keit, dann laufen wir wohl Gefahr, dass mit der Zeit unser innerer Zustand nicht mehr mit den äußeren Umständen zusammenstimmt. Wir verlieren den Boden unter den Füßen und das Gefühl für Zusammenhänge, vielleicht entsteht eine Kluft zwischen unserem Innenleben und den Verantwortungen, die wir im Umfeld übernehmen. Vielleicht fangen wir an zu »fliegen« und finden uns in der Welt immer weniger zurecht.

Entscheiden wir uns aber dazu, jede neue Qualität des inneren Erlebens in die Praxis umzusetzen, so kommen Innen und Außen allmählich in Harmonie. Die Leichtigkeit des inneren Lebens kann dann auch in allen Arten von Situationen erlebt werden: bei täglicher Routinearbeit, beim Lösen von Problemen, in der Freizeit – irgendwie fügen sich die Stücke unseres Lebenspuzzles ohne Kopfzerbrechen zusammen. Statt der »Schicksalsschläge« oder Unannehmlichkeiten, die uns womöglich bisher gezwungen haben, besser auf uns selbst zu achten, geht uns vielleicht unerwartet ein Licht auf, wie wir die Welt um uns so verwandeln können, dass sie besser zu unserer eigenen Entwicklung passt.

11. KAPITEL

PERSPEKTIVEN UND NEUE WIRKLICHKEITEN

»Matristische Kulturen« (Maturana)

Gewissermaßen mit der »Muttermilch« haben wir unsere Kultur eingesogen. Wir können uns kaum vorstellen, dass sie nicht etwas Feststehendes oder Gegebenes ist, sondern durch spezifische Lebensformen zustande kommt. In seinem Buch *Liebe und Spiel* verfolgt Humberto Maturana die Spuren, die zum Ursprung der heute fast überall herrschenden direktiven menschlichen Beziehungen führen.

Nicht nur das: Bei dem Gedanken, dass die Sicherheiten, die diese Gesellschaft uns bietet, die Zuwendung, die wir von klein auf von Menschen durch Anleitungen und Belehrungen erfahren haben, oder die Liebe, die wir auf die gleiche Weise gegeben haben, dass all dies aus unserem Leben verschwinden könnte, fühlen wir uns vielleicht ohne Boden, Halt und sinnentleert.

In *Liebe und Spiel* beschreibt Maturana die Dynamik der »patriarchalischen« bzw. »matriarchalischen« Kultur und hält eine »matristische« Kultur für möglich, in der die Interaktionen der Menschen untereinander und mit der Natur unter ganz anderen Vorzeichen stehen.

Ich will versuchen, die von ihm dargestellten Unterschiede zwischen diesen Kulturtypen kurz zu skizzieren:

Das Lebensgefühl in matristischen Kulturen war entscheidend durch das Vertrauen der Menschen charakterisiert, dass für alle genug da sei, dass man sich gegen andere nicht verteidigen und keine Schätze an sich raffen oder auf Sicherheit hin leben müsse. Die grundlegende Lebenshaltung war: Der Mensch ist Teil der Natur. Gegenseitige Liebe und Respekt machten Wettkämpfe, Kontrollen, Aggressionen und Inbesitznahmen unnötig. Stattdessen bestimmten Kooperation und spielerische Interaktionen den Alltag. Konflikte, Spannungen oder Ärger traten nur vorübergehend auf. Es war im Interesse aller, sie zur allgemeinen Zufriedenheit zu überwinden und so bald wie möglich zu Harmonie und Wohlgefühl zurückzufinden. Für Kinder, die in solch einem Umfeld groß wurden, war dies der »Normalzustand«. Sie fühlten sich in ihm geborgen und konnten sich darum der Welt ohne Misstrauen öffnen und in ihr ihren eigenen Weg suchen.

Ganz anders hingegen das Lebensgefühl in der patriarchalischen Kultur. Sie ist geprägt von der Angst vor Übergriffen, einer Angst, die sich allmählich auf alle Lebensbereiche ausbreitete. Negierung der Bedürfnisse anderer, Misstrauen, Wut, Verteidigung und ein Feindbild wurden zu wichtigen Elementen dieses Lebensgefühls. Autoritäre, hierarchische Strukturen und die Rationalisierung von Kontrollen koppelten sich an jene Neigungen zu dominantem und unterwürfigem Verhalten, die der Mensch aus der Geschichte seiner biologischen Evolution mitgebracht hat.

Unter solchen Bedingungen dient der natürliche Hang zur Ordnung, gewissermaßen ein Gegengewicht zum äußeren Chaos, der Stärkung von Autorität und Unterwürfigkeit. Existenziell notwendige Interaktionen, die ursprünglich ein Gleichgewicht zwischen innen und außen schaffen sollten, verwandeln sich in Handlungen, die nun in erster Linie auf Resultate und Erfolg zielen.

Diese Art zu leben beschränkt sich nicht nur auf die Auseinandersetzung mit der angeblich so feindlichen Außenwelt. Sie gewinnt auch im Umgang mit den nahe stehenden Menschen und mit der eigenen Person immer mehr an Raum: Männer und Frauen bekämpfen einander; manchmal bekommt der eine, dann der andere die Oberhand; die Beziehungen zwischen Eltern und Kindern verlieren die Merkmale des Vertrauens in die Natur des anderen; Mütter konspirieren gegen die biologischen Bedürfnisse ihres Nachwuchses und drängen auf kulturelle Leistungen, die Ansehen und Erfolg versprechen. Mit der Rechtfertigung, Kinder seien so früh wie möglich der »Wirklichkeit« anzupassen, damit ihnen ja keine Chance in der »realen«, also feindlichen Welt entgeht, muss der natürliche Spieltrieb dem von außen wirkenden Druck zum Lernen weichen. Sobald die Kinder hinter den Türen von Horten, Kindergärten und Schulen verschwinden, sind ihre Eltern frei, sich wieder voll dem Überlebenskampf, der nicht selten für »Selbstentfaltung« gehalten wird, zu stellen oder nach Selbstverwirklichung außerhalb des eigenen Lebenskreises zu suchen.

Die Resultate einer solchen Lebenseinstellung sind nicht nur am Zustand unseres Planeten, sondern auch dem der Menschen, die ihn bewohnen, ablesbar: aggressive, verspannte, unsichere Kinder, vielleicht mit einem Kopf voller Wissen, aber unfähig zur Zufriedenheit; zerstrittene Familien, die sich so bald wie möglich auflösen; frustrierte Jugendliche; Erwachsene, die ohne Therapien weder mit sich selbst noch mit ihrem Umfeld zurande kommen; Angst vor Verlusten; Unfähigkeit, Probleme zu lösen, ohne neue hervorzurufen; die Flucht in »höhere Sphären«, wo uns das alles nichts mehr anhaben kann – so die traurige Bilanz unseres Umgangs mit unserer menschlichen Schöpferkraft.

Dabei sehnen sich immer mehr Menschen nach einer »matristischen« Kultur, in der das Leben selbst heilend wirkt und der Kampf um Vorherrschaft aufhört. Maturana ist davon überzeugt, dass solch ein Kulturumschwung nicht von außen nach innen, von oben nach unten erreichbar ist, nicht durch bessere Gesetze, Umschulungen oder Aufmärsche, sondern nur dann, wenn in den kleinen Lebenskreisen, zum Beispiel in der Familie, Raum für gegenseitiges Vertrauen gegeben ist und einer den andern so annimmt, wie er ist. Von diesen kleinen Strukturen des Zusammenlebens aus können Vertrauen und Respekt dann auf die umfassenderen Lebensformen übergreifen.

Damit dies wirklich wird, muss zumindest ein Erwachsener seine Sehnsucht nach einer harmonischeren Welt aus der Kindheit über die Jahre der Anpassung an die »harte Wirklichkeit« hinweg gerettet haben. Ein Erwachsener, der seine Energien nicht dafür einsetzt, nur die eigene Vergangenheit aufzuarbeiten, sondern der mit der Vision einer besseren Welt versucht, in eben der Situation und dem Zustand, in dem er sich gegenwärtig befindet, erst einmal sich selbst und auch die zu respektieren, die ihm am nächsten stehen. Seit zweitausend Jahren wird in der so genannten christlichen Welt gebetet: »Dein Reich komme, dein Wille geschehe, wie im Himmel also auch auf Erden.« Doch es nützt nichts, zu warten, bis höhere Mächte die Arbeit für uns erledigen. Unser Wille ist gefordert, um den Wunschtraum einer besseren Wirklichkeit zu realisieren.

Der Friede, den wir uns wünschen, kann sich meines Erachtens nur dann einstellen, wenn wir unsere eigenen »Membranen« und die der anderen achten, wenn wir nicht in andere eindringen, sie nicht überzeugen wollen, die Welt so zu verstehen wie wir, wenn wir ihre Gefühle nicht manipulieren und auch uns nicht von außen manipulieren lassen noch mit uns selbst direktiv umgehen.

Alltägliches, Gewohntes und Unscheinbares ändern

Im Pesta hatten wir es immer wieder mit Erwachsenen zu tun, die sich für die Verbesserung der gesamten Welt aussprachen, sich sogar dafür aufopferten oder dafür kämpften.

Doch wenn ihre Aktionen nicht auf den Entschluss gegründet waren, das Alltägliche, Gewohnte und Unscheinbare zumindest ebenso zu schätzen wie die »wichtige Mission«, dann wirkte sich dieser Widerspruch besonders an ihren Kindern ganz sichtbar aus und ließ uns hinsichtlich ihres Dienstes an der Menschheit skeptisch werden.

Auch im Pesta spüren die Betreuer, die selbst Familie haben – und das sind fast alle –, dass es viel leichter ist, mit den Kindern anderer auf geeignete Weise gegenwärtig zu sein als mit den eigenen, denn in der eigenen Familie sind womöglich die »Membranen« aufgrund der großen menschlichen Nähe »dünn geworden« und »durchlöchert«.

Umgekehrt ist es kaum denkbar, dass ein harmonisches Zusammenleben im kleinen Kreis mit der Zeit nicht auch weiter ausstrahlt, dass die Menschen, die in solch einem geschützten Winkel heranwachsen, mit der Zeit nicht stark genug werden, sich auch anderen, die noch im Stress einer von Respektlosigkeit geprägten Welt leben, zu öffnen. Es wäre wohl absurd, wollten sie, die einander Liebe und Respekt entgegenbringen, vielleicht aus Angst vor Unannehmlichkeiten oder Unbequemlichkeiten nicht auch anderen zur Verfügung stehen, wenn sich eine Gelegenheit dazu bietet.

Als zum Beispiel wir 46 Radler am 1. Januar 1998 in Quito losfuhren, wehten von einigen Rädern Banner mit Aufschriften wie diese im Wind: »Für eine saubere Welt‹ oder »Wir sitzen, aber nicht auf der Schulbank«. Nach kurzer Zeit waren die Fahnenstangen geknickt, die Schrift vom Wetter und vom Straßendreck unleserlich gemacht und jedes Gramm Extragewicht eine Belastung geworden. Den Eltern, die uns bis zuletzt zur kolumbianischen Grenze begleitet hatten und nun nach Hause zurückkehrten, übergaben wir alles Überflüssige und lernten mit dem Notwendigsten auszukommen.

Aber auch die gute Absicht, eine »Botschaft« hinterlassen zu wollen, trat bald in den Hintergrund, und zwar gegenüber den Herausforderungen der Tour: die eigenen Möglichkeiten und Grenzen kennen zu lernen, mit einer so zahlreichen und heterogenen Gruppe alle möglichen Abenteuer gemeinsam zu meistern oder einfach auch trotz akuten Wassermangels uns selbst einigermaßen sauber zu halten und dafür zu sorgen, aus Nachlässigkeit keinen Abfall zurückzulassen. Doch immer wieder geschah es, dass die Leute uns fragten, woher wir kämen, warum wir so einen Stress auf uns nähmen, wie wir ein so hohes Maß an Selbstdisziplin zustande brächten, wenn wir doch von einer Schule kämen, in der jeder das tun kann, was er will?

Es waren also unsere Anstrengungen, unter schwierigen Umständen unsere Integrität und die unserer Gruppe zu bewahren, und nicht unsere *Ideen*, die auf die Leute wirkten!

Im Pesta lebt wohl die Mehrzahl der Eltern, die eine geeignete Umgebung für ihre Kinder wollen, noch in verschiedenen Welten. Sie schöpfen Kraft aus Elternabenden und Familiengesprächen, um wenigstens in den eigenen vier Wänden eine menschenwürdige Atmosphäre zu schaffen, auch wenn sie täglich in die »normale«, »patriarchalische Welt« eintauchen und sich dort von anderen bestimmen lassen müssen oder andere bestimmen. Oft sind es die eigenen Kinder, die Nachbarskinder ins Haus bringen oder andere besuchen und dabei die Welt der anderen mit der eigenen vergleichen und daraus ihre Schlüsse hinsichtlich einer besseren Lebensqualität ziehen können. Neue Eltern, die ihre Kinder in den Pesta bringen, wurden fast immer durch solche Kontakte auf die Möglichkeit aufmerksam, dass der ständige Druck einer Generation auf die andere überflüssig und das Zusammenleben auch anders sein könnte.

Es kommt auch immer wieder vor, dass Erwachsene, die zu Hause kooperativ und harmonisch leben, ihr Doppelleben nicht mehr aushalten. Manche »steigen aus« und versuchen, sich eine Existenz mit weniger Druck aufzubauen. Manchen gelingt es, in ihrer normalen Arbeitsumgebung Veränderungen einzuführen, zum Beispiel die Rollen des Chefs und des Untergebenen zugunsten von Teamarbeit abzuschaffen und statt der gewohnten Kontrollsysteme und Sanktionen die Rahmenbedingungen für

Eigeninitiative und für das Experimentieren mit persönlicher Kreativität zu schaffen. Sie erzählen davon, wie sich durch diesen Wechsel in ihrem Betrieb die Stimmung deutlich verbessert. Doch nicht selten sind sie auch frustriert, weil statt der erhofften Tatenlust und Entschlussfähigkeit auch wieder Angst vor ungewohnter Verantwortung und Trägheit zum Vorschein kommen.

Wir werden immer wieder darauf zurückgeworfen, dass es ohne grundlegende Veränderungen im Umgang mit Kindern schwer ist, eine *matristische Kultur* ins Leben zu rufen. Wie können wir hoffen, dass die Kinder sich als Erwachsene ohne Fremdbestimmung voller Unternehmungsgeist für eine gemeinsame Sache einsetzen, wenn wir ihre Initiative und ihren Abenteuergeist in ihren verschiedenen Entwicklungsstufen boykottieren? Wie könnten wir erwarten, dass Menschen, deren natürliche Wachstumsbedürfnisse nicht respektiert worden sind, als Erwachsene die Natur lieben und sie bewahren helfen?

Eine neue Lernwirklichkeit

Wenn Eltern sich gelegentlich einen Vormittag frei nehmen und ein paar Stunden zusammen mit ihren Kindern im Pesta verbringen, kommen sie immer wieder auf den Geschmack, wie das Leben anders sein könnte: voller friedlicher Aktivität, die nicht von außen initiiert wird und voller nicht hierarchischer menschlicher Beziehungen.

Darüber freute sich zum Beispiel eine Mutter, die sich für einen Vormittag hatte beurlauben lassen, »weil der Lehrer ihres Sohnes dringend mit ihr reden müsse – sie hoffe es sei nichts Schlimmes«. Sie rekelte sich nun behaglich in der Morgensonne in der Nähe einer freiwilligen »Arbeitsgruppe« von Neun- bis Elfjährigen. Die hatten bei ihrem letzten Treffen entschieden, dieses Mal ein von ihnen erfundenes Ball- und Kombinationsspiel zu spielen. In diesem Fall war ich der erwachsene Begleiter

der Gruppe, mit keiner anderen Funktion, als die Initiativen der
Kinder mit ihnen gemeinsam zu koordinieren und dabei zu
sein, wenn sie ihre eigenen Abkommen dafür ausdiskutierten.
So hatte ich auch nichts Wichtigeres zu tun als zu versuchen,
beim Spiel mitzumachen, stehen zu bleiben, wenn sie »Halt« riefen, zu rennen, wenn das erlaubt war. Und es war gar nicht einfach, all die Regeln so schnell zu verstehen, mit denen sie das
Spiel immer wieder variierten, sei es, dass man ein Bein heben
oder ein bestimmtes Wort aussprechen durfte oder nicht. Als
ich nach einer halben Stunde »fix und fertig« um eine Ver-
schnaufpause bat, erntete ich erstaunte Blicke von meinen kleinen Kumpanen und war froh, als mir die Erlaubnis erteilt wurde, mich ins Gras zu setzen, während alle anderen unermüdlich
weitermachten.

In einer Mathe-Arbeitsgruppe sitze ich mit fünfzehn Jugendlichen im einzigen vom sonstigen Treiben geschützten Raum
rund um einen langen, ovalen Tisch. Die Jugendlichen haben
bereits bei der letzten Zusammenkunft die Aktivität für heute
beschlossen. Einer von ihnen hat sich freiwillig als Koordinator
zur Verfügung gestellt und bittet um das Verlesen des Protokolls
vom letzten Mal. Das Mädchen, das es aus freien Stücken verfasst hat, liest es vor, und es wird mit ein paar Veränderungen
angenommen. Im letzten Punkt des Protokolls werden die Teilnehmer genannt, die neue lebenspraktische Probleme im Zusammenhang mit algebraischen Gleichungen bringen werden.
Gabriela und Federico haben sich ein kompliziertes Problem
ausgedacht. Jeder versucht, sich die wichtigsten Punkte zu notieren, und dann wird erst einmal angeregt in kleinen Gruppen
diskutiert. Einzelne ziehen sich in eine Ecke zurück, um ungestört knobeln zu können. Auch ich als »Lehrerin«, die ja das
Problem zum ersten Mal vor sich hat, ringe um eine elegante
Lösung. Meine Gymnasialzeit liegt weit zurück, Mathematik habe ich nie studiert, aber durch die langjährige Aufgabe, die Bedürfnisse der Kinder und Jugendlichen zu berücksichtigen, ist

mir auch Algebra wieder etwas vertrauter geworden. So bin ich mit meiner Lösung schneller als die anderen Teilnehmer der Gruppe und kann nun verfolgen, wie sie auf verschiedenen Wegen nach Ergebnissen suchen. Wenn einer dabei in eine Sackgasse gerät, fragt er diejenigen um Rat, die das Problem vorgelegt haben, und nur selten mich.

Ich könnte mich also fast überflüssig fühlen, wüsste ich nicht, dass meine Gegenwart für sie eine Bedeutung hat, die ich mehr ahnen als verstehen kann. Dabei hilft mir die Frage: »Wären diese halben Kinder überhaupt mit dem Fahrrad von Quito nach Manaus gefahren, wenn wir Erwachsenen sie bei diesem Abenteuer nicht begleitet hätten?«

Wenn diese Jugendlichen draußen praktische Arbeitserfahrungen machen oder sich an Nachmittagen und Wochenenden etwas Geld verdienen, bekommen wir immer wieder Rückmeldungen von ihren »Chefs«, sie seien viel interessierter, einsatzfreudiger und zur Kooperation bereiter als die bezahlten Angestellten. Die Jugendlichen halten ihre eigene Haltung aber für das Natürlichste der Welt und bedauern, wie »zombi« und wenig lebendig andere Leute sind, die sich vom Trott des Alltags ihren Unternehmungsgeist stehlen lassen. Allerdings wissen sie, dass sie auf eigenen Wunsch immer wieder ins Pesta zurückkommen und sich durch Gespräche und frische Entdeckungen neu orientieren und Energien auftanken können.

Ähnliche Rückmeldungen erhalten wir auch von den Eltern. Sie sind dankbar, dass ihre Kinder, auch wenn sie halb oder ganz erwachsen sind, sich nach allen Abenteuern in der Welt immer wieder zu Hause wohl fühlen, im Häuslichen freiwillig Verantwortungen übernehmen und sogar ihre Eltern in deren Problemen beraten.

Diese Erlebnisse schaffen das Vertrauen, dass diese Jugendlichen, auch wenn sie darauf bestehen, sich jetzt noch nicht in Bezug auf ihre Zukunft festlegen, sondern Erfahrungen auf verschiedenen Gebieten sammeln zu wollen, sich auf andere Art

und Weise als ihre Eltern ernsthaft mit der Welt auseinander setzen und trotz ihrer Ziellosigkeit ihren Weg finden werden. So
behaupten manche, dass für sie »jede Erfahrung gut ist, auch
wenn sie schlecht ist«. Oder sie bestehen darauf, durch Reisen
oder alle Arten von Jobs die Welt kennen zu lernen. Obwohl
viele frühere Pesta-Schüler Erfolg in formalen Studien oder Ar-
beitssituationen vorweisen können, gibt es andere, die sich nicht
auf eine vorgeschriebene Laufbahn festlegen möchten.

Das »Autodidaktische Netz«

Aus dem Anliegen, auch nicht übliche Laufbahnen zu unterstützen, ist bei uns in den letzten Jahren die Idee eines »Autodidaktischen Netzes« (»Red Autodidacta«) entstanden. Seine ersten Anfänge rühren daher, dass Unternehmer, Wissenschaftler,
Künstler und viele andere, die etwas Interessantes im Leben tun,
sich bereit erklärten, ihre Praxis und Erkenntnisse mit anderen
zu teilen.

Dieses Teilen sollte auf verschiedenen Ebenen stattfinden: Als
»Schnuppern« ohne Zeitbegrenzung, als konkrete Mitarbeit, bezahlt oder unbezahlt, oder als theoretische Vertiefung mit der
Möglichkeit zu einem formalen Studium. All diese Angebote
sollten zentral in einem Register gesammelt werden. Nach Bedarf wird die Mitarbeit in Form eines »Zeugnisses« beglaubigt –
als Nachweis für gewonnene Erfahrungen, nicht als Nachweis im
Sinne des üblichen Bildungsweges.

Kaum war dieses Register verfügbar, gab es einen Ansturm
von jungen Leuten, die mit den gewohnten formalen Ausbil-
dungswegen unzufrieden waren und hier neue Möglichkeiten
sahen.

Doch zu unserer Bestürzung konnten die meisten von ihnen
nichts mit der Freiheit, selbst verschiedene Erfahrungen auszuprobieren, anfangen. Sie hatten Angst herauszufinden, was sie

wirklich interessierte, und auch aus schlechten Erfahrungen wertvolle Schlüsse zu ziehen. Den größten Teil ihrer jungen Jahre hatten sie eben damit zugebracht, von anderen zu hören, was für sie gut sei. Sie hatten vor dem Fehlermachen Angst bekommen und waren unter dem Eindruck aufgewachsen, dass ein gerader Weg am ehesten zum Erfolg führt, wenn man nur nicht von ihm abweicht. Darum verlangten sie nach Tutoren, um von ihnen zu erfahren, was sie tun sollten, und nach den ersten Erlebnissen fanden sie es dann sicherer, sich in formale Kurse einzuschreiben und den Unbequemlichkeiten des aktiven Lebens aus dem Weg zu gehen.

Dieses Experiment war von einem Pesta-Vater koordiniert worden. Plötzlich jedoch begann er selbst an seinen Fähigkeiten und seiner Kreativität zu zweifeln und suchte eine Anstellung unter sicheren Bedingungen.

Damit war die Idee des »Autodidaktischen Netzwerks« zunächst einmal auf Eis gelegt. Doch die Gespräche gingen weiter, und die Jugendlichen, die dem Pesta entwuchsen, ließen nicht locker, bis wir uns zu einem Neustart entschlossen. Verschiedene Elemente fügten sich zusammen. Eltern, die selbst eine Neuorientierung in ihrem persönlichen Leben suchten, boten die Finanzierung von Räumlichkeiten an, die dem »Autodidaktischen Netz« dienen sollten. Das geschah zu einem Zeitpunkt, als wir uns viele Gedanken über den Gebrauch der Sprache machten und zu dem Schluss kamen, dass auch wir Erwachsenen erst das Instrument der »sozialen Sprache« zu entwickeln hätten, durch das wir zu echter Reflexion und Kommunikation unserer Erlebnisse gelangen können.

Da unser ältester Sohn, der als Schriftsteller tätig ist, sein eigenes, eher unkonventionelles Haus in Eigenregie gebaut hat, stellten jene Eltern die Bedingung, dass er es sein müsse, der die Räumlichkeiten entwerfen und die Bauarbeiten leiten solle. Daraus entstanden abenteuerliche Ideen, lange Gespräche, erst primitive, dann immer konkretere Pläne zu einem Bau, der sich

organisch in das zur Verfügung stehende Gelände einfügen würde, einem Bau, für den nach seiner Fertigstellung anerkannte
Architekten die entsprechenden Pläne herstellten, damit die
ganze Sache von den Behörden genehmigt werden würde.

Der vielleicht wichtigste Unterschied zu gewohnten Studien-
gängen liegt darin, dass jeder unterstützt wird, sich für das einzusetzen, was ihm *gegenwärtig* wichtig ist und ihn *gegenwärtig*
erfüllt, statt das konkrete Leben um eines zukünftigen Ziels willen einzuschränken.

Und währenddessen entwirft Rafael, der »Gründer des Pesta«,
die Innenarchitektur der Cafeteria, in der Jugendliche und Erwachsene demnächst zusammensitzen und gemeinsam Pläne für
neue Abenteuer und Aufgaben ausdenken können und auch
Strukturen erarbeiten, die ihnen ermöglichen, sich als Gruppe
ihre eigenen »Scheine« auszustellen.

Wohl einer der schwerwiegendsten Schäden, welche die allgemein akzeptierte patriarchalische Gesellschaftsordnung auf dem
Gewissen hat, ist die Idee, wir dürften erst dann reden und handeln, wenn wir »genügend vorbereitet«, wenn alle Informationen und Beweggründe wissenschaftlich bewiesen und die »Umstände reif« seien.

Damit wird ein Erziehungssystem gerechtfertigt, das unsere
Kinder für mindestens neun Jahre weitgehend von ihren echten
Bedürfnissen entfremdet. Es werden die hierarchischen Struktu-
ren von Institutionen und Gremien aufrechterhalten und die
Überzeugung vertieft, Ordnung und Gedeihen befänden sich
draußen und der von Natur aus chaotische und unfähige
Mensch erlange nur durch Annahme äußerer Strukturen Erfül-
lung auf der materiellen, kulturellen, psychischen und geistigen
Ebene.

Vielleicht war und ist es ein Segen für uns, dass dieser Glaube
sich in unseren Breiten nicht so in den Gemütern der Menschen
festsetzen konnte wie in den wirtschaftlich fortgeschrittenen
und erfolgreichen Ländern. Als wir mit dem Pesta begannen,

wusste hier jeder, dass die Schulen kaum geeignet sind, zur Erfüllung des Wunsches der Bevölkerung nach einer erfolgreichen oder gerechten Gesellschaft beizutragen.

Wer Geld hatte, hielt seine Kinder vom allgemeinen Schulwesen fern und schickte sie möglichst auf ausländische Eliteschulen, mit der Hoffnung auf ein späteres Studium im Ausland. Das »normale Volk« steht heute noch zur Zeit der Einschreibung in öffentliche Bildungsanstalten von vier Uhr morgens an Schlange, um einen Platz in überfüllten Klassenzimmern zu ergattern, in denen Kinder konditioniert werden auswendig zu lernen, was die bestehende Gesellschaft für sie zum Nachsagen und zur Nachahmung ausgesucht hat.

Ein ansehnlicher Prozentsatz der Kinder steigt vor Beendigung der gesetzlichen Schulpflicht aus. Von denen, die bis zum Abitur durchhalten, finden nur wenige weitere hoffnungsvolle Möglichkeiten; selbst wer ein Studium abschließt, hat wenig Aussicht auf eine gute Stelle oder Arbeitsbedingungen, die ihm Zeit und Raum für sich selbst lassen. Denn Erfolg hängt vorrangig von guten Beziehungen, von finanziellen Möglichkeiten oder der Bereitschaft ab, rücksichtslos und, falls notwendig, durch unlautere Mittel sein Glück zu machen.

Das »äußere Chaos« ist hier also etwas sichtbarer als in anderen Ländern, in denen sich die Illusion, es handle sich um umfassend demokratisch organisierte Gesellschaften, noch notdürftig aufrechterhält. Doch ein wachsendes Gefühl von Macht- und Auswegslosigkeit nimmt selbst bei denjenigen Menschen zu, die bisher Lösungen improvisieren konnten oder um etwas mehr Recht gekämpft haben. Mit diesem Gefühl einher geht ihre Überzeugung, dass die »Obrigkeit eben schlecht und korrupt« sei, sodass wohl kaum etwas gegen das rapide Sinken der Lebensqualität auf allen Gebieten getan werden könne.

Aufgrund unserer schwierigen Lage im Pesta, die unvermeidlich ist, wenn man ohne Zuschüsse von außen auf sozialer Integration besteht (im letzten Schuljahr konnten nur 24 Prozent der Kinder den vollen Schulbeitrag zahlen) und wenn man außerdem keine Hoffnungen auf zukünftige Erfolge durch anerkanntes Wissen und gültige Scheine erwecken will, waren wir von Anfang an gezwungen, das Chaos draußen zu sehen und eigene Lösungen innerhalb der Struktur unserer Arbeit zu suchen. So konnten wir das Überleben der Schule von einem Jahr zum andern niemals garantieren und haben uns, um die eigene Integrität zu bewahren, dabei doch entschlossen, unsere klare Ausrichtung beizubehalten, auch wenn dies manchmal die Unzufriedenheit Beitrag zahlender Eltern zur Folge hatte.

Gelebte Solidarität: Sintral

In Ecuador wurde die allgemeine soziale und ökonomische Lage in der letzten Zeit immer kritischer. Allein in den letzten drei Jahren hat sich die Zahl der Armen im Land verdoppelt. In einem besonders schwierigen Jahr, als die jährliche Inflation bei 80 Prozent (heute bei 120 Prozent!) lag, suchten wir unsere Zuflucht in alternativen wirtschaftlichen Lösungen.

Ein kooperativer interner Spar- und Kreditkreis ohne Zinsen ermöglicht es uns seither, das wenige zur Verfügung stehende Geld für Notfälle und kleine Verbesserungen der Lebenshaltung (zum Beispiel für die Anschaffung eines neuen Kochherdes oder Reparaturen von Schulbussen) zu verwenden. Zugleich organisieren wir nach dem Modell des Lets-Systems in Kanada einen freien Handel von Gütern, Lebensmitteln und Dienstleistungen, was inzwischen landesweit in armen Vierteln von Quito und ländlichen Gemeinschaften zum Vorbild für andere ähnliche Versuche geworden ist.

Dieses System, »Sistema de Intercambios y Transacciones Locales«, kurz Sintral genannt, ist ein Beweis dafür, dass der Wunsch nach Solidarität keine Träumerei bleiben muss, sondern zu einer konkreten Wirklichkeit werden kann. Ein samstäglicher alternativer »Markt« im Schulgelände wird regelmäßig von Mitarbeitern, Eltern, Kindern, deren Verwandten und von den unmittelbaren Nachbarn genutzt, um Waren anzubieten, die sie sonst kaum oder unter schlechten Bedingungen verkaufen könnten, und andererseits das zu erhalten, was ihnen selbst fehlt. An Ort und Stelle wird gekocht, mitgebrachte Gerichte werden aufgewärmt und mit »selbst geschöpftem Geld«, in Form von »wertlosen Schecks« wird bezahlt. So können viele, die sich sonst kein Restaurant leisten würden, außer Haus essen. Die Familien, die den anderen das Essen servieren, können mit dem erhaltenen »Geld« einen Teil des Schulgeldes begleichen. Unter der Woche werden Dienstleistungen aller Art angeboten.

Diese »lokalen Transaktionen« bieten spürbare finanzielle Entlastung innerhalb unseres Kreises. Auch Kinder können sich hier beteiligen und ihre ersten Erfahrungen mit finanziell selbstbestimmtem Handeln machen. Außerdem gibt es eine Art »Außenhandel« mit Gruppen, die unter anderen Bedingungen, zum Beispiel in Slumvierteln von Quito oder auf dem Land, leben. So ist es möglich, viel ärmere Gemeinschaften zu unterstützen, ohne dass sich jemand ausgenutzt, großzügig oder paternalistisch behandelt fühlt. Und hier lassen sich Produkte ohne offizielles Geld kaufen und verkaufen, die normalerweise nur unter schwierigen Bedingungen zu erhalten sind.

Zugleich ist Sintral für uns auch ein Beispiel dafür, dass die Art und Weise, wie wir Probleme des Überlebens angehen, neue Wege zu menschlichen Kontakten und Austausch bahnen hilft. Es ist beeindruckend, wie entspannt die Stimmung wird, wenn man sich beim Kaufen oder Verkaufen nicht vom Druck des knappen Geldes beengt fühlt. Die Leute bleiben weit über die Zeit, die sie für ihre Transaktionen benötigen, und der alternative Markt wird zu einem Ort, an dem man Kochrezepte austauscht, persönliche Probleme und Erfahrungen bespricht, wo die ganze Familie im Pesta zusammenkommen kann, die Kinder auf die Bäume klettern, in den angebotenen Büchern blättern und uns empfehlen, welche wir für die Schule kaufen sollten ... Eine entspannte Atmosphäre, in der Verabredungen für den Sonntag gemacht, Witze erzählt, aber auch Sorgen über die fatale Lage im Land besprochen und Wunschträume hinsichtlich kreativer Probleme ohne Angst vor Kritik ausgesprochen werden.

Je schlimmer die allgemeine Situation im Land, umso intensiver wird diese Gelegenheit zu alternativem Wirtschaften wahrgenommen. Wir würden uns wünschen, dass ähnliche Gruppen wie unsere überall entstehen, wo Menschen sich finanziell unter Druck und einem System ausgeliefert fühlen, das seinen eigenen Wachstumszwängen unterliegt.

Eine wirtschaftlich entspannte Umgebung kann aber nur existieren, wenn Menschen aufhören zu horten, sondern fähig sind loszulassen, was sie selbst nicht brauchen, und wenn andererseits jene, die nicht genug haben, von anderen ohne Angst vor Abhängigkeit das annehmen, dessen sie bedürfen, und darauf vertrauen, irgendwann selbst etwas beizutragen, wenn sie dazu in der Lage sind.

So würde nichts auf dieser Erde verderben, und dem »Volk würde der Bauch gefüllt«, nach Laotse die Voraussetzung, die erfüllt sein muss, bevor Menschen nach dem *Sinn* fragen können.

Die Idee vom »Autodidaktischen Netz«, das ich oben erwähnte, wurde an einem Samstagmittag zwischen Linsensuppe, Fisch mit gebratenen Grünbananen und Chicha geboren, die jeder mit »selbst gemachten Schecks« kaufen konnte.

So auch unser Wohnprojekt, das entstand, als es zunehmend schwierig wurde, erschwingliche und menschenwürdige Quartiere zu finden. Auch das ist eine lange Geschichte, wie wir mithilfe von Freunden und aufgrund glücklicher Umstände ein Stück Land, nicht allzu weit vom Pesta entfernt, erstehen konnten, in der Hoffnung, dass durch gegenseitige Solidarität in den nächsten Jahren bis zu fünfzig Mitarbeiter und Eltern zu einem eigenen Haus kämen.

Die ersten sechs Familien sind bereits eingezogen. Alle zwei Wochen kommen all die, die an diesem Projekt interessiert sind, zu Gesprächen zusammen und besprechen die anstehenden Probleme, Regeln und Lösungen. In der gegenwärtigen katastrophalen Lage, in der das Einkommen der Teilnehmer nicht einmal zur Deckung der einfachsten Bedürfnisse reicht, ist an eine Fortsetzung des Projekts kaum zu denken. Doch wir hoffen noch auf Wunder, wenn es uns gelingen sollte, diesen äußeren Rahmen mit dem rechten Geist zu beleben:

Unser Wunsch ist es, nicht nur menschenwürdige Behausungen zu planen, sondern dabei eine Gemeinschaft aufzubauen, in der sich die Einwohner gegenseitig in ihren Überlebensbedürfnissen unterstützen, sich jedoch nicht in die Entwicklungsprozesse der anderen einmischen.

Triebfeder ist nicht die Absicht, sich nur mit »Gleichgesinnten« zu umgeben oder alle auf denselben Weg des persönlichen Reifens festzulegen. Vielmehr sollen die Bedingungen dafür geschaffen werden, dass hier eine Art menschlicher »Biodiversität« wachsen kann, in der Leute mit verschiedenen Anlagen, Qualitäten und Zielsetzungen sich gegenseitig achten und versuchen, ihre Grundbedürfnisse zu erfüllen.

Uns ist wichtig, dass jeder Haushalt inner- wie außerhalb mit begrenzten Räumlichkeiten rechnen darf, sodass das Leben sich von innen nach außen entwickeln und entfalten kann. Es soll auch möglich sein, dass manche außerhalb ihren Lebensunterhalt verdienen und sich kulturell oder sozial betätigen, während andere sich vor allem auf die Entwicklung des Projekts konzentrieren.

Trotz oder gerade wegen dieser Vielfältigkeit ist es wichtig, dass jeder sich hinreichend Zeit frei hält, um gemeinsame Angelegenheiten zu besprechen und sich auf die wichtigsten Regeln, die zu solch einem Zusammenleben gehören, zu einigen. Grundlage des Zusammenlebens ist der Entschluss, nicht zerstörerisch auf die Natur einzuwirken, kooperative Beziehungen zu

Nachbarn zu pflegen und im gegenseitigen Einvernehmen vorbereitete Umgebungen für gemeinsame Bedürfnisse zu schaffen:

- für Familien mit kleinen Kindern Spielplätze und die Möglichkeit, dass sich die Erwachsenen gegenseitig in der Kinderbetreuung unterstützen;
- für fünf oder sechs Häuser gemeinsame Dinge, die das Leben erleichtern oder verschönern, zum Beispiel eine Waschmaschine, ein Dampfbad für die Gesundheit, eine Werkstatt, vielleicht gemeinsame Familienspiele, Tischtennis und Ähnliches;
- für größere Kinder weiter entfernt liegende Spiel- und Abenteuermöglichkeiten und für Jugendliche Treffpunkte, wo sie auch laute Musik machen können, ohne die anderen zu stören;
- gemeinsame Planungen für biologische Garten- und Landwirtschaft, Wasserversorgung, Entsorgung, Bewaldung und Fischzucht;
- ein Gesundheitszentrum mit natürlichen Methoden, ein Laden, der vorrangig mit alternativer Währung handelt;
- ein dezentralisiertes »Hotel« im Stil von Ferienwohnungen und Heime für ältere Leute, die auf Wunsch von den Hausbewohnern betreut werden können;
- Angebote zur Freizeitgestaltung für Kinder aus der Stadt und für den Jugendaustausch.

Diese und viele andere Vorstellungen von guter Lebensqualität für Menschen aller Altersgruppen, einschließlich genügend Austausch mit der »normalen Welt« schweben uns vor. Wir können nur hoffen, dass unüberwindliche Hindernisse in unserem Umfeld unsere Kreativität nicht vollständig blockieren.

In all diesen Jahren hat sich positiv für uns ausgewirkt, dass wir unsere Wunschträume und Erfahrungen mit anderen, die sich auch auf der Suche nach einer besseren Lebensqualität befinden, teilen konnten. Immer noch müssen wir es lernen, nicht enttäuscht zu sein, wenn Menschen, die sich zunächst begeistert für die Schaffung neuer Beziehungen und Wirklichkeiten zeigten, mit der Zeit wieder andere Ziele verfolgen.

Viel Energie wendeten wir auf, um uns anderen zu öffnen und von dem zu berichten, was für uns wichtig geworden ist. Häufig kommt es zu einem echten Austausch von Erfahrungen, Gedanken und gegenseitiger menschlicher Zuwendung, was uns glücklich macht. Manchmal stößt das, was wir mitteilen, auf Widerstand oder Gleichgültigkeit oder führt dazu, als objektive Wahrheit oder anders geartetes Konzept von »Ausbildung« interpretiert zu werden.

Da es uns um *Lebensprozesse* geht, zweifeln wir keinen Augenblick daran, dass wir in erster Linie für das eigene Leben verantwortlich sind, den eigenen inneren Wachstumsimpulsen zu folgen haben, ohne von außen steuernd einzugreifen, und diese Impulse in der äußeren Welt umsetzen müssen. Unsere Wunschträume weisen uns dafür die Richtung.

BIBLIOGRAPHIE

Biologische Grundlagen

Brain Mind Bulletin. Los Angeles, alle Jahrgänge
Ditfurth, Hoimar v.: Der Geist fiel nicht vom Himmel. München: Deutscher Taschenbuchverlag 1993
Janov, A., Holden, M.: Das neue Bewußtsein. Frankfurt/M.: S. Fischer 1977
Kornhuber, H. H.: Attention, Readiness for Action and the Stages of Voluntary Decision – Some Electrophysiological Correlates in Man. Experimental Brain Research, Suppl. 9, Berlin/Heidelberg/New York: Springer 1983
Kornhuber, H. H.: Mechanism of Voluntary Movement: Cognition and Motor Processes. Ed. by W. Prinz and A. F. Sanders, Berlin/Heidelberg/New York: Springer 1984
Lacey, J.& B.: Conversations Between the Heart and the Brain. National Institute of Mental Health 1977
Lorenz, K.: Die acht Todsünden der zivilisierten Menschheit. München: Piper 1973
ders.: Der Abbau des Menschlichen. München: Piper 1986
Lurija, A.: Das Gehirn in Aktion. Reinbek: Rowohlt 1992
Maturana, H., Varela, F.: Der Baum der Erkenntnis. München, Goldmann 1987
Maturana, H., Verden-Zöller, G.: Liebe und Spiel. Donauwörth: Auer 1993

Mecacci, L.: Das einzigartige Gehirn. Frankfurt/M.: Campus 1986

Morgan, E.: The Scars of Evolution. Oxford: Oxford University Press 1990

ders.: The Descent of the Child. Oxford: Oxford University Press 1995

Sheldrake, R.: Der siebte Sinn der Tiere. Bern, München, Wien: Scherz 1999

Waal, F. de: Good Natured. The Origins of Right and Wrong in Humans and Other Animals. Harvard: Harvard University Press 1996 (dt.: Der gute Affe. Der Ursprung von Recht und Unrecht bei Menschen und anderen Tieren. München: Deutscher Taschenbuchverlag 2000)

**Pflege und selbstständige Bewegungsentwicklung
von Kleinkindern**

Pikler, E.: Friedliche Babys. Zufriedene Mütter. Freiburg: Herder 1982

dies.: Laßt mir Zeit. München: Pflaum Verlag 1988

dies.: Miteinander vertraut werden. Freiamt: Arbor 1994

Entwicklungspsychologie

Donaldson, M.: Children's Minds. Fontana 1978

Elkind, D.: A Sympathetic Understanding of the Child. Needham Heights: Allyn and Bacon 1971

ders.: Child Development and Education. Oxford: Oxford University Press 1976

ders.: Children and Adolescents. Oxford: Oxford University Press 1981

Piaget, J.: The Origin of Intelligence in the Child. London: Penguin 1936

ders.: De la logique de l'enfant à la logique de l'adolescent. Paris:

Presses Universitaires de France 1955 (dt.: Von der Logik des Kindes zur Logik des Heranwachsenden. Olten und Freiburg: Walter 1977)

ders.: Le jugement et le raisonnement chez l'enfant. Neuchâtel: Delachaux & Niestlé 1967

ders.: La psychologie de l'intelligence. Paris: Librairie Armand Colin 1967 (dt.: Psychologie der Intelligenz. Zürich und Stuttgart: Rascher 1947)

ders.: De la Genèse des structures logiques élémentaires. Neuchâtel: Delachaux et Niestlé

ders.: Essai de logique opératoire. Paris: Dunod 1971

ders.: Problèmes de psychologie genètique. Paris: Ed. Denoël 1972

ders.: The Childs Conception of the World. Boulder: Paladin 1973

ders.: The Grasp of Consciousness. Harvard: Harvard University Press 1976

Sprachentwicklung

Balhorn, Brügelmann (Hrsg.): Jeder spricht anders. Lengwil: Faude 1989

Chomsky, N.: Reflections on Language. Fontana 1976

Hall, E. T.: The Silent Language. New York: Fawcett Publications 1968

Piaget, J.: Le langage et la pensée chez l'enfant. Neuchâtel: Delachaux & Niestlé 1968 (dt.: Sprechen und Denken des Kindes. Düsseldorf: Schwann 1972)

Sacks, O.: Stumme Stimmen. Reise in die Welt der Gehörlosen. Reinbek: Rowohlt 1990

Kind und Gesellschaft

Elkind, D.: The Child and Society. Oxford: Oxford University Press 1979 ders.: The Hurried Child. Addison-Wesley 1981

ders.: All Grown Up and no Place to Go. Addison-Wesley 1984

Erikson, E. H.: Childhood and Society. London: Norton 1950 (dt.: Kindheit und Gesellschaft. Stuttgart: Klett 1965)

Goodman, P.: Compulsory Mis-Education and the Community of Scholars. New York: Vintage 1962 (dt.: Das Verhängnis der Schule. Frankfurt: Athenäum-Fischer 1975)

Illich, I.: Deschooling Society. London: Penguin 1971

ders.: Schulen helfen nicht. Reinbek: Rowohlt 1972

ders.: After Deschooling What? Harper & Row 1973

Mallet, K.H.: Untertan Kind. Nachforschungen über Erziehung. Berlin: Ullstein 1990

Mander, J.: Schafft das Fernsehen ab. Reinbek: Rowohlt 1979

Miller, A.: Am Anfang war Erziehung. Frankfurt/M.: Suhrkamp 1980

Millner, M.: Das Beta-Kind. Bern: Hans Huber 1996

Postman, N.: Das Verschwinden der Kindheit. Frankfurt/M.: S. Fischer 1987

Postman, N.: Wir amüsieren uns zu Tode. Frankfurt/M.: S. Fischer 1988

Postman, N.: Keine Götter mehr? Das Ende der Erziehung. Berlin: Berlin Verlag 1995

Stoll, C.: Die Wüste Internet. Frankfurt/M.: S. Fischer 1996

Heilungsprozesse

Axline, V.: Dibs in Search of Self. New York: Ballantine 1968

ders.: Kinder-Spieltherapie im nicht-direktiven Verfahren. München: Ernst Reinhard 1976

Lusseyran, J.: Das wieder gefundene Licht. München: Deutscher Taschenbuchverlag/Klett-Cotta 1989

Rogers, C. R.: Der neue Mensch. Stuttgart: Klett-Cotta 1980

Sacks, O.: Der Tag, an dem mein Bein fortging. Reinbek: Rowohlt 1991

Schrag, P.: The Myth of the Hyperactive Child. New York: Dell 1975

Beispiele alternativer Wege in der Erziehung

Brown, M. & Precious, N.: The Integrated Day in the Primary School. New York: Ballantine 1968
Freinet, C.: Pädagogische Texte. Reinbek: Rowohlt 1980
Gribble, D.: Real Education. Varieties of Freedom. Libertarian Education 1998
Lawrence, E.: The Origin and Growth of Modern Education. Gretna: Pelican 1970
Montessori, M.: Dem Leben helfen. Freiburg: Herder 1992
dies.: Kinder sind anders. Stuttgart: Klett 1993
dies.: Kinder lernen schöpferisch. Freiburg: Herder 1994
dies.: Kinder richtig motivieren. Freiburg: Herder 1994
dies.: Lernen ohne Druck. Freiburg: Herder 1995
dies.: Schule des Kindes. Freiburg: Herder 1996
dies.: Wie Kinder zu Konzentration und Stille finden. Freiburg: Herder 1998
dies.: Die Entdeckung des Kindes. Freiburg: Herder 1998
dies.: Erziehung für eine neue Welt. Freiburg: Herder 1998
dies.: Wie Lernen Freude macht. Freiburg: Herder 1999
dies.: Kosmische Erziehung. Freiburg: Herder 2000
dies.: Kinder, Sonne, Mond und Sterne. Freiburg: Herder 2000
Rödler, K.: Vergessene Alternativ-Schulen. Weinheim: Juventa 1987
Silberman, C.: Crisis in the Classroom. New York: Vintage 1971
ders.: The Open Classroom Reader. New York: Vintage 1973
Wild, R.: Erziehung zum Sein. Freiamt: Arbor 1980
diess.: Sein zum Erziehen. Freiamt: Arbor 1990
dies.: Kinder im Pesta. Freiamt: Arbor 1993
dies.: Freiheit und Grenzen. Liebe und Respekt. Freiamt: Mit Kindern wachsen Verlag 1998

Paradigmenwechsel

Englis, F. W. & Hill, J. C.: Vision einer Schule mit Zukunft. Freiamt: Mit Kindern wachsen Verlag 1999

Kuhn, T. S.: The Structure of Scientific Revolutions. Chicago: The University of Chicago Press 1962 (dt.: Die Entstehung des Neuen. Studien zur Struktur der Wissenschaftsgeschichte. Frankfurt/M.: Suhrkamp 1978)

Meyer-Abich, K. M.: Vom Baum der Erkennis zum Baum des Lebens. München: Beck 1997

Talbot, M.: Das holographische Universum. Die Welt in neuer Dimension. München: Droemer-Knaur 1992

Vester, F.: Neuland des Denkens. München: Deutscher Taschenbuch Verlag 1984

ders.: Leitmotiv vernetztes Denken. München: Heyne 1988

Waldrop, M. M.: Complexity. Touchstone 1992

Alternative Wirtschaft und neue Formen des Zusammenlebens

Eco-Villages & Sustainable Communities. Models for 21st Century Living. Talahassee: Findhorn Press 1995

Kennedy, M.: Geld ohne Zinsen und Inflation. München: Goldmann 1991

Lietaer, B. A.: Das Geld der Zukunft. München: Riemann-Bertelsmann 1999

Schumacher, E. F.: Small is Beautiful. New York, Harper & Row 1973

Wie können Eltern ein alternatives Schulkonzept begleiten?

Um diese Frage zu klären, treffen sich Lehrer, Eltern und Schüler der Reformschule »Pesta« einmal im Monat, um über Fremdbestimmung und Selbstverwirklichung in Gesellschaft, Schule und Familie zu sprechen

In »Genügend gute Eltern« kommen Menschen mit verschiedenen Lebensperspektiven zu Wort. Da sind die, die gerne und entschieden Eltern sein und ihren Kindern eine andere (Schul-)Erziehung und Bildung mitgeben wollen. Aber auch die anderen, die sich mit Widerständen in dieser Situation finden und dem alternativen Schulkonzept misstrauen. Eindrucksvoll sind die Äußerungen der Schüler und »Ehemaligen«, die über ihre Schulzeit und die daraus folgende Neuorientierung in ihrem Leben nachdenken; einige kritisch, die meisten aber aus einer Haltung, der Welt auch »nach der Schule« anders zu begegnen, als sie »nun einmal ist«.

Rebeca Wild
»Genügend gute Eltern«
Erwachsene und Jugendliche im Dialog über Lebensprozesse, Schule und Fremdbestimmung
broschiert, 356 Seiten
ISBN 978-3-407-22878-9

BELTZ

Rita Messmer
**Mit kleinen
Kindern lernen
lernen**
So fördern Sie Ihr Kind
fürs Leben

BELTZ

»Das Kind hat das Lernen erfunden – nicht die Schule!«

**Die frühe Kindheit ist eine Zeit außerordentlicher Lernaktivität.
Wenn wir diese frühkindliche Aktivität zulassen und unterstützen, lernt das Kind alle wichtigen Grundprinzipien für seine weitere kognitive Entwicklung.**

Rita Messmer beschreibt in diesem Buch, wie Eltern den angeborenen Lernwillen ihrer Kinder sinnvoll unterstützen und so wichtige Voraussetzungen für das spätere, schulische Lernen schaffen können. Sie gibt Eltern anhand zahlreicher Beispiele wertvolle Anregungen, die Entwicklung ihres kleinen Kindes so zu begleiten und zu fördern, dass Intelligenz und Lernfähigkeit gesteigert werden, die frühen Phasen der Lernfähigkeit optimal genutzt werden und der Lernwille erhalten bleibt – auch dann, wenn der so genannte »Ernst des Lebens« beginnt.

Ein wertvoller Ratgeber, der Eltern von kleinen Kindern zeigt, wie sie heute schon dafür sorgen können, dass ihr Kind morgen die Schule ohne Probleme meistert.

Rita Messmer

Mit kleinen Kindern lernen lernen
So fördern Sie Ihr Kind fürs Leben
Beltz Taschenbuch 889, 146 Seiten
ISBN 978-3-407-22889-5

BELTZ
Taschenbuch